同"创"共"育"实践成果集

主　　编　阮　为
副 主 编　刘育蓓
执行主编　陈　怡

同济大学出版社·上海

图书在版编目（CIP）数据

同"创"共"育"实践成果集 / 阮为主编. —上海：同济大学出版社，2022.9
ISBN 978-7-5765-0254-1

Ⅰ.①同… Ⅱ.①阮… Ⅲ.①教育工作—成果—汇编—中国 Ⅳ.①G43

中国版本图书馆CIP数据核字（2022）第102355号

同"创"共"育"实践成果集

主编 阮 为

| 责任编辑 朱 勇 | 责任校对 徐春莲 | 封面设计 张 微 |

出版发行　同济大学出版社　www.tongjipress.com.cn
　　　　　（地址：上海市四平路1239号　邮编：200092　电话：021-65985622）
经　　销　全国各地新华书店
印　　刷　苏州市古得堡数码印刷有限公司
开　　本　787 mm × 1092 mm　1/16
印　　张　15.5
字　　数　387 000
版　　次　2022年9月第1版
印　　次　2022年9月第1次印刷
书　　号　ISBN 978-7-5765-0254-1

定　　价　78.00元

本书若有印装质量问题，请向本社发行部调换　　　版权所有　侵权必究

前言
FOREWORD

"同育创新素养教育联盟"（简称"同育联盟"）是一个以同济大学为依托，以同济大学第一附属中学为核心，以课程为纽带，以信息化为平台的创新型人才培养的校际联合体。联盟秉承"学段衔接、校际互动、资源共享、共同发展"的宗旨，共同打造培育学生创新素养的基础教育品牌和成长通道。

2010年11月，时任杨浦区委书记陈寅和时任同济大学党委书记周家伦共同为同育联盟揭牌，同育联盟正式成立。

2016年，在杨浦区建设第三轮上海市基础教育创新实验区项目的推动下，同育联盟从最初的5所学校，发展到目前包括小学、初中和高中，公办与民办学校在内的17所学校。

同育联盟成立以来，在联盟学校、同济大学及上级教育主管部门的重视、支持下，围绕学生创新素养培育，通过创新联盟的合作机制，开发大中小学段相衔接的、具有联盟特色的课程体系，开展丰富的学生创新实验和体验活动以及教师培训等工作，实现联盟学校的资源共享与人才共育。

从创新实验室建设到课程建设，从课堂教学到课题指导，从社团培养到研学行走，从一个人、一个学科到跨学科团队，从专家培训、主题研修到学术论坛，教师们一步一个脚印，辛苦而坚实。近200位教师投身联盟建设，在市、区创新教育活动中频频获奖。

为了全面回顾同育联盟建设十年来的实践探索与经验成果，系统总结大中小学段贯通及跨学段人才共育的机制与模式，更好地推动新时期学生创新素养的培育，促进教师持续更新教育理念，不断提升专业能力，努力实现教育转型，为联盟未来发展提供新的生长点，并向更多学校辐射、示范，特组织同育联盟成员学校和合作伙伴，共同编撰本成果集。我们希望为师生提供更好的分享、传播、学习、交流的平台，进一步提升教师专业能力和联盟影响力、凝聚力，更好地呼应高考改革背景下的教育转型。

"问渠那得清如许？为有源头活水来。"这"活水"便是创新，学生需要创新，教师也需要创新。我们期待，在培育学生创新素养的伟大征程中，师生的学习力、实践力和创造力不断地被唤醒和激发，在创新的引领下，点亮梦想，共生智慧。

阮为

2020年12月

目录
CONTENTS

前言

成果汇报

创新素养教育联盟的构建与运作 ……………………………… 刘育蓓 等 / 002

创实评价

在"争章"评价体系中培养学生的核心素养 …………………… 郝敬玮 / 018
"数学多功能互动创新实验室"学生学年总课程评价案例 ……… 徐 亮 / 023
选择评价时机，让评价成为推动学生实验探索的动力 ………… 冯亚辉 / 031
研学手册在"社会创新领导力"课程中的应用 ………………… 程 亮 / 035
借力"成长档案袋评价"推进器乐教学 ………………………… 易雪莲 / 039
评价指标在教学过程中不断丰满 ………………………………… 潘青云 / 045
自主探究 合作实验 体验创新 ………………………………… 王 辉 / 052
"研究日志"在创新素养评价中的应用 ………………………… 顾一舟 / 056
完善评价导向 培养社会责任 …………………………………… 宋洁琪 / 061
共评学生自省日记 启发学生自我反思 ………………………… 陈新幻 / 064

素养案例

文化传承视野下的博物馆教育 …………………………………… 郑志英 / 070
科学融合艺术 ……………………………………………………… 陆忞骏 / 075
在探究实验教学中培育学生的创新素养 ………………………… 张海燕 / 079
问题链串联探究式学习 …………………………………………… 马 岩 / 082
慧力促智 学力提升 ……………………………………………… 贾晓岚 / 087
激起学生思维的火花 ……………………………………………… 张仙华 / 093
校园原创戏剧创作与表演的实践研究 …………………………… 虞 宙 / 098
"校园新闻采编"课程的开发与实施 …………………………… 龙雨秋 / 103
"科学发现"微电影《银项圈的情愫》创作记 ………………… 龚 瑶 / 110
合作实践 探秘洋流 ……………………………………………… 胡海侠 / 114

试探钱钟书《读〈伊索寓言〉》的独到阅读视角 .... 陈　晓 / 117
促进学习方式多样性的案例研究 .... 殷玉芳 / 121
依托极课平台进行学习分析的实践案例 .... 倪　艳 / 126
依托音视频创新互动实验室促师生共成长 .... 赵　怡 / 129

教学设计

基于生活情境的初中化学复习课教学实践 .... 袁申仪 / 136
汉字演变——"人"的造字内涵 .... 沈　婷 / 140
初中历史"图说二战"的教学设计 .... 刘　念 / 145
"大气层和气温"教学设计 .... 雷婧蘷 / 150
"习作观察评价表"在作文讲评课中的设计与应用 .... 金逸斐 / 156

经验策略

浅谈创新型教师的发展 .... 俞卫佳 / 164
开展微电影创作实践，培养中学生美育精神 .... 龙雨秋 / 167
十年磨一课　三课二十载 .... 李沐东 / 172
用技、融技、提技 .... 柴楠平 / 179
从《变形记》等教材的解读看思辨性阅读的实践与培养 .... 王晓芳 / 185
身体的律动　意识的觉醒 .... 刘卓君 / 189
跨媒介阅读与交流视域下时事评论教学例谈 .... 刘　芳 / 192
基于地理综合思维培养的教学实践与思考 .... 刘　慧 / 195
基于双新课程改革的情境教学探索 .... 魏毓莹 / 199
慕课让"死记忆"变成"趣行动" .... 张　露 / 202
学科核心素养观照下以学生为主体的高中英语阅读课初探 .... 田欣如 / 205
对STEAM课程性质与教学流程的思考 .... 仲娇娇 / 210

课程方案

"3D打印（城市沙盘设计）"课程方案 .... 陆　彬 / 216
"KOOV机器人总动员"课程方案 .... 陈永军 / 221
"湿地家园"课程方案 .... 陆态骏 / 226
"电子积木（第一阶段）"课程方案 .... 陆　彬 / 231
"自制赤道式日晷"课程方案 .... 姜志超 / 236

成果汇报

CHENGGUO HUIBAO

创新素养教育联盟的构建与运作

刘育蓓　龚新宇　梁丰蕴　陈　怡　王康茜　贾晓岚

一、问题的提出

创新是一个民族进步的灵魂，是一个国家兴旺发达的不竭动力。开展创新教育是推动创新型国家和人才强国建设的基础工程。学校教育是学生创新素养培育的主阵地，创新课程体系和教育教学模式是学生创新素养培育的重要途径。在全球化、信息化的时代背景下，学生创新素养培育要适应国家发展需求，培育具备科学家潜质的青少年群体，服务于民族自强的愿景。然而，当前学校在培育学生创新素养方面还面临着诸多挑战与问题。

（一）现有创新素养培育路径相对单一割裂

一是创新素养培育的现实路径单一、窄化。依托创新实验室和各类科创活动、研学活动难以达到预期：①学生的受益面偏窄，只有部分学生有机会参与；②参与的学生兴趣并不是很高，较少深度参与；③从实际效果来看，学生创新精神和实践能力提升有限。

二是大中小学段贯通培育创新素养有待探索。部分地区、学校和有识之士等意识到了集结大学、中学、小学等实施创新素养培育的重要性，但却缺乏深入的理性思考；部分地区或者学校开展了跨学段学校合作共育学生创新素养的实践探索，但仍存在学校"各自为政"、学段贯通培育目标模糊、学段贯通培育路径割裂的问题。

（二）创新素养培育的资源与机制相对匮乏

一是创新素养培育的资源支持有待丰富整合。创新素养培育是一项复杂的、专业的系统工程，需要持续专业指导和丰富资源支持。然而，当前资源联络往往需要学校主动进行，在运作中往往也只能与少部分对象进行合作，难以实现资源高度汇聚，影响了创新素养培育成效。

二是创新素养培育的长效机制有待建立健全。在过往的教育实践中，很多情况下各个教育主体"各自为政"，活动结束后培养就中断了，学生的学习方式和评价方式缺乏统筹设计与引领，学生的学习成效难以持久，建立长效机制迫在眉睫。

综上,创新素养培育研究需要解决的主要问题有以下两方面:

(1)如何有效开展中小学生创新素养的培育?针对学校"各自为政"、创新素养培育路径相对单一割裂的问题,能否以跨学段联盟共育的方式解决?

(2)如何构建持续、高效的联盟运行机制,促进资源的有效整合与利用,解决创新素养培育资源与机制相对匮乏的问题?

二、解决问题的过程与方法

同育创新素养教育联盟(简称"同育联盟")协同大学、中学、小学、专业教育机构、其他社会机构等多方主体,以学生的创新素养培育为核心指向,以文献研究和现状调研为基石,以机制建设为突破口,以课程体系建设为着力点,以多元资源集聚为支撑点,具有纵向贯通、横向连通、立体融通等基本特征。

在长达十余年的实践历程中,同育联盟通过文献研究和现状调研,明确联盟共育学生创新素养的理论基础与现实情况,基于问题导向、需求导向,开展进阶式的目标设计。在行动研究框架下,将实证研究与案例研究相结合,成立了同育联盟。集聚多方资源支持,探索拓宽多元培育学生创新素养的路径。经过长时段的实践,形成同育联盟课程体系、联盟运作八大机制,建立了跨学段校际联合体,对经验进行总结提炼和推广辐射(图1)。

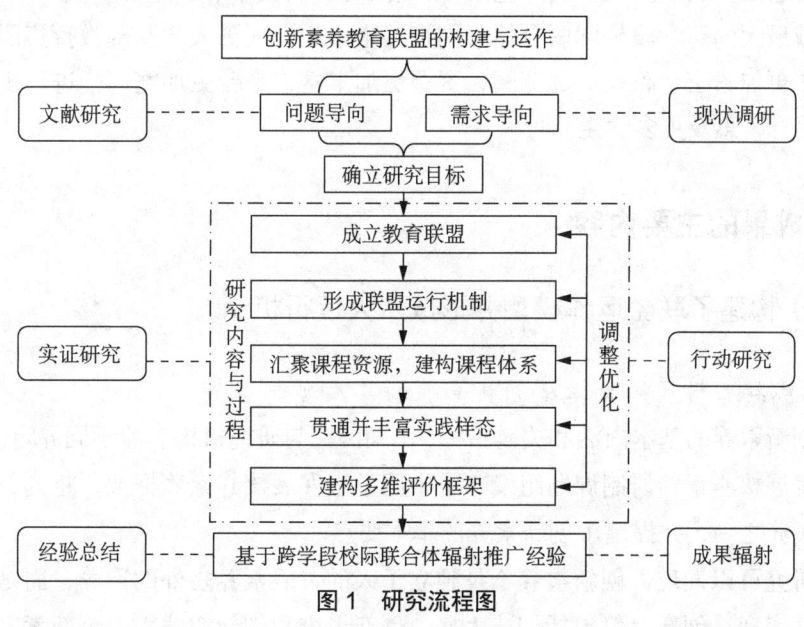

图1 研究流程图

(一)达成共识,理论研究,成立联盟(2010—2011年)

同济大学第一附属中学(简称"同济一附中")组织初中研讨,通过文献研究和现状调研,达成初步共识,明晰贯通培养的目标、路径和方法,形成共同的目标愿景。

2010年年底，以同济一附中为核心校，依托同济大学以及鞍山初级中学、同大实验学校等5所公民办初中共同创建同育联盟，开展同育夏令营、线上课程学习。

（二）贯通线索，探究路径，协同实施（2012—2016年）

本阶段为同育联盟的尝试运作时期。一是制定联盟章程，建立推进联盟运行的机制，明确由一所核心校牵头引领联盟组织运行。二是着力拓宽路径，依托同济大学、盟校和社会力量，汇聚、转化各类资源，开发并实施创新素养培育课程与活动，探索有效学习和评价方式，形成"汇聚—筛选—转化—整合—固化—回馈"的创新素养培育资源设计新路径。依托信息技术建设联盟学习、活动与评价平台，提升影响力。2016年，杨浦区以同育联盟为蓝本，构建了五大创新素养培育联盟。

（三）整合提炼，体系建设，品牌辐射（2017—2020年）

本阶段注重对创新素养培育路径实践经验进行整合提炼，关注对资源建设路径的优化与机制建设的完善，形成了同育联盟课程体系、联盟运作八大机制。品牌建设方面，推出品牌创新实验室课程、同育科学营、科考研学等品牌活动，以及一批特色教师和优质课例。贯通培养成效扩大，成为包括4所小学、9所初中、2所九年一贯制学校、2所高中的区域最大的跨学段校际联合体。同济一附中加入同济大学基础教育集团后，大中小学段合作更加紧密，路径更加宽阔，资源更加丰富，平台更加宽广，进一步促进学生创新素养提升，惠及更多学生。

三、成果的主要内容

（一）构建了联盟运作模型并形成八大运行机制

1. 形成联盟贯通培育学生创新素养的基本观点

对于创新素养的基本内涵和关键指标，不同国家与研究机构有着不同界定。2016年，中国学生发展核心素养研制课题组发布了中国学生发展核心素养框架，将创新素养作为六大核心素养之一，并提出了创新素养的基本要点。

通过研究可以发现，创新素养不是独立于人的一般素养之外的素养，而是人的综合素养的最高表现。创新素养包括创造人格、创新思维和创新实践力。创新素养的培育需要系统设计，整合多元路径和多方资源，进行协同式、一体化培养；需要建构长效运作机制，加强学段间衔接与协作。

2. 基于联盟共同的目标愿景形成联盟章程

我们将"同育联盟"界定为在一所核心校的牵头下，打通大中小学段壁垒，汇聚多方资源,通过贯通培育的手段,以实现学生创新素养提升为共同目标愿景的实践联合体。基于共同的目标愿景,各成员校经过商讨,形成了《同育联盟章程》。

3. 正式成立"同育联盟"

基于理论的研究与共识的达成,在核心校牵头下成立一个有共同的育人目标、有严明组织结构的联合体,以联盟的形式共同培育学生的创新素养。高中核心校(同济一附中)作为同育联盟的运作主体,汇聚高校、联盟学校、专业教育机构和其他社会资源四大力量,聚焦学生创新素养培育,提升协同育人成效(表1)。

表1 联盟的组织架构与主要功能

联盟构成	成员	主要功能
高中核心校	同济一附中	高中作为联盟构建和实施主体,处于中间学段,便于上通下达、内引外联
高校	同济大学、复旦大学、上海视觉艺术学院等	发挥专业引领和支持课程建设、教学活动、师资培训、实验室资源等方面的作用
联盟学校 (高中、初中和小学)	鞍山初级中学、复旦科技园小学等16所中小学	作为跨学段实施主体,联合开发课程、组织学生活动、实施课题指导、开展教研培训等
专业教育机构	智勇教育、敢易教育、未爱教育等	为职业生涯规划、创新课题研究、科考与研学活动等,提供专业支持
其他社会资源	上海市城投置地(集团)有限公司、上海地质博物馆等近20家社会实践基地,60余家社会组织、企事业单位,以及家长、社区资源	提供创新实践的基地、资源、专业人员,发挥协同、配合作用

4. 建立共建共享共赢的同育联盟运行机制

为确保同育联盟规范、高效、持久运行,实现共建共享共赢,同育联盟将机制建设放在突出位置,注重补齐机制短板,形成一套科学有序、架构完善、富有活力、协同高效的八大运行机制(图2),打好创新素养培育的"组合拳"。

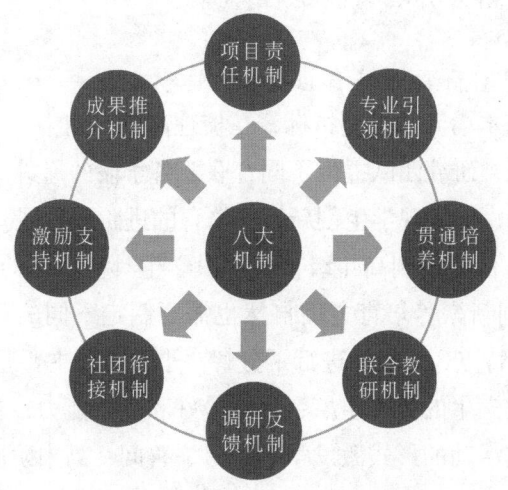

图2 同育联盟的八大运行机制

1）项目责任机制

确立项目责任制，规范项目有序运行，以总项目和分项目引领，包含高校-中小学校长研讨年会制、成果总结与表彰激励制度等。

2）调研反馈机制

每年认真总结工作，借助区、校开发的调研与评价工具，通过师生调研、专家评议，及时获取师生反馈信息，发掘优势亮点，找出问题不足，进行优化。

3）激励支持机制

形成保障激励机制，落实项目经费，明确人员队伍和指导专家，并与高校及教育机构等长期合作。

4）成果推介机制

各校共同遵守联盟章程，加强专业引领和联盟教研，通过微信公众号与成果集，及时宣传共育成果。

5）社团衔接机制

促进初高中学校以及高中与大学社团活动的衔接与互动，形成社团衔接机制。

6）贯通培养机制

建立跨学段贯通培养机制，实现大中小学段的有机衔接。

7）联合教研机制

每学期召开联盟校联合教研会以及校际间跨学科、跨学段的听课、评课、研课活动。

8）专业引领机制

持续助力教师专业发展，为教师提供大学课程旁听、大学名师进校讲座、大学学历提升等途径，形成跨学段、开放式的教师研修模式。

（二）建构了创新素养培育的课程体系

1. 明确进阶式的创新素养培育目标

基于创新素养的基本内涵和关键指标，在梳理高中、初中、小学已有的创新素养培育问题与经验的基础上，研究团队提出了同育联盟各学段的递进式目标（图3），为课程资源体系建设提供方向，以实现学生创新素养培育的进阶式发展。

从小学到高中，从低年级到高年级，各学段学生具有不同的年龄特征和认知特点，因而不同学段学生在创新素养培育方面自然也需要制定不同的目标。同育联盟针对小学、初中、高中学生的特点，对目标进行了分解。小学阶段主要通过个体化的动手操作，以观察感知的形式激发学生的好奇想象、兴趣爱好和动手能力；初中阶段主要通过同伴式的协同制作，以探究活动的形式激发学生思考、善问；高中阶段主要通过团队性的规划设计，以项目实践的形式激发学生的批判性思维，让学生形成基于问题解决的创新实践能力。通过以上三个阶段的目标,最终实现学生创新素养培育的进阶式发展。

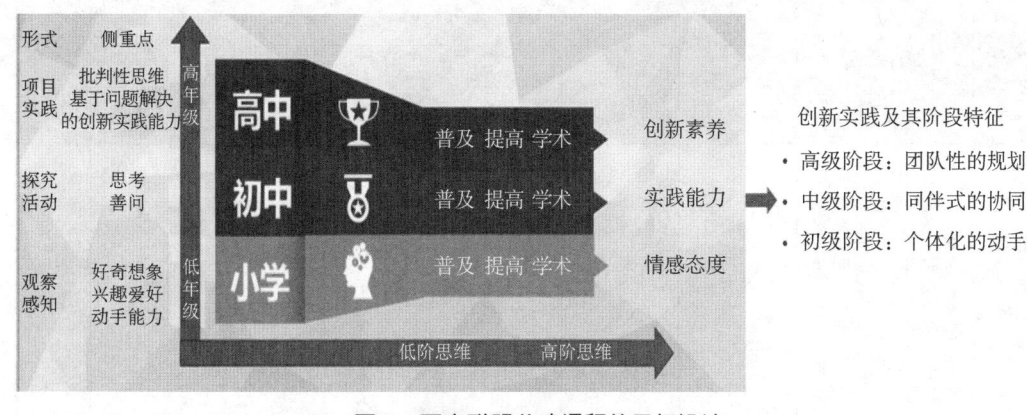

图3　同育联盟共建课程的目标设计

2．建构纵横衔接的课程开发模式

十余年来,同育联盟从课程建设、学习方式、活动开展、技术应用等方面对学生创新素养培育进行了深入的探索与实践,建立了多维课程开发模式,建构了发展性课程体系。

一是纵向贯通式课程开发。基于各校已有创新素养培育实践,同育联盟共建同主题跨学科跨学段的生态创新素养进阶课程。

二是横向整合式课程开发。为全面培养学生综合实践能力和创新素养,同育联盟积极开发跨学科的研学旅行课程。根据学习目标、内容、目的地的特点,与多所高校及社会场馆合作,进行项目化的课程及活动开发与实施。

3．建构"点—线—面"结合的课程框架

通过十余年的实践,形成了指向创新素养、实践能力、情感态度的,由创新实验室课程、研学旅行课程、高校体验课程、专题课程和活动课程五大类、80余门课程构成的同育联盟创新素养课程体系(表2)。

表2　同育联盟创新素养课程体系

课程类型	课程模块	素养倾向						修习方式
		乐学善学 勇于探究	理性思维 批判质疑	社会责任 人文情怀	问题解决 创新实践	技术运用 工程思维	设计思维 艺术审美	
创新实验室课程	工程类、学科类、文化类、生态类、新闻类、综合类	★★	★★	★★	★★	★★	★	学期选修 假期选修

（续表）

课程类型	课程模块	素养倾向						修习方式
		乐学善学 勇于探究	理性思维 批判质疑	社会责任 人文情怀	问题解决 创新实践	技术运用 工程思维	设计思维 艺术审美	
研学旅行课程	天目山科考、南京地质人文研学、青岛地质人文研学、崇明生态研学、松江生态研学、吴淞生态人文研学、杨浦滨江城市研学	★★	★	★★	★★	★	★	假期选修
高校体验课程	自然科学类、人文社科类、艺术修养类	★★	★★	★★	★	★	★	学期选修
专题课程	课题研究启蒙、科学实验方法、科学前沿、科学家的故事、科普巡讲	★★	★★	★★	★	★	★	学期选修
活动课程	同育科学营、同育"未来科学家"评选	★★	★★	★★	★★	★	★	假期选修

同育联盟持续推进创新实验室建设。从空间再造、资源重组到教学流程再造，不断深化课程内涵建设。基于40余个市、区级创新实验室，开发了6类、50余门实验室课程。基本形成普及与提高相结合的"点—线—面"创新素养课程。"点"即指导有潜力的学生在相关领域进行深入的科学研究与创新实践。"线"即着力提升部分学生的科学研究和创新基本技能。"面"即所有学生知晓了解科学研究的基本思想和知识、技能与方法。部分课程已成为区域品牌课程。同育联盟鼓励各校加强资源共建共享，特别是低一级学段学生到高一级学校跨校学习，形成了因需而定的、面向初中生的高中创新实验室课程。

依据同育联盟共建课程目标，整合各学段学校创新素养培育课程资源，设计了递进式的创新素养培育课程，如复旦科技园小学、铁岭中学与同济一附中共同开发了生态创新素养进阶课程（表3）。

4．确立统整转化的资源建设路径

学生创新素养培育，尤其是跨学段联盟共育，需要可借鉴、可共享的课程活动资源。它需要联盟学校，尤其是核心校，根据育人目标和学生需求，做好定位，拓展来源，主动收集，统整开发，创造性地转化、利用（图4）。

表3 生态创新素养进阶课程内容设置

核心内容	小学			初中			高中		
	普及	提高	学术	普及	提高	学术	普及	提高	学术
自然与生态	自然环境的差异和变化,自然环境,生态保护的意义	植物探访,鸟类观测,动物养殖,迷你菜园	环保科普小论文,想象画,科幻画	自然环境与自然资源,生物多样性与物种灭绝	植物栽培,鸟类观测,动植物观察笔记,腊叶标本制作	湿地调查、常见鸟类生态习性研究	地球主要物质循环与地表主要自然过程,生态系统的组成与演变,保护生物多样性	有机农场,校园植物普查,树脂标本制作,校园鸟类分布图,岩石矿物与地质	湿地生物多样性,常见地质灾害
社会、技术与生态	常见环境问题,垃圾分类,人口、文化和技术与环境的影响	废物利用探究,创意制作	实用节能减排方法,校园环境问题小调查	全球环境问题,环境保护法律法规,垃圾分类,人口、文化和技术与环境的关系	废物利用探究,创意制作	节能减排课题探究,校园(社区)环境问题调查,水污染调查与防治	全球生态危机的成因特点与影响防治,垃圾分类,人口、文化和技术与环境的关系,生态文明与可持续发展	水质监测,地面沉降,环境政策和法律的制定过程,自制生态监测航拍仪	节能减排课题研究,水污染和大气污染探究,生态伦理,生态经济,模拟联合国,模拟政协
人与自然	生态日记	自然笔记,科普宣传,志愿者活动	生态科考	生态日记	科普宣传,志愿者活动,生态摄影	生态研学	生态日记与反思	科普宣传,志愿者活动,生态摄影,生态文艺创作	校园(社区)生态系统研究,生态研学
科学素养	科学观察	小制作	小发明,小论文,微调查报告	如何发现问题	小实验,初阶实验体验	小发明,小论文,调查报告	如何设计研究方案	高阶实验技能	小发明,小论文,实验报告
综合实践能力	"无痕山林"七原则			"无痕山林"七原则与野外生存初体验			"无痕山林"七原则与野外生存体验		

集结社会资源和能量培育学生创新素养

图4 创新素养培育课程资源的建设路径

资源整合路径:目标导向,汇聚资源→关注适切,筛选资源→基于需求,转化资源→整合资源,放大效益→固化资源,推广辐射→回馈资源,激励强化。

（三）贯通并丰富了创新素养培育的实践样态

1．形成基于真实问题的三类学习方式

在真实情境中，基于真实问题开展自主、探究与合作学习，是培育学生创新素养的有效途径。结合同育联盟学生的年龄特点、兴趣爱好及核心校信息技术优势，注重学生的主体性，主推了三大学习方式。

1）研学实践学习

为进一步推进学生综合素质提升，在实践中训练学生的科学研究方法，提高创新探究能力，同育联盟每年会组织联盟校学生参与研学实践活动。目前，已形成同育科考、同育夏令营、同育"未来科学家"评选等品牌活动。

2）项目探究学习

教师基于真实情境提出问题，设计项目化学习任务，在师生共同讨论中界定问题、分析问题，引导学生自主探究解决问题，最终展示结果、评价反馈。如将信息、劳技与艺术结合，完成3D打印乐器的制作；将地理、生物、信息、艺术结合，制作校园生态地图、植物与岩石二维码等。

3）线上互动学习

同育联盟积极推动智能泛在学习。学校自主开发的移动教学平台有着丰富的网络课程资源。此外，为实现联盟校课程资源共享，同育联盟还特别搭建了"同育创新素养教育联盟线上学习平台"（图5），平台内现已涵盖语数英艺体等11类学科近100门网络课程，其中17门市级慕课还在上海市高中慕课平台上线，辐射全市。联盟校的学生可以自主选择学习，包含学科基础课程、拓展型选修课程和慕课课程等。

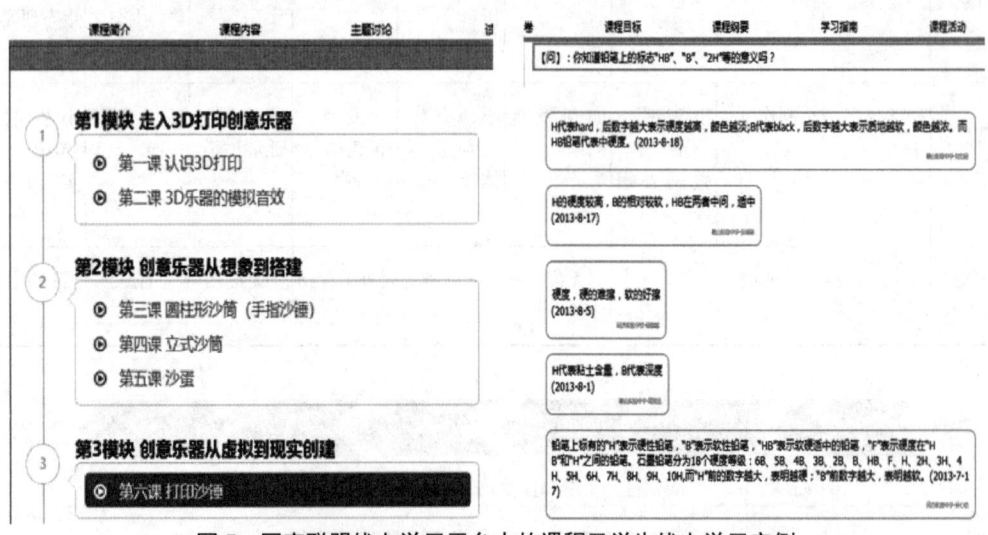

图5 同育联盟线上学习平台中的课程及学生线上学习实例

线上学习流程：登录同育联盟网站→选择课程→开始学习→互动答疑→作业提交→评价交流→反思改进→总评合格→记录学分。

2．形成丰富实践特征的四种组织形式

1）课程化：建设多维度多样态的创新素养培育课程

同育联盟构建了创新素养课程体系，包含创新实验室课程、研学旅行课程、高校体验课程、专题课程和活动课程五大类，丰富了学习方式，促进了思维进阶。其中，基于创新实验室开发了近50门课程，包括工程类、学科类、文化类、生态类和新闻类六大类别（图6）。

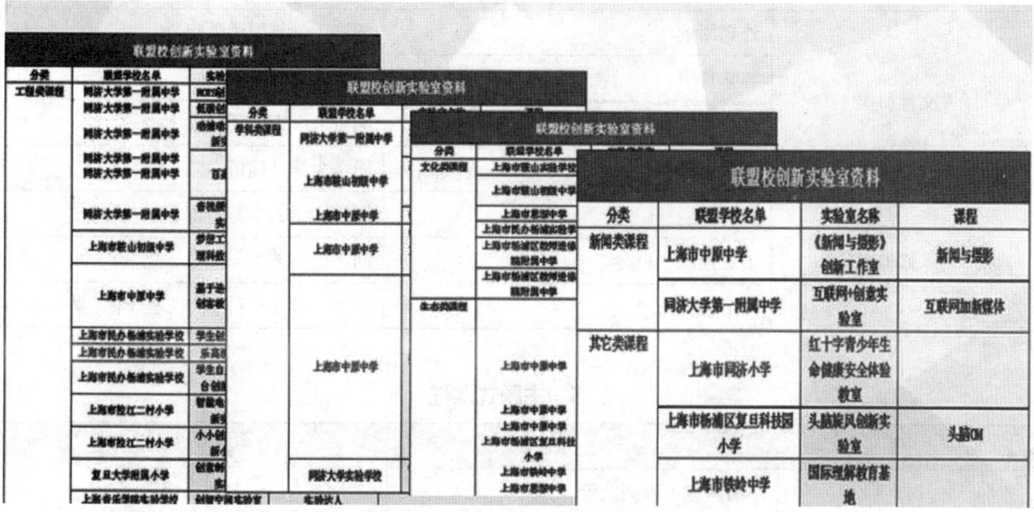

图6　同育联盟学校创新实验室课程分类

2）社团化：开展跨学段社团活动

跨学段、跨学校的社团活动是同育联盟在培养创新素养中的有效探索。目前，联盟校的多个科技类社团均允许学生根据个性化专长与学习需求自行选择和参加，丰富多彩的社团活动为学生激发兴趣、同伴互助、协同成长提供了土壤。核心校每年的社团才艺节上会邀请联盟校学生共同参与，展示创新学习的成果。

3）品牌化：打造系列特色活动

同育联盟在贯通培养中打造了系列特色品牌活动，如在研学课程开发过程中建设了一批稳定的学生社会实践基地。同育联盟还邀请专家"量身定制""送教上门"，打造高校体验与科创课程（表4、表5），约3 000人次参加了科创课程的学习。天目山科考等活动，已逐渐成为深受学生欢迎的特色活动品牌。

表4　高校体验类课程

课程类别	课程名称	对接学院
自然科学类	走近高等数学	同济大学数学科学学院
	走进生命科学	同济大学生命科学与技术学院

(续表)

课程类别	课程名称	对接学院
自然科学类	走进地球系列科学	同济大学海洋与地球科学学院
	飞天梦想	同济大学航空航天与力学学院
	化学与生活	同济大学化学科学与工程学院
	物理前沿知识	同济大学物理科学与工程学院
	知识产权先修	同济大学上海国际知识产权学院
人文社科类	外刊阅读	同济大学外国语学院
	趣味日语	同济大学外国语学院
	文史哲课程	同济大学人文学院
	趣味德语	同济大学外国语学院
艺术修养类	演绎人生	同济大学艺术与传媒学院
	创意绘画	同济大学艺术与传媒学院
	环境素养拓展	同济大学环境科学与工程学院

表5 主题式课程

序号	讲座主题	讲座专家
1	小清新也可以高大上	关大勇博士
2	天目山探险之旅	邹 洁博士
3	激光的前世今生	吴於人教授
4	环境保护与对策	李光明教授
5	科学实验	关大勇博士
6	上海湿地与水鸟保护	唐思贤教授
7	新时代下，未来人才的培养之路	关大勇博士
8	探索自然，培养科学素养	郭光普教授
9	天目山国家级自然保护区科考	郭光普教授
10	新时代下未来人才的培养	关大勇博士
11	太阳的过去、现在和未来	吴於人教授
12	智慧交通与未来的生活及今天的学习	杨东援教授
13	爱因斯坦和日食的故事	吴於人教授

4）云端化：开发移动学习平台

学校自主开发的同育联盟线上学习平台为学生创新素养的培育提供了丰富的网络课程资源，所有联盟校的学生可以自主选择平台上的课程学习。平台会实时记录学生参加网络课程的学习情况，也为联盟课程共享、合作育人提供分析数据。同育联盟线上学习平台的数据还会与核心校同济一附中校园平台的数据相互对接，如果学生以后进入同济一附中学习，原有的修习网络课程的学分可直接转化为高中阶段的学分，从而实现高中部分网络课程先修。

（四）探索并建构了创新素养多维评价框架

围绕创新人格、创新思维和创新实践力三大维度，同育联盟探索构建了学生创新素养评价体系。在具体教学实施过程中，教师可结合课程特点进一步细化和丰富，体现各学段目标差异和衔接，以及评价的多元化、过程化、发展性特点。

同育联盟积极探索借助信息技术开发多样的学习任务，促进学生体验与探究，将定量数据与定性分析相结合，形成基于移动平台的创新素养评价新方式（图7）。

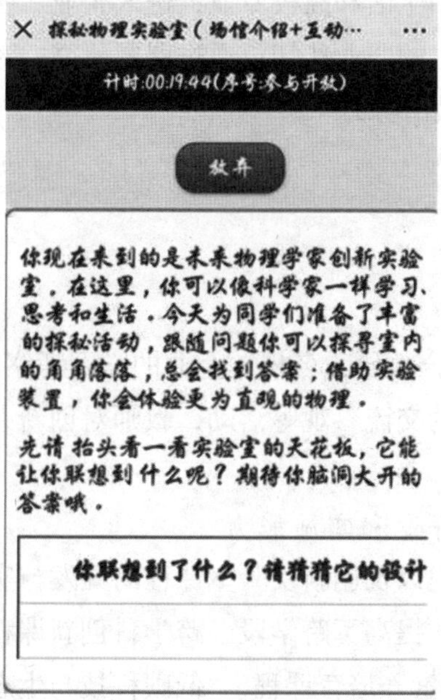

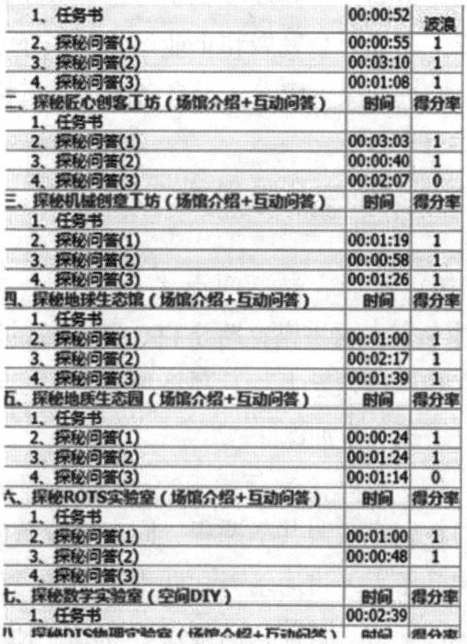

1、任务书	00:00:52	波浪
2、探秘问答(1)	00:00:55	1
3、探秘问答(2)	00:03:10	1
4、探秘问答(3)	00:01:08	1
二、探秘匠心创客工坊（场馆介绍+互动问答）	时间	得分率
1、任务书		
2、探秘问答(1)	00:03:03	1
3、探秘问答(2)	00:00:40	1
4、探秘问答(3)	00:02:07	0
三、探秘机械创意工坊（场馆介绍+互动问答）	时间	得分率
1、任务书		
2、探秘问答(1)	00:01:19	1
3、探秘问答(2)	00:00:58	1
4、探秘问答(3)	00:01:26	1
四、探秘地球生态馆（场馆介绍+互动问答）	时间	得分率
1、任务书		
2、探秘问答(1)	00:01:00	1
3、探秘问答(2)	00:02:17	1
4、探秘问答(3)	00:01:39	1
五、探秘地质生态园（场馆介绍+互动问答）	时间	得分率
1、任务书		
2、探秘问答(1)	00:00:24	1
3、探秘问答(2)	00:01:24	1
4、探秘问答(3)	00:01:14	0
六、探秘ROTS实验室（场馆介绍+互动问答）	时间	得分率
1、任务书		
2、探秘问答(1)	00:01:00	1
3、探秘问答(2)	00:00:48	1
4、探秘问答(3)		
七、探秘数学实验室（空间DIY）	时间	得分率
1、任务书	00:02:39	
八、探秘DIS物理实验室（场馆介绍+互动问答）	时间	得分率

图7　基于移动平台的创新素养评价新方式

四、效果与展望

（一）学生变化与成长

1．激发了学生学习兴趣和动力

同育联盟多样的创新实验室课程、网络课程以及各类活动课程，丰富了学生的学习体验，受益学生多达4 000人次。仅近5年，同育联盟共有1 000多人次参加过联盟品牌活动。递进式培养使很多学生通过同育联盟活动对同济大学、同济一附中产生向往，努力考入深造，从而实现创新素养贯通、持续发展。

2. 转变了学生学习方式

同育联盟力主打造以学生为主体的课堂，转变学习方式，促进自主学习、合作探究，让学生在动手实践、活动体验中去发现、分析和解决问题，提高了问题意识、创新意识，培养了综合思维、分析和判断能力。联盟校学生在青少年科创大赛等比赛中斩获国家级奖项近十项，市级奖项数百项。

3. 建构了跨学段学习共同体

同育联盟各类课程活动让不同学校、学段的学生有更多的机会一起学习、生活。在教师指导下，根据活动目标，学生自发组团、独立设计、策划相关活动，极大地激发了他们的积极性和创造性。

4. 助推了学生生涯规划

学生走进高中、高校参观学习，体验了高中生活和高校专业；进入企业、各级各类社会组织，了解社会发展和企业运作，校正自己的职业认知；通过课题研究，对自己感兴趣的内容进行深入探索，为自己的未来目标做出努力。

（二）教师变化与发展

1. 认识层面，教师更加关注创新素养培育

通过专家主题讲座，跨学科、跨学段的联合教研，名校、企业的学习考察，"创新素养培育和课程领导力"专题培训，联盟校间的交流参观等活动，教师对创新人才培育的认识有了进一步加深。

2. 实践层面，教师提高了创新课程的开发和实施能力

教师在同育联盟共享课程、同育夏令营课程以及创新实验室课程的开发与实施的过程中，提升了人才贯通培养和课程领导的意识，提高了跨学段、跨学科创新课程开发和接续实施的能力。目前，已开发了80余门创新素养培育课程，"低碳科技与生态"等近十门课程获区创新实验室优秀课程，形成创新实验室准备与课程建设、创新素养课程评价、教学新样态展示、教师专业发展等方面的案例和教学设计60余篇，10余位教师获得上海市青少年科技创新大赛优秀指导教师一、二、三等奖，20余位教师被评为区学科带头人、区骨干、区教学新秀。

（三）同育联盟及学校发展

1. 同育联盟实现了全方位发展

同育联盟的构建与运行，是一种跳出分数本位、升学本位、学校本位的实践探索。十余年来，同育联盟秉持"人才同育"教育理念，在创新实验室及创新课程建设、创新师资培养、学生活动组织、共育机制建设等方面的合作日趋规范、深入和长效，联

盟内17所学校的办学综合水平得到显著提升,基本实现了创新素养培育资源的共建共创共享。

同育联盟先后荣获杨浦区五大联盟中最佳盟主称号、创新实验室课程综合样态试点最佳组织奖,以及创新实验室联盟展示风采奖等荣誉称号。自2016年以来,同育联盟作为样本联盟,成为杨浦区五大创新素养培育联盟中成员最多、辐射面最广、影响力最大的联盟。

同育联盟核心校建设了覆盖面广、选择性强的创新实验室,构建了同主题跨学段的同育联盟生态创新课程群,形成创新素养人才培育的模式和方法,成为普通高中新课程新教材实施国家级示范校、市课程领导力项目校、市信息化标杆校、区课程领导力示范校。

2. 同育联盟影响力得到全面提升

同育联盟在培养学生创新素养上的运作机制与方式,对区域教育的集团化和学区化发展发挥了积极作用。杨浦区借鉴同育联盟思路,组建其他四个创新素养培育联盟,形成区域创新实验室联合运作体系,有力地助推了区域创新素养培育生态的形成。

自2013年以来,同育联盟开展市区级展示活动20余次,媒体报道60余篇,相关研究成果已付梓出版,在上海市乃至全国得到推广辐射,形成了良好示范引领效应。

作为一项长期性、系统性工程,创新素养培育既是目标更是过程,不能一蹴而就。创新素养培育真正落地生根,需要多方协同、持续发力、久久为功。未来,同育联盟将进一步解放思想,不断开拓创新,继续拓展品牌课程、深化机制建设,探索信息技术支持的创新素养培育模式等,让更多学校受益,助力更多教师发展,引领更多学生成长。

创实评价

CHUANGSHI　PINGJIA

在"争章"评价体系中培养学生的核心素养

——"智能机器人制作"课程评价案例

上海市铁岭中学　郝敬玮

上海市铁岭中学的"智能机器人制作"是市级创新实验室项目——"国际理解教育"中的一项子课程。该课程在近几年的不断建设中，除了积极开展校本课程教材的编写工作外，还努力完善课程评价体系，希望通过评价体系激发学生多方面的潜能，帮助学生认识自我、建立自信，发挥出评价真正的教育功能。最终，课程确定以"争章"的模式，形成培养学生的科学精神、学习能力、实践创新、责任担当、团结协作等方面的多元化评价体系，使学生在一个客观、综合、形象的评价体系中健康成长，达到培养学生"核心素养"的目标。

一、研制符合课程自身属性的评价体系

教育评价是对教育活动满足社会与个体需要的程度作出判断的活动，是通过对教育活动现实或潜在价值作出判断，以期达到教育价值的过程。教育评价的操作必须依据一定的标准，通过系统地收集信息，在信息与标准的基础上作出价值判断。要完成这种价值判断，首先应为评价对象提出一个合适的价值标准。

"智能机器人制作"课程是围绕"思考、动手、创新、合作"的主旨而开设的，当课程与现代教育发展的新课题"国际理解教育"相融合时，内容上会发生一定的变化，这也就意味着课程的评价体系必须作出相应的调整。因此，在研制评价标准的过程中不仅要保留"智能机器人制作"课程中原有的科学精神、学习能力、实践创新等核心素养，还要根据"国际理解教育"的理念相应地增加尊重与理解、合作与责任等内容。我们在立足课程实际的基础上，研制出了6个Ⅰ级指标、23个Ⅱ级指标的评价细则（表1），每一个指标内容具体明确，文字通俗易懂，便于学生理解和践行，同时根据这些评价细则设立了相对应的"科技章""创新章""尊重章""理解章""合作章""责任章"，希望通过"争章"的形式，帮助学生正确地认识自己和悦纳自我，培养学生的核心素养。

表1 "智能机器人制作"课程评价指标

I级指标	II级指标	评价主体
制作（35%）	1. 积极主动地参加各级科技创新竞赛活动，并获得一定的成绩	学生自评、互评；师评；专家评
	2. 能在日常活动中制作有创意、有价值的作品	学生自评、互评；家长评；师评
	3. 养成细心观察的学习习惯，对感兴趣的事物开展研究，在研究过程中注意累积资料，做好资料汇总	学生自评、互评；家长评；师评
	4. 遇到问题积极思考，能通过访问、调查、实验等科学方法解决问题	学生自评、互评；家长评；师评
创新（15%）	1. 能发挥奇思妙想，积极动手改进一些常用的物品	学生自评、互评；家长评；师评
	2. 敢于向科学权威提出挑战，能大胆地提出自己的见解和主张	学生自评、互评；师评
	3. 能在日常搜集古今中外发明家的故事，激发小发明、小创造的灵感	学生自评、互评；家长评；师评
尊重（10%）	1. 能使用"您好、谢谢、请、对不起"等礼貌用语	学生自评、互评；家长评
	2. 与人交谈时，能微笑地注视对方的眼睛	学生自评、互评；家长评
	3. 认真倾听他人的发言，不随意打断	学生自评、互评；家长评；师评
	4. 尊重他人的风格、习惯和信仰，不评头论足	学生自评、互评；家长评；师评
理解（10%）	1. 学会肯定和赞扬他人的良好表现	学生自评、互评
	2. 用积极的状态接受学习任务，不埋怨	学生自评、互评；师评
	3. 发生错误，先从自己身上找原因，不迁怒他人	学生自评、互评；家长评；师评
	4. 自己不愿意承担的工作，不推卸给他人	学生自评；师评
合作（15%）	1. 在制作小组中明确自己的角色，乐于接受任务，并尽力完成	学生自评、互评
	2. 主动和同伴一起完成任务，尊重、接受同伴提出的建议与意见	学生自评、互评
	3. 乐于同合作伙伴交流沟通，大胆发表自己的见解，敢于提出不同的意见	学生自评、互评
	4. 在活动过程中能帮助同伴完成任务，遇到困难能主动向同伴寻求帮助	学生自评、互评
责任（15%）	1. 对自己负责，学会管理，不给他人添麻烦	学生自评、互评；家长评
	2. 对他人负责，学会约束，勇于承担错误	学生自评、互评；家长评
	3. 对集体负责,学会团结,遵守公共秩序,在公共场所不打闹、不喧哗、不干扰别人	学生自评、互评；师评
	4. 对自然负责，学会节约能源，拒绝白色污染	学生自评、互评；师评

二、设立多维度相互融合的评价方式

美国著名教育评价专家斯塔弗尔比姆说过:"评价最主要的目的不是为了证明,而是为了改变。"在实施评价过程中,我们始终把评价的对象看作完整、有血有肉、有情感、有尊严、有发展潜能的生命个体。重视评价的过程,不断地给予学生反馈,使评价活动成为学生自我展示、发展特长、激发内在优势潜能的平台和机会,从而让学生看到自己在不同方面的变化和进步,帮助学生在全面发展的基础上做最好的自己。

"智能机器人制作"课程所设计的评价标准,是将学生视为完整、具有发展潜能的生命个体,注重学生的自主体验、自主探索、自主内化和自我评价,有助于培养和发展学生个体的自我意识,促进学生实现自我成长与完善。针对前文所述6个Ⅰ级指标的评价内容,从学生的心理与年龄特点出发,通过"争章"形式培养学生的核心素养,从而达到"以评价促进学习"的目的。

为了确保评价活动合理规范、公正透明、便于操作,使评价过程可信、评价结果可用,成立了由指导教师、班主任、社团社长组成的评价小组,并结合标准细则逐级评价学生在日常教育活动中的具体表现。"争章"活动还强调评价主体的多元化,加强学生自评、学生互评、家长参评、指导教师评价以及专家评价,确保评价的客观性、全面性以及科学性。通过"学生自评"达到学生自我反思与体验的目的;通过"学生互评"促进同学间相互学习与交流;通过"家长参评"加强家校沟通和合作交流;通过"指导教师评价"让学生了解自己在日常各项活动中的实际情况。"争章"活动注重评价过程和结果的客观性、公开性,力求实现评价的真正价值。它既是发展性评价,又是阶段性评价,是在每学期末对学生各方面的能力进行的综合评价。同时,"智能机器人制作"课程还结合学校制定的"校本课程评价手册"记录学生每学期的"争章"情况,并逐步形成以学年为序列的成长链接,真正做到关注学生的每一步成长,深受师生、家长的欢迎。

【实例】小赵是一名2018学年入学的新生,对机器人制作非常感兴趣,动手能力也很强,经常会自主设计一些机械作品,但为人较为沉默,平时也不太喜欢和别人交流与合作。

在"智能机器人制作"课程中,小赵的作品经常在众多设计制作的作品中脱颖而出,所以在评价指标中,一直都能获得老师和家长给予的好评,但是学生互评环节却会出现不少差评,甚至在自评中也有不自信的体现。在阶段性评价中,小赵也只获得了"科技章"和"创新章"。指导教师根据评价指标体系所反映出的问题,为小赵设计了专属的课程方案。

第一,让小赵担任一个制作组的组长,并由他给组内同学分派任务。这个环节由"合作"指标体系衍生而出,相对应地可以取得"合作章"。

第二,让小赵负责日常的资料累积,并整理制作过程中的资料,最后汇集成册进行展示。这个环节通过"制作"和"责任"两个指标体系衍生而出,相对应地可以取得"科技章"和"责任章"。

第三,让小赵在全体同学面前展示自己设计并制作的作品。这个环节由"制作"指标体系衍生而出，相对应地可以取得"科技章"。

第四，让小赵阐述自己作品的设计理念、结构、程序，并经过质疑后得到认同。这个环节由"理解"和"尊重"两个指标体系衍生而出，相对应地可以取得"理解章"和"尊重章"。

第五，鼓励小赵参加科技创新大赛，得到专家指导，并拓宽视野，学习他人作品长处。这个环节由"制作"和"创新"两个指标体系衍生而出，相对应地可以取得"科技章"和"创新章"。

在一系列的专属课程方案实施后，小赵发生了很大的变化，学生互评环节中负面的评价消失了，自我评价中也反映出他比以前自信了，更可喜的是他创作的作品也更具有逻辑性、科学性和实用性，得到了科技创新大赛的认可，获得了市、区奖项。小赵的改变得益于指标体系较好地落到了实处。在以评价指标为依据开展的"争章"活动中，我们不仅清楚地看到了小赵的长处，而且看到了他的"短板"。决定一个人高度的，恰恰是他的"短板"，要想提升小赵，就必须从他的"短板"下手。经过对小赵实际情况的分析，为他设计的专属课程方案悄无声息地融入了日常课堂。小赵周围的人都切实地看到了他在成长过程中可喜的变化。指导教师也在小赵身上目睹了有效的学生评价指标体系改变一个学生的全过程，感悟到了指标体系的评价功能对学生良性发展的重要意义。

三、实施"争章"评价后显现的效果

在"智能机器人制作"课程中，评价工作不仅是师生沟通的桥梁，更是促进学生核心素养提升的有效手段。每一次评价活动都围绕着被评价者完善自我、超越自我而展开。同时，引导被评价者科学客观地看待评价结果，在对照反思中全面了解自身素养的发展状况、发展水平和发展差异，从而进一步明确努力的方向，激发前进的动力，真正发挥评价的改进、导向和激励功能，促进学生主动、生动、灵动地发展。"争章"评价体系打破了传统的单靠分数评价优劣的模式，成为衡量学生综合素养的重要依据，对学生核心素养的养成起到了关键的作用。奖章如同一根根纽带，把各方面的力量凝聚在一起，把校内和校外教育有机结合在一起，让全面、全程、全员的育人理念渗透学校、家庭、社会的方方面面，让学生每一次的成长都能得到记录，每一点进步都能得到奖励。

在具体的推进和实施过程中，我们能清晰地看到"争章"评价所显现的良好效果：

（1）"争章"评价能随时与其他评价方式相结合，如语言评价、等第评价，形成更系统、更高效的全面评价体系。

（2）"争章"评价是一种有效可行的评价方式，它既可以提高学生学习的主动性，又可以辅助教师提高教学效率。

（3）"争章"评价兼具深度和广度，能全面反映学生整个学习阶段的变化及整体状况。

为了更好地使学生的核心素养得到提升，有效巩固和延伸评价的结果，我们利用学校开展的各类主题活动，通过杨浦区国际理解教育中心的牵线搭桥，同新加坡、爱沙尼亚等国家和地区的学校建立友好关系，开展交流活动，让学生在实践中锻炼能力。

"智能机器人制作"课程将发挥现有"争章"评价体系的功能，激发每一个学生的上进心和自信心，让每一个学生体验到成功的喜悦，进而以更饱满的热情投入新的活动中，去争取实现下一个新目标。

"数学多功能互动创新实验室"学生学年总课程评价案例

上海市中原中学 徐 亮

一、评价指标体系

1. 设计背景

上海市中原中学在"指向普通高中学生'成功体验'的三类学习环境建设的实践研究"市级课题的引领下,大力开展创新实验室建设。实验室课程借助区域指导、联盟校交流学习,已在课程规划、师资培养等方面就改变课堂教学方式、拓展学生研究性学习能力做了一定的实践。

2. 课程特点

"数学多功能互动创新实验室"是一门基于上海市高中生数学学习要求,以市级创新实验室建设为依托的组本系列课程,旨在让学生能借助实验室设备动手探究、交互学习,在体验中学习数学、发展个性,认识数学简洁、严谨、广泛应用的特点,并逐步养成科学地分析并解决问题的能力。由于本课程的部分内容已渗透基础型课程,该部分的评价纳入基础型课程的评价(图1)。本文涉及的课程评价指实验室课程在高一学年开设的研拓课程(附件1)学习的最终评价,该评价包含了学生在各类短课程中的学习及根据学习所完成的研究性的总评价。

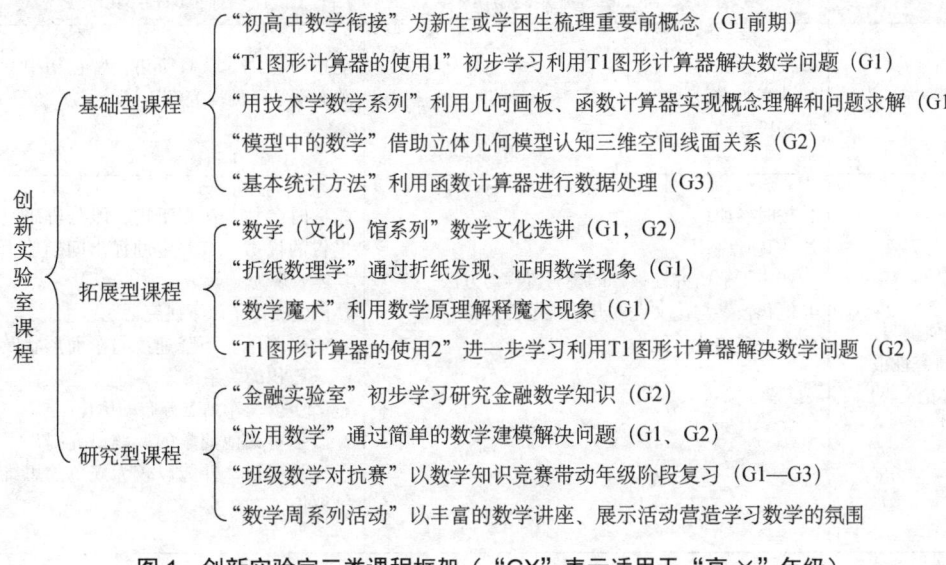

图1 创新实验室三类课程框架("GX"表示适用于"高 X"年级)

3．设计意图

由于总课程由多个短课程构成，涉及整个学年课程学习的方方面面，既要兼顾各短课程中学生的表现，又要对课程学习总成果有个连贯统一的标准，因此本评价体系通过各短课程教师个性化要求，进行质性评价描述，结合课程总体目标再进行量化评价。

评价对象为高一年级参加"数学多功能互动创新实验室"研拓课程的学生，评价者由数学组该学年授课教师组成。评价指向依据上海市课程标准（2017）及学校育人目标，结合课程教学特点，注重过程性评价、多元性评价与发展性评价（附件2）。

本文聚焦学生小Z参与课程学习的过程，着重阐述对该学生课程学习评价的实施情况。

二、案例描述

1．对象描述

小Z是我校参加"数学多功能互动创新实验室"研拓课程的学生，当年高一学年的课程有"如何撰写数学研究性报告（小论文）""折纸数理学""数学魔术"和"用技术学数学"。该届学生生源位于上海市总生源的后85%～90%，小Z的数学基础非常薄弱，但是该生相对其他学生较有好奇心，愿意思考，并曾在初中阶段有过数学实验的经历，在本课程的参与过程中总体比较积极努力。

2．评价过程

由于各课程的授课教师不尽相同，因此每位教师在课程中会有个性化的作业与评价。小Z在各类课程中的学习过程与完成度及相关质性表现见表1。

表1　2018学年小Z各类短课程学习记录

系列课程 （课程名）	短课程评价观测点 （授课教师于课程开始时给出）	短课程表现 （授课教师于课程结束时填写）
序言课	1. 按时参加； 2. 认真听讲； 3. 积极互动	能按时参加，认真听讲，曾在初中有相关数学学科的探究经历
如何撰写数学研究性报告（小论文）1	1. 按时参加； 2. 认真听讲； 3. 初步了解研究性报告的撰写流程与方法； 4. 能积极参与论文课题开题规范性讨论； 5. 有一定的评价能力	能按时参加，认真听讲，能分辨研究性报告的优劣，有一定的提出问题能力。 具体表现为： 1. 该生提出了以下研究话题： （1）降落伞下降速度与伞面形状及面积的关系； （2）公交车站点分布的优化。 2. 该生对其他同学的课题研究提出了相应的建议，并能以较为规范的思维去评价

（续表）

系列课程 （课程名）	短课程评价观测点 （授课教师于课程开始时给出）	短课程表现 （授课教师于课程结束时填写）
如何撰写数学研究性报告（小论文）2	1. 按时参加； 2. 认真听讲； 3. 能独立研究课题； 4. 能较好地与大家分享自己的开题计划； 5. 对他人的开题汇报能提出积极建议； 6. 在假期里按时完成初稿，并根据导师的建议修改	1. 能按时参加，认真听讲，有自己的课题——"降落伞下降速度与伞面形状及面积的关系"。 2. 开题汇报总体尚不成熟，建议： （1）与物理老师沟通需要用到的物理知识； （2）相关概念的表述需澄清； （3）注重实验设计的规范性及数据的可信度。 3. 能按时提交论文初稿，但修改情况不佳
折纸数理学	1. 按时参加； 2. 认真听讲； 3. 动手操作过程中能正确模仿； 4. 积极参与芳贺定理的证明与推广； 5. 能积极探究获得其他新的结论； 6. 能完成数学立体几何模型折纸作品； 7. 能从中提炼数学问题并进行研究性报告的撰写	1. 能按时参加，认真听讲，积极参与定理的证明与讨论，发表自己的观点，并主动与同学分享； 2. 虽未能成功证明芳贺定理，但能较好地理解教师的解释说明，并积极尝试模仿推广； 3. 在进一步结论推广中没有更好的表现； 4. 完成数学折纸立体几何作品； 5. 没有以该课题内容作为研究性报告的打算
数学魔术	1. 按时参加； 2. 认真听讲； 3. 动手操作过程中正确模仿； 4. 积极参与各个数学魔术的数学原理推导； 5. 能积极探究，获得其他新的结论； 6. 能从中提炼数学问题并进行研究性报告的撰写	1. 能按时参加，认真听讲，积极参与定理的证明与讨论，发表自己的观点，并主动与同学分享； 2. 虽未能成功证明芳贺定理，但能较好地理解教师的解释说明，并积极尝试模仿推广； 3. 在进一步结论推广中没有更好的表现； 4. 没有以该课题内容作为研究性报告的打算
用技术学数学1	1. 按时参加； 2. 认真听讲； 3. 积极动手操作，基本掌握TI图形计算器的常用操作； 4. 能灵活应用控件制作变量计算效果及含参数的函数动态变化，得到相关结论，并能理性证明结论； 5. 能从中提炼数学问题并进行研究性报告的撰写	1. 能按时参加，认真听讲，积极动手操作，完成速度快； 2. 能用多种方法实现数学结果，具有发散思维，理解能力好； 3. 操作准确，能主动帮助理解较慢的同学完成操作，但解释问题的能力有待提高； 4. 没有以该课题内容作为研究性报告的打算

（续表）

系列课程 （课程名）	短课程评价观测点 （授课教师于课程开始时给出）	短课程表现 （授课教师于课程结束时填写）
用技术学数学2	1. 按时参加； 2. 认真听讲； 3. 积极动手操作，熟练应用几何画板展现数学问题； 4. 能根据几何画板的动态效果得到相关结论，并能理性证明结论； 5. 能从中提炼数学问题并进行研究性报告的撰写	1. 能按时参加，认真听讲，积极动手操作，完成速度快； 2. 能较好完成相关作品，且方法不唯一； 3. 能自行研究几何画板软件的操作，具有好奇心和探索欲及尝试的意识； 4. 自行探究问题的能力较欠缺，结论的证明有困难； 5. 能帮助其他同学解决困难； 6. 没有以该课题内容作为研究性报告的打算

根据上述短课程的质性评价，课程总负责人参照"总课程学习成绩评价量规"（附件2），听取各短课程教师的意见后给出最后的总课程成绩（表2）。

表2 2018学年小Z总课程成绩

评价指向	评价指标		满分	得分	建议
学生思维品质、学习积极性与好奇心	出勤		10	10	保持
	课堂表现		20	19	能结合课程，提出相关问题
学生创新意识	论文质量	原创性	20	17	学会规范地查找研究资料
		价值	10	5	创新性方面有待提高
学生运用数学知识及综合知识，提出问题、分析问题的能力		科学性	20	16	前期研究不够充分，实验数据支撑不够
		逻辑性	10	7	实验与结论的因果关系需斟酌
		规范性	10	7	概念表述有待提高

三、总结与反思

1. 师生成长

在教学过程中，授课教师一致发现，小Z对课程积极体验，且具有高度的好奇心，因此推荐他参加上海大学数学实验工作站的活动，做进一步的课题研究学习。虽然在该学习中压力较大，但小Z仍能尽自己最大努力认真准备答辩，并在大学教授面前进行论文展示，已属不易。他说自己能与更优秀的同学一起学习，收获非常大，并且基础型课程的学习也随数学探究的深入有了一定提高。

实验室负责人（笔者）与各短课程授课教师在评价设计的过程中，认真学习课程标准，不断反思基础型课程、拓展型课程及研究型课程的关系，从学生的成长中获得了教学成就感。当然，也有学习效果不佳的学生，由此授课教师在反思中重新设计课程内容，调整课时数及先后顺序，使之更为合理，更符合学生实际，并进一步思考评价方式的科学性和积极性。

2．评价亮点

（1）评价兼顾课程统一性及学科整体性

本课程从设置到评价，既具有年级研拓课程的统一性，亦具有学校数学学科课程的整体性。作为年级统一的研拓课程，按照学校要求，学生需在年度的学习中借助创新实验室课程资源完成研究性报告，因此为了凸显学生的一大显性学习成果，将研究性报告作为评价的重点（评价占比70%）。作为数学学科的整体课程，本文涉及的评价细则（包括课程设计）充分呼应了数学学科的核心素养，同时也对学生探究一般问题的过程的评价具有普适性。

（2）评价体现多元性、发展性和导向性

本课程由一门长课程"如何撰写数学研究性报告（小论文）"贯穿始终，作为课程评价的起点与终点，其中以四个短课程做串联，展现了评价维度、内容、评价者的多元性。每一短课程均有相应评价，供最后总课程的评价作参考，注重过程，评价量规制定较为规范细致，充分体现了评价的多元性、发展性和导向性。

（3）评价融合质性分析与量化分析

本课程的评价具有质性分析与量化评价相结合的特点。在具体短课程中，当量化不足以表达和记录学生的学习经历时，质性的分析和描述（表1）就能鲜活地反映学生的学习状况，为最后的量化评价提供事实依据。而最后的量化评价又能较好地反映学生间的质性差异，供对比和数据处理。

（4）评价关注个体评价与榜样展示

从教师的评价中，学生能感受到本课程的倾向性，即不仅注重学业成就，也关注学习过程，包括课程中展现出来的好奇心、积极动手动脑探索的态度，以及解决问题时所体现出来的创新性思维。对小Z及其他榜样同学的积极评价也给其余同学的学习提供了一定的参考。

3．不足之处

本课程中评价方向较为单一，均为教师对于学生的主观性评价。应充分尊重学生的自主性，挖掘自我评价能力，在评价中增加学生的自评与互评，不断完善评价体系。

评价指标虽然坚持过程性评价，但是体现成果的论文质量仍占较大比重（70%）。如何对基础较为薄弱、但在课程学习中付出较大努力、与自己的起点相比有很大提高的学生作出相对积极肯定的评价，给予学生较大的成就体验，是笔者后续需要思考的问题。

附件1　2018学年"数学多功能互动创新实验室"课程安排

系列课程	内容	课时数	课程类型
序言课	1. 分享课程框架及各板块课程概要 2. 介绍学习要求及学期总课程考核方法	2	拓展型
如何撰写数学研究性报告（小论文）1	第一讲　研究性报告拟题 1. 介绍何为数学研究性报告（小论文） 2. 介绍研究性课题的来源、选取原则及课题的规范表达 3. 介绍应用型和纯数学两类文体	2	研究型
	第二讲　研究性报告撰写 1. 介绍研究性报告开题及开题汇报制作 2. 介绍研究方案的设计及基本研究方法 3. 两类文体的撰写格式 4. 中期汇报与答辩 探究与思考一：尝试拟定一个课题	2	研究型
折纸数理学	第一讲　折纸数理学入门 1. 折纸小史 2. 纸质与型号 3. 折纸术语 探究与思考二：如何折各类纸型	2	拓展、研究型
	第二讲　芳贺第一定理 1. 芳贺第一定理的发现与证明 2. 芳贺第一定理的推论 探究与思考三：芳贺结论的其他折法	2	拓展、研究型
	第三讲　芳贺第二定理 1. 芳贺第二定理的发现与证明 2. 芳贺第二定理的推论 探究与思考四：折纸法三等分一个角 （古希腊三大几何难题）	2	拓展、研究型
数学魔术	第一讲　纸牌"读心术"	2	拓展型
	第二讲　纸牌"交易之谜"	2	
	第三讲　奇怪的骰子	2	
用技术学数学1	第一讲　TI图形计算器基本功能介绍 1. 七大功能与四个基本操作 2. 常用运算与函数图象的编辑 探究与思考五：用尽可能多的方法求解1+2+⋯+1 000的值	4	拓展、研究型
	第二讲　利用TI图形计算器进行图像动态研究 1. 迭代与游标功能使用介绍 2. 图形动态研究 探究与思考六：研究函数$f(x)=\sum_{i=1}^{n}|x-i|, n\in N^*$图像与性质	2	拓展、研究型
	第三讲　TI图形计算器竞赛题举例	1	拓展型

（续表）

系列课程	内容	课时数	课程类型
用技术学数学2	第四讲 作图神器——几何画板 1. 几何画板常用功能介绍 2. 利用几何画板制作基本不等式"$a,b\in R$时，$a^2+b^2\geq 2ab$，当且仅当$a=b$时，等号成立"	4	拓展型
	第五讲 几何画板实现函数研究 探究与思考七：研究函数$f(x)=\sum_{i=1}^{n}|a_ix-b_i|, n\in N^*$图像与性质	2	拓展、研究型
如何撰写数学研究性报告（小论文）2	第三讲 开题报告汇报交流及点评	4	研究型

附件2 学生××的总课程学习成绩评价量规

评价指向	评价指标	得分	评价内容	评价细则			
				不低于满分的3/4	不低于满分的1/2	不低于满分的1/4	不高于满分的1/4
学生思维品质、学习积极性与好奇心	出勤	10	1. 按时出勤，不迟到早退	全勤或有1~2次情有可原的迟到	有1~2次情有可原的缺席	2次以上有理由缺勤或1~2次无理由迟到	2次以上无理由缺勤或迟到
	课堂表现	20	2. 积极思考 3. 勇于回答问题或认真完成短课程作品 4. 能提出问题	思考积极，经常回答问题，作品质量高，会提出有价值的问题	能认真听课，按要求参与思考与讨论，回答欠完整，但有亮点，认真完成作业	上课安静听讲，能参与思考与讨论，发言较少，作品质量一般	有不注意听讲的现象，参与课堂讨论少，作业态度有待提高
学生创新意识	论文质量	原创性	20	5. 独立完成 6. 内容原创	独立完成问题的发现与探索过程，除规范引用外，内容无抄袭	在不断启发下逐步完成问题的发现与探索过程，除规范引用外，内容无抄袭	独立发现并解决问题有困难，除规范引用外，部分段落明显抄袭	多数内容为抄袭
		价值	10	7. 得到了新的结论、方法 8. 新的观点有意义、可推广	研究工具、研究方法有个人独到见解，或研究结论有一定创新	研究工具、研究方法或研究结论在前人的研究基础上有发展	研究工具、研究方法或研究结论一般	无明确方法、结论

（续表）

评价指向	评价指标	得分	评价内容	评价细则			
				不低于满分的 3/4	不低于满分的 1/2	不低于满分的 1/4	不高于满分的 1/4
学生运用数学知识及综合知识，提出问题、分析问题的能力	论文质量						
	科学性	20	9.有前期研究 10.研究方法合理 11.文字、数学符号及推导过程准确，无原则性错误	有对该领域研究的综述，能选择合适的研究方法，理由充分，数学符号表达基本准确，推导过程基本无误	对该领域研究做过一定了解，指出研究方法，数学符号表达及推导基本正确	未做前期研究或者缺少研究方法的论述，文字、数学符号表达不准确，推导有原则性错误	各方面均有一定困难
	逻辑性	10	12.行文段落、推导的逻辑性	逻辑准确、清晰	逻辑基本准确、清晰	逻辑略有不准确、不清晰	逻辑不准确、不清晰
	规范性	10	13.必要信息无遗漏 14.排版舒适 15.语言通顺	信息完整，格式规范，语言通顺	基本按给定格式撰写，文章缺少必要信息，语言通顺	没有按照给定格式撰写，基本信息完整，语言较通顺	缺少信息，排版不舒适，语言不太通顺

选择评价时机,让评价成为推动学生实验探索的动力

同济大学第一附属中学 冯亚辉

一、评价指标体系

"未来科学家创新实验室(物理)"是同济大学第一附属中学创办较早的一间创新实验室,实验室开设的"PT创新思维"课程不同于传统课堂的"重教不重学""重理论不重实验",强调学生亲身经历物理研究过程,在实验的过程中建立物理观念,锻炼科学思维,开展实验探究,培养科学态度与责任。基于此,在教学评价中更加关注学生在实验探究中的过程性学习表现,具体评价指标及标准见表1。

表1 评价指标及标准

一级指标	二级指标	评价标准
科学思维	建构物理模型的能力	很好地体现科学思维:优; 较好地体现科学思维:良; 一般地体现科学思维:中; 不能体现科学思维:差
	进行科学推理的能力	
	使用科学证据的意识和评估科学证据的能力	
实验探究	探究意识、发现问题及提出合理猜测的能力	很好地体现探究能力:优; 良好地体现探究能力:良; 一般地体现探究能力:中; 不能体现探究能力:差
	设计实验探究方案和获取实验数据的能力	
	分析处理实验数据的能力	
科学态度与责任	良好的好奇心及求知欲	在探究过程中是否能较好地展现出科学态度与责任,依次评价为优、良、中、差
	严谨的科学态度,遵守研究道德	

上述评价指标多体现在学生独立、完整地完成一个实验探究的过程中。然而,笔者在实际教学过程中发现,学习过程中频繁、多次的评价很多时候对学生独立开展实验是一种阻碍,甚至会打击学生学习的积极性。因此,笔者在教学中调整了评价的时机,有效促进了学生独立完成实验、正确合理地处理实验数据。

二、案例描述

"PT创新思维"课程要求学生独立自主地完成某一实验探究,这个过程中学生会面对很多前所未有的难题。在教学的过程中,如何合理选择教学评价时机,激励学生有计划、有步骤地开展实验,引导学生合理归类、科学地处理与分析数据?这促使笔者在实

施课程评价时针对学生特点不断调整教师的评价时机。

1. 评价前置，让评价照亮实验探索的"盲区"

在"PT创新思维"课程刚刚开始的时候，面对有趣又充满挑战的课题，学生们都热情高涨，急于开展实验，而忽略了对实验条件、实验方法等进行全面而深入的思考，各种各样始料不及的问题一个个出现，学生有点儿应接不暇。面对这种情况，笔者摒弃了以往在实验过程中即时评价的做法，而是将评价前置，在学生信心满满的初期打足"退堂鼓"。比如"跳舞的硬币"实验，在实验中学生往往容易忽略"瓶子""硬币"等都是实验变量。因为实验中需要冰箱冷却瓶子，学生不能清晰地意识到可以利用在家的课余时间来完成实验。在学生准备开始这个实验的时候，笔者问道："实验变量选择要全面，你打算怎么做？"学生不假思索地回答："不就是瓶子吗？周末我去超市转转，多买些饮料喝喝就解决了。""只有瓶子吗？""不是吗？哦，等等，我想想，噢，硬币也是实验变量。不同硬币的材质、接触面都不同啊。咦！有点意思……"在学生有了初步的设想后，笔者会进一步给出评价指标："实验数据采集要合理，变量要统一，你打算在哪儿做实验？""在家里啊，我爸妈会支持的，他们很支持我做创新型实验。""还是算了，你放瓶子到冰箱，等着瓶子冷却再做实验，你爸妈肯定觉得你在浪费时间，不会同意的。"学生沉默了，笔者猜他是想到了来自家里的阻力。"我可以在瓶子冷却的时候完成其他作业啊，等休息时间到了，我开始做实验，我利用自己的课余时间做，老师您就放心吧。"教师用提问的方式，利用评价指标引导学生将可能面临的困难提前梳理，一方面促进学生在实验开始前进行实验的整体规划设计，避免"支离破碎"的实验；另一方面让学生提前思考，在真正遇到困难时有自主解决的动力及方向，从而推动学生主动完成课题探究（图1）。

图1 学生自主完成实验

2. 评价后置，让评价推动实验探究的改进提升

"书到用时方恨少"，学生对于数据处理的学习也存在同样的问题。在笔者明确"正确处理实验数据，分析数据过程中秉持严谨的科学态度与责任"这个评价指标时，很多学生以一种"局外人"的心态在"看"。课上感慨下 Origin、Logger Pro 等数据处理、分析软件的神奇之处，却没有思考与自己实验数据的处理有什么关联；课程结束，学习的过程也结束，根本谈不上后续用应用软件正确处理实验数据。于是，笔者不再提前讲解数据处理软件，而是耐心等待学生完成实验。当学生面对繁杂的实验数据理不出头绪，或者是学生拿着一堆抽象的实验数据讲解自己的实验结论时，笔者再给出数据处理的相关评价指标，介绍实验数据处理的软件，给学生看用软件处理前后的实验数据图。看着一个个实验表格记录的数据变成一幅幅形象直观的图像，学生感触才会更深，才能真正理解何谓"正确处理实验数据"。为了得到好的实验处理结果，学生们便会自主讨论软件的使用方法，一步步改进原有的数据处理方式（图2、图3）。

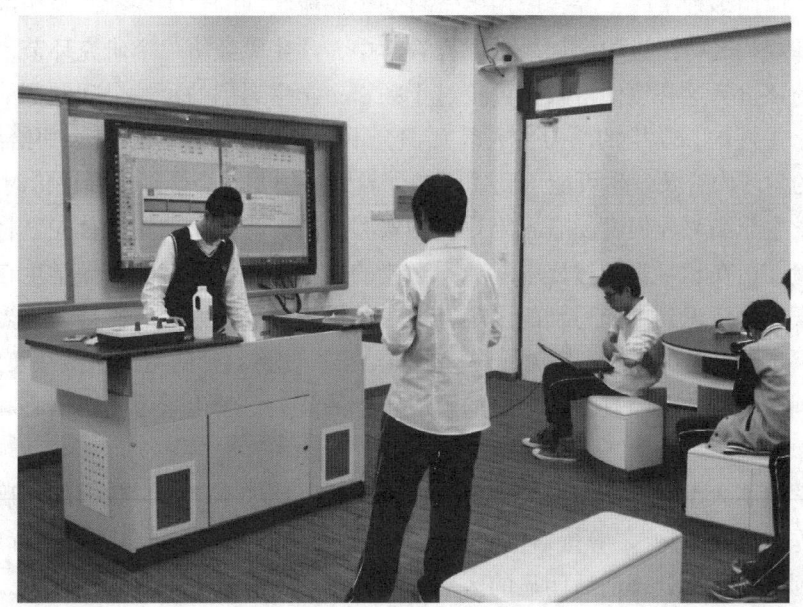

图 2　学生研讨数据处理方法

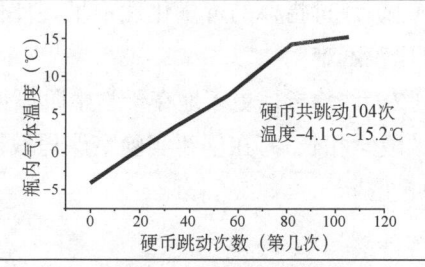

(a) 原始实验数据　　　　　　　　(b) Origin 处理后数据图

图 3　实验数据处理

在引导学生独立开展实验、正确处理及分析实验数据的过程中，笔者也在不断思索，不断调整教学方法，从最开始的"事必躬亲"带着学生开展实验，到后面的"冷眼旁观"，看似放任，实则是推动。不合时宜的评价会打击学生的积极性，适时的评价才能激发学生的学习热情，让学生成为课程的主角，激励其担负起独立实验的重任。另外，笔者改变了以往"避免学生走弯路"的想法，放手让学生自主探索。当实验数据处理出现问题后，再将评价指标展示给学生，有了鲜明的对比，学生的印象会更加深刻，学习的积极性才能真正被激发出来，变被动接受为主动学习，对数据处理软件也不再是学后就忘，反而能自主探索出课堂中没有讲授过的软件的其他功能。

三、总结与反思

创新实验室课程的设置与传统课堂最大的不同是抛开已有的知识定论，摒弃单一的学习过程，应用多种手段，综合应用多学科知识完成实验的自主探索，经历物理模型的建立、物理规律的得出过程。如果在课程教学中，学生每经历一个研究环节，教师总是给予及时的评价，这必然使得教学评价过于频繁；学生遇到的每一个问题都能从教师处得到反馈，慢慢地，学生的学习主人翁意识会不断退化，越来越依赖教师给出的指导。针对不同的学习内容及学生可能遇到的问题，教师必须要学会合理选择评价时机。

对于学生充满兴趣但容易有思维盲区的实验内容，将评价前置。首先，将评价指标提前到实验前，在学生实验过程中避免不必要的过程性评价，就能引导学生在热情最为高涨的时候充分意识到可能遇到的困难，这时候学生解决问题的意愿最为强烈，执行力也最强，困难最容易被化解；其次，评价提前给出，能将教师的帮助隐藏在实验开始前，当学生遇到瓶颈时，已经具备了一定的解决问题的能力，学生学习的自信心和积极性也会进一步增加。

对于学生不太重视的学习内容，可将评价后置。比如本例中"数据的正确处理"环节，教师先"按兵不动"，等待学生充分暴露出学习中的问题，再将评价指标延迟给出，让学生看到实验数据处理前后明显的区别，这样学生就有了更加直观的认识，就更能意识到数据处理的重要性，从而萌发主动学习的意愿。

本课程的评价体系也存在着一些不足之处：

（1）评价指标的可量化性不足。评价更多地基于教师的课堂观察，对学生的量化性评价比较困难。

（2）评价指标更多地在于学生阶段性学习表现的评价，每节课的评价指标不足。

"教学相长"，在创新实验室课程教授的过程中，挑战一直存在，也激励着笔者不断反思进取。

研学手册在"社会创新领导力"课程中的应用

同济大学第一附属中学 程 亮

一、评价指标体系

1. 背景

"社会创新领导力"是我校的一门活动课程,旨在通过社会活动提高学生的领导力。从2017年开始,我校已连续三年在暑假开展了这一课程。

2. 评价方案设计

"社会创新领导力"课程着力培养领导力,分为三个要素:自主学习能力、信息加工能力和合作交际能力。根据学生的研学手册完成情况,教师会用表1对学生的领导力作出评价。

表1 领导力评价

要素	分值（分数越高，代表能力越高，在相应分数上打钩）				
自主学习能力	1	2	3	4	5
信息加工能力	1	2	3	4	5
合作交际能力	1	2	3	4	5

二、案例描述

1. 研学过程无记录,师生莫解其中误

2017年7月6—8日,由共青团上海市委员会和上海政法学院联合主办的第一届上海市高中生模拟联合国大会在上海政法学院召开。这也是我校第一次开展"社会创新领导力"课程。本次大会的主题为"青年视界——世界区域安全问题",下设六个会场,分别是"联合国安全理事会""联合国大会第三委员会""联合国难民事务高级专员公署""上海合作组织""英国下议院""主新闻中心"。

我校模拟联合国社团的五名学生经过严格的测试,成功入选,分别在"上海合作组织""联合国难民事务高级专员公署""联合国大会第三委员会"以及"主新闻中心"扮演重要角色。

通过参与本次活动,学生们不仅收获了宝贵的友谊,也提高了表达能力、组织协调能力、创新精神和国际视野,并且有机会体验到了大学学习生活。在模拟联合国各项议程中，学生将自己代入青年外交官的角色中，以实践性的方式加强了对国际事务的认知和感悟，在此过程中也提高了自身的国际政治素养与视野（图1）。

图1　学生参加模拟联合国大会

但是，由于没有研学手册，学生参加活动后没有书面材料的积累，教师无法对学生领导力的表现作出判断。这为后续开展"社会创新领导力"课程指明了方向。

2. 研学行处随手记，评价依据皆历历

2018年7月4日，我校师生一行34人开始了南京研学之行。这也是我校第二次开展"社会创新领导力"课程（图2）。

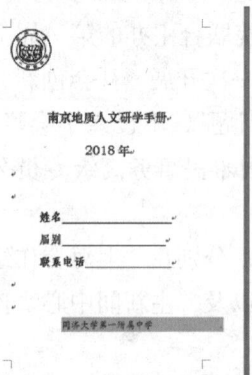
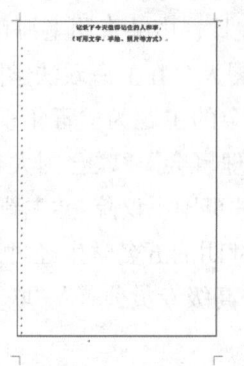
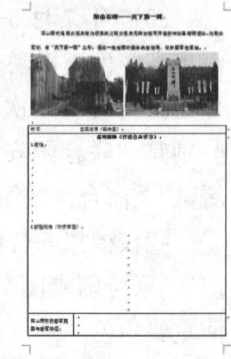

图2　南京研学之行及研学手册

7月4日，我们先参观了南京博物院和江南贡院，又到夫子庙逛了一圈，然后开始上午的任务：采访三名路人，完成关于夫子庙商业街的问卷调查，以此来了解夫子庙商圈的业态分布及整个商业运行情况。

7月5日早上，我们考察了燕子矶。南京大学的张教授借助碑文上的诗句"却喜涨沙成绿野，烟村耕凿久相安"讲解这一带流水堆积成滩涂、近断层产生正逆断层，最终形成第二阶梯的过程。下午，来到了"阳山碑材"，我们全神贯注地听着张教授讲解"阳山碑材"的奥秘，并在张教授的指导下认识了断层构造。

7月6日，我们来到了南京六合国家地质公园参观学习。一根根黑色的石柱密密麻麻整齐地挤在一起，组成了大约四层楼高的整个山体。赵讲解员告诉大家，同学们所在的一大片空地是由古人用手开采出来的，空地上的玄武岩经岁月的磨蚀、破碎风化形成了泥土。离开六合国家地质公园，经过一小段车程，我们来到了宁静闲适的乡村田野，找寻雨花石的踪迹。

在整个活动当中，学生都用研学手册记录了每一项活动的所学与所思，事后教师依据研学手册评选出了"研学之星"。

3．研学手册放事中，今日应思明日功

2019年7月3日，我校第三次的"社会创新领导力"课程拉开了帷幕，这次我们的研学之"舟"开往了青岛（图3）。

图3　青岛研学之行及研学手册

第一天的任务是漫步青岛街头探究青岛城市规划。我们漫步在"上上下下"的街头，发现在这个城市几乎看不到自行车以及自行车专用道，运用所学的地理知识推测这是受青岛地形地势的影响造成的。

　　7月4日的崂山之行,我们有幸聆听中国海洋大学两位教授的一路讲解。李教授每到一处特殊的岩石或者地貌就停下来为我们"上课",他细致的讲解使我们对课本上的各类岩石有了更为直观的认识,也对崂山有了更深入的了解。

　　7月5日研学的重点是海岸地貌。带着研学手册上的课题与问题,大家与中国海洋大学的李教授和王教授会合,首先去领略"石老人"这一我国基岩海岸典型的海蚀柱景观。一下车,向西北方向望去,我们远远地看见一位"老人"站在海中。李教授介绍,构成"石老人"的岩石以火山角砾岩与火山集块岩为主。

　　7月6日是青岛研学的最后一天。我们前往信号山公园和青岛规划展览馆,对青岛的城市发展规划进行探究,触摸这座城市最精细的设计和最高远的追求,体验这座城市现实的脉动和浪漫的设想。

　　在活动期间,学生每天晚上都需要上交研学手册。教师对研学手册的完成情况作出反馈,激励学生在第二天的活动中有更好的表现。

三、总结与反思

　　研学手册在研学旅行中的使用是我校的一个创新,这本身就是社会创新领导力的一种体现。研学手册能及时准确地反映学生的领导力情况,通过教师的及时反馈,学生能对自己在活动中的表现作出调整,使自己的领导能力有序提高。

　　这三年的"社会创新领导力"课程,我们经历了研学手册从无到有、从事后到事中的变化。研学手册在评价学生领导力方面起着越来越重要的作用。我们将会保留研学手册这一工具,使之在"社会创新领导力"课程中发挥更大的作用。

　　当然,当前使用研学手册的经验还比较少,积累的数据也不多,研学手册可能存在的弊端还没有发现。我们将在学生反馈的基础上对研学手册不断改进,以期使之成为评价学生领导力的一个公正客观、有说服力的工具。

借力"成长档案袋评价"推进器乐教学
——人机交互器乐教学案例

同济大学第一附属中学 易雪莲

一、评价指标体系

1. 设计背景

"智能钢琴"是基于教育部2014年提出的"核心素养体系"概念而开发的素质创新教育课程,为我校创新实验室板块的研究型课程。课程以人机交互的新模式,将钢琴器乐基础教学与媒体编创作曲实践相融合。

课程以培养学生的审美理解、自主学习和创编能力为目标,与现代科技相联系,努力为学生创建一个专业、智能、系统和可持续的教学模式。然而,学生在学习过程中,由于基础的差异、思维的差异以及个性和能力的差异,会产生不同的学习效果。为能让学生在学习过程中获得一个相对均衡的学习效果,针对课程的进程设定出包含三个评价指标内容的"成长档案袋评价"。它是反映学生在特定领域的努力、进步或成就的一种评价方式,其重点是教学进程中的过程性评价。

2. 评价体系

(1) 学情摸底评价:学生由于个体基础的差异性会导致学习进程的不同步,全面了解学生学情,为制定学习过程性评价做好准备工作。

(2) 学习过程性评价:分为三个阶段,每个阶段有相对应的评价指标,见表1。

表1 学习过程性评价指标

阶段成绩	第一阶段 基础理论知识成绩	第二阶段 自主研学实践成绩	第三阶段 创新实践成绩	评分
细则	A. 音符识别准确率 B. 节奏拍点准确率 C. 手型与触键 D. 演奏完整性	A. 阅读量 B. 练习次数 C. 提问与答疑 D. 分析与实践	A. 和声学习 B. 转调练习 C. 作品分析 D. 创作实践	评分标准: 优、良、中、及格(依据完成率、实践参与率)

(3) 总结性评价:全面记录与评价学生的努力、进步和成就。

二、案例描述

1. 兴趣的力量

高一新生叶同学对古典音乐有着浓厚的兴趣,他很坚定地选择了"智能钢琴"课程。在学情摸底时,发现他几乎没有音乐理论基础,只有实践经历。于是,决定从基础训练着手,一一讲解音符在五线谱中排列的线间规律,再教他选择识别音符定位记忆,强调拍点的律动,加强对节奏的意识,以及控制好手型。在练习与讲学过程中运用第一阶段评价指标配合指导记录(表2),之后反复操练,以达到对器乐演奏基础知识的掌握。

表2 第一阶段评价指标内容记录

叶同学个人档案袋记录					
第一阶段 基础理论知识成绩 (第一学期2018年3—4月)				评分:优 (评分依据:完成率)	
学情交流	叶同学:我从初二开始就特别喜欢听纯音乐,有时候喜欢的乐曲不断地听,光听不够,还很想自己弹出来,但是不认识五线谱,就自己在钢琴上一个一个找音……				
评价细则	A. 音符 识别准确率	B. 节奏拍点 准确率	C. 手型 与触键	D. 演奏 完整性	学习效果
《火车》	60%	70% (弹早了5次)	小指侧偏	60% (错音9个)	能找到识别音符的规律
《老麦克唐纳》	70%	80%	指尖有塌陷	70% (错音8个)	出现双音,手指明显站立不稳
…	…	…	…	…	…
后记	学生感想	原先不识谱的时候练琴是死记硬背,现在看谱练琴轻松了很多。 弹琴时节拍还有时快时慢的现象,还要练习打拍子			
	教师工作方向	叶同学的识谱水平从零基础转为中等水平,对音乐的熟识感加强了。 另:发现这个学生有毅力、有耐心,自主学习能力很强,可尝试让他多阅读书籍和欣赏作品			

"智能钢琴"的自带评价系统会给出学生在演奏中出现的错音比例,通过数据图整体评价学生演奏乐曲的准确度、完成度以及完美程度(图1、图2)。

叶同学很认真地学习识谱、节奏等基础知识,兴趣的力量让他变得很有韧劲,成绩逐步提升。基于他刻苦的学习态度,为培养他的自学能力,笔者为他准备了相关的专业书籍,鼓励他多阅读多思考,并积极实践。

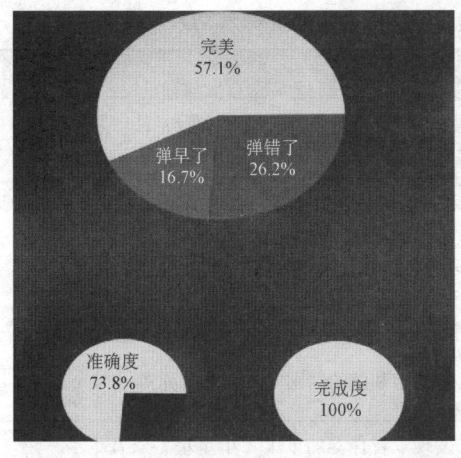 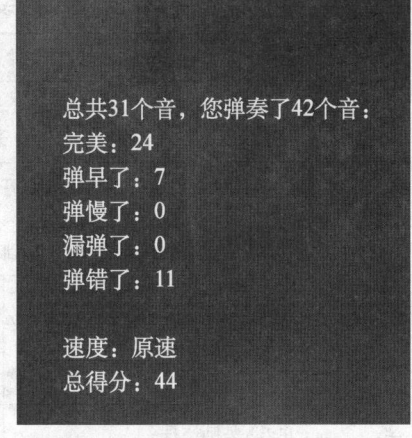

图1 "智能钢琴"数据显示演奏成绩与评价细则

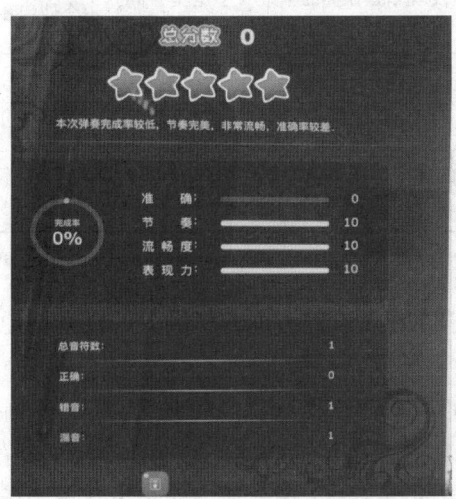 

图2 "智能钢琴"显示演奏总评分

2. 和声的困扰

识谱与节奏知识的熟练，加快了学生学习音乐的步伐。叶同学想为自己喜爱的歌曲谱写伴奏，但是不知和声如何编配，笔者推荐他阅读一些理论书籍，了解和声的基础构成。他思维能力和求知欲都特别强，这是很好的学习品质。于是，利用第二阶段自主研学实践评价指标对他进行学习指导（表3）。

叶同学从练琴改为埋头苦读乐理书。其实，理论知识并不太深奥，关键是要经常使用，长期实践，才能让它们扎根于自己的头脑。他不断地提出问题，所提问题已经明显超出了学期计划的理论内容。他对着莫扎特的小曲《小星星》开始了和声的尝试，从两个音的叠置开始，到三个音的和弦构成的尝试，一步一步练习和声的配置，遇到问题及时提出，得到答疑后反复实践。

表3　第二阶段评价指标内容记录

叶同学个人档案袋记录					
第二阶段　自主研学实践成绩 （第一学期2018年5—6月）			评分：良 （评分依据：参与率）		
学情交流	叶同学：我发现单音旋律没有双音和三音的表现力丰富，我想搞明白三音的音乐构成是怎么回事？ 老　师：推荐你看李重光的《基础乐理》，或许会找到答案				
评价细则	A. 阅读量	B. 练习次数	C. 提问与答疑	D. 分析与实践	学习效果
第一周	李重光《基础乐理》完成20%	4	双音与和弦的区别	练习和弦弹奏	初步了解和弦的概念
第二周	李重光《基础乐理》完成50%	5	发现双音伴奏的单调性	《小星星》双音伴奏	会使用双音伴奏
第三周	李重光《基础乐理》完成80%	6	发现和弦伴奏的丰富性	《小星星》和弦伴奏	会使用和弦伴奏
…	…	…	…	…	…
后记	学生感想	我了解了和弦的作用，也进行了一些伴奏实践，我对伴奏织体也越来越了解了			
	教师工作方向	叶同学在评价指标的引领下，学习的速度与提问研究的能力越来越强，需要为学生铺设好前进的平台，作曲的教学是下一个重点			

3. 作品的展现

通过第二阶段评价的跟进指导，叶同学在音乐素养方面有了大大的提升，他的自主学习能力使得他进步飞速。

笔者积极鼓励叶同学。课程第三阶段的三个评价指标——和声学习、转调练习与创作实践，非常适合进行深入研究的学生学习与实践。但笔者也发现了一些欠缺的地方。按照原有的评价指标，完成简单的乐句创作问题不大，但完成篇幅稍大一点的乐曲，现有的指标体系还不够完善，还需加入曲式结构分析以便使学生明白乐曲的骨架。于是，笔者在"成长档案袋评价"中加入了"作品分析"这一指标，先分析再创作（表4）。叶同学不断实践。有一天，他告诉笔者说喜欢爵士音乐，想创作一首这样风格的小曲。笔者提示他课程初期学奏的钢琴小曲《雷格泰姆》就是一首黑人爵士音乐。在课堂上，笔者细致分析了这首爵士乐：强烈的切分节奏的运用，营造出一种摇摆的舞步；音乐节拍时值的长短变化，加强了音乐律动的丰富性；切分节奏的连续、密集使用将乐曲推向了一个小高潮，并在高潮中将乐曲推向尾声。叶同学辛苦地研究了两周后，创作了一首自己喜爱的爵士风《雷格泰姆练习曲》（图3），并编写了伴奏。他对休止符进行实践，代替了例曲中切分节奏，同样起到了摇摆、跳跃的舞曲效果。此外，弱起小节的使用也显露出活泼的特点。笔者对他的作品点评后给了一个大大的赞！叶同学信心倍增，他要将自己的想法通过互联网表达出来，让大家一起欣赏！利用互联网+时代的优越性，他在2018年的最后一天发布了自己的第一首真正意义上成熟的作品 Enterprise（图4）。同时，该作品使他在中国传媒大学作曲系的面试中获得了全国第77名的好成绩。

表4 第三阶段评价指标内容记录

叶同学个人档案袋记录					
第三阶段 创新实践成绩 （第一学期2018年9—11月）				评分：优 （评分依据：参与率）	
学情交流	叶同学：老师，我想参加艺考，我打算选择作曲专业…… 老　师：老师支持你，艺考对专业技术要求很高，你需要更加刻苦练习				
评价细则	A. 和声学习	B. 转调练习	C. 作品分析	D. 创作实践	学习效果
实践1	三音分解转位	C转G	《雷格泰姆》分析	两句式一段体创作	初步掌握
实践2	I—V—I和声进行	G转D	849练习曲NO.3分析	三句式一段体创作	练习运用
实践3	I—IV—V—I和声进行	D转A	《乒乓主题变奏曲》伴奏分析	四句式起承转合创作	练习运用
…	…	…	…	…	…
后记	学生感想	和声学习让我感受到了音乐的丰富，作品分析让我明白了乐曲的构成。我用电脑制作音乐，感觉太棒了			
	教师工作方向	具有较强专业指导性的第三阶段评价指标引导学生朝着更高的目标前进，科学、合理的评价指标是学生成长的指南			

图3　学生作品《雷格泰姆练习曲》

图4　学生作品 *Enterprise*（进取心）电脑编曲过程

三、总结与反思

叶同学的成功案例让笔者深刻认识到评价指标对学生成长的帮助。当他们基础薄弱时，有详尽的基础理论跟进；当他们遇到困难时，有自主学习毅力与教师辅助相结合的方法应对；当他们提出更高更专业的学习要求时，有更系统的理论与实践结合的评价指标针对性教学。在个案获得成功的同时，笔者也针对评价，反思其中的不足。

1. 评价体系的完善

针对本案例，"成长档案袋评价"记录的是学生个体学习的进程，个体学习与合作学习相融合应该会给学生带来更大的好处。合作学习有利于学生的合作意识与思维碰撞，今后可在个体学习的基础上建立起小组交流学习、小组互评等评价机制，并增加学生合作探讨分析问题的评价内容，将更有利于激发学生的思维。

2. 评价手段的完善

本案例中使用的教学工具——"智能钢琴"的优势是它可以提供一个学习系统，供学生自主学习。但由于学生的知识储备参差不齐，如果评价手段单一、不能全面地评价学生的学习进展，会出现得分率高但理解力不高、得分率低但其实是因为粗心大意等情况。可采用微课以及小视频记录作业完成过程等辅助评价手段，详细录制专项知识点，比如节拍律动的分解演绎、和声运行的步骤分解等进行教学与评价。

3. 学习成果的展示

激励学生学习的重要手段是赞扬。钢琴的学习、演奏、创作都具有成果效应，及时发布、分享学生的小成果，将其编入评价机制，对学生的成长具有积极的促进作用。

评价指标在教学过程中不断丰满

——"工艺小铜锤"教学案例

同济大学第一附属中学　潘青云

一、评价指标体系

1. 设计背景

本课程是以金属加工工艺为主的技术基础课，它与生产实践有密切的关系，其任务是使学生掌握加工工艺基础知识，为学生学习其他相关课程，尤其是将来从事生产技术和设计创新工作，奠定必要的基础。

通过本课程的学习，学生对各种表面加工方法和机械零件加工工艺规程的编制有比较全面的了解，具有初步的选择、制造毛坯及零件加工的工艺分析能力。

本课程主要任务是制作一个工艺小铜锤。教学中采用过程性评价体系，在学生学习小铜锤的制作中起到引导与辅助作用。

2. 评价体系的形成

本课程最初的评价只是一些硬性的指标，整个评价量表的制作由任课教师一人完成（表1）。

表1　教师评价量表

项目	锤头尺寸1 （76 mm，35 mm）	锤头尺寸2 （29 mm，3 mm）	锤柄工艺（120～150 mm）	装配	光洁度	总分
满分	20	20	20	20	20	100
得分						
			评估者		制作者	

如此，学生的作品虽然完成了，但比较呆板，全班一个样。几年下来，选修这门课的学生似乎越来越少了。

随着教学改革的持续推进，要求在教学过程中提高学生的核心素养，"教"是为了"不教"。秉持这样的教育理念，笔者尝试在课程评价体系上做些改进，以此推动学生的学习，从而提高学生的学习兴趣。

另外，结合"双新"政策，充分体现"学生为主、教师为辅"的教学理念，在课程评价体系制定中，让学生参与，充分发挥学生的主体能力，让每一组学生自己设计本组的评价量表（表2～表4），之后教师再组织所有学生对每组评价量表进行讨论并修改，最终产生比较完善的评价量表。

表2 第1组评价量表

项目	图纸设计	锤头尺寸1（76 mm，35 mm）	锤头尺寸2（29 mm，3 mm）	锤柄工艺（120~150 mm）	装配	光洁度	总分
满分	20	20	20	20	20	20	120
得分							
			评估者			制作者	

表3 第2组评价量表

项目	锤头尺寸1（76 mm，35 mm）	锤头尺寸2（29 mm，3 mm）	锤柄工艺（120~150 mm）	装配	光洁度	创意设计	总分
满分	20	20	20	20	20	20	120
得分							
			评估者		制作者		

表4 第3组评价量表

项目	出勤率	锤头尺寸1（76 mm，35 mm）	锤头尺寸2（29 mm，3 mm）	锤柄工艺（120~150 mm）	装配	光洁度	总分
满分	20	20	20	20	20	20	100
得分							
				评估者		制作者	

二、案例描述

1. 课程简介

本课程是新教材中必修内容，安排在十年级《通用技术》第三章"工艺及方案实现"中。整个学习过程以基础知识为主，通过优化后的评价量表推动整个课程的学习，从而培养学生形成技术意识、工程思维等通用技术学科的核心素养。

本课程的主要任务是制作一个小铜锤，课时分配见表5。

表5 "工艺小铜锤"课时分配

课时	方法摘要	主要内容	备注
1，2课时	介绍各种材料及加工方法	观看《钳工操作》录像	思考问题：高度游标卡尺如何读数，样冲和划针的区别，锯条的正反等

（续表）

课时	方法摘要	主要内容	备注
3，4课时	讲解和学习	讲解和学习各类钳工工具的使用方法、安全操作注意事项（特别是平时不大看到的工具如高度游标卡尺、钻床、攻丝和套丝工具的使用等）	特别注意安全操作的教育
5，6课时	讲解制作工艺	按照图纸讲解钳工操作——小铜锤的制作过程要求和特点： 1. 严格按照图纸尺寸加工； 2. 可以按自己的设想创意	特别是创意部分，在划线前就要考虑好
7，8课时	钳工操作（一）	下料、加工基准面、划线（注意创意设计）。 使用工具：角尺、划针、样冲、钢锯、平锉。 注意：基准面加工完善后才能划线（为什么）	高度游标卡尺的正确使用
9，10课时	钳工操作（二）	锯割、锉削。 使用工具：钢锯、平锉、半圆锉（钢锯的正确使用）	留心创意设计
11，12课时	钳工操作（三）	钻孔、攻丝、创意加工。 使用工具：钻床、样冲、丝锥和绞手。 钻孔时要注意"三紧"：工件夹紧、钻头夹紧、摇臂和平口钳固定紧	钻孔前一定要有样冲定位
13，14课时	钳工操作（四）	加工锤柄、下料、套丝（板牙的正确使用）、装配、打磨、创意美化。 自评后交作品	加上各人的学号标记
15，16课时	讲解、展示和交流	学生自评和互评，展示创意设计和结果，小结本次课程学习的经验、收获和体会	—

2．设计思路

本课程设计包括三个方面：①小铜锤制作中的工具与设备使用；②小铜锤的制作过程；③作品的展示与评价。对高一学生来说，小铜锤制作工艺较复杂，从图纸的设计，到各种工具的使用，再到成品的打磨等，每个环节都需要学生开动脑筋，积极思考，动手操作时还要耐心和细心。

本课程设计的基本思路"以制作创意小铜锤为主"，从"绘制图纸—用软件设计—操作工具的使用—评价量表的使用"几个阶段展开教学和实践活动，把小铜锤的加工作为技能学习的切入口，让学生了解整个加工过程，并通过实践操作，独立完成小铜锤的制作，以提高学生动手能力，激发学生学习的兴趣。

具体方法：在学习和实践过程中，让学生了解金属加工的方法、不同工具的使用特点及正确使用方法；在教学过程中采用多媒体教学手段，对相关的设备和技能进行分解教学和训练；注重学生的个性发展，引导学生知识迁移，在评价中关注学生的发展。

3．教学过程

[教学目标]

- 知道工艺的含义和常用工艺的种类。
- 了解金工常用的工具和设备，学会金属材料的1～2种加工方法。

● 学会金属工艺设计创意。

[教学重点]

通过小铜锤的制作，让学生掌握金属材料加工工具的使用方法与加工工艺。

[教学形式]

理论与实践结合，边做边学。

[教学过程]

1）认识工艺

工艺是指利用工具和设备对原材料、半成品进行技术处理，使之成为产品的方法。我们常见的有加工工艺、装配工艺、检测工艺、铸造工艺、表面处理工艺等。

2）金属材料的加工工艺（小铜锤制作工艺）

（1）材料：14 mm×14 mm×80 mm、Φ8 mm×150 mm 黄铜材料各 1 块。

（2）工具：板锉、手锯、麻花钻、样冲、高度游标卡尺、丝锥、板牙等。

（3）加工步骤：

① 下料，每人按 80 mm 长度用钢锯分 14 mm×14 mm 黄钢材料 1 块（注意不能短于 76 mm）。

② 以一端为基准，锉一基准面，达到基本垂直（能直立于水平桌面）。

③ 以基准面为基准，按图纸要求划出加工线（工具：划针、钢尺、样冲）。

④ 锯割。按图纸要求去除多余材料（注意：要保留 R75 的弧度的划线），留 0.5～1 mm 锉削余量）。

⑤ 锉削。按图纸要求加工 R75 圆弧（锉削圆弧时用半圆锉，注意方法，加工正好至划线）。

⑥ 钻孔。先定好圆心位置，再用 Φ6.8 麻花钻在规定位置钻孔。

⑦ M8 丝锥攻丝。先用头锥，再用二锥，如果头锥攻得比较深可以不用二锥。锤头基本加工尺寸到位后，先用纱布打磨光洁，再用钢印敲上学号。

⑧ 下料直径 8 mm 的圆棒，每人 150 mm 长，一头稍锉斜点，套丝，用纱布打磨光洁（套丝时，注意圆杆要夹紧，不要让它在台虎钳里打滑，以免造成圆杆表面损坏）。

⑨ 装配。把锤柄装入锤头，要求配合紧密，以免锤柄掉出来。

⑩ 分析和评估。

（4）学生自己制定的评价量表在课程实施情况。

① 第 1 组作品＋评价量表（图1、图2、表6）

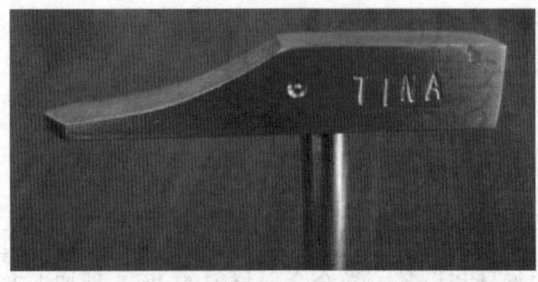

图1　第1组作品

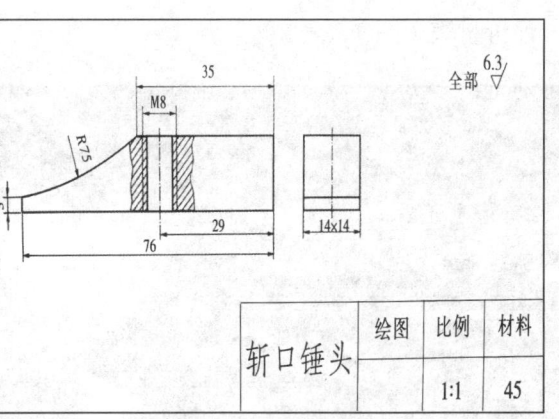

图 2　第 1 组图纸设计

表 6　第 1 组评价量表

项目	图纸设计	锤头尺寸1 (76 mm, 35 mm)	锤头尺寸2 (29 mm, 3 mm)	锤柄工艺 (120～150 mm)	装配	光洁度	总分
满分	20	20	20	20	20	20	120
得分	18	16	18	18	19	16	105
		评估者	第1组		制作者		张同学

② 第 2 组作品 + 评价量表（图 3、表 7）

图 3　第 2 组作品

表 7　第 2 组评价量表

项目	锤头尺寸1 (76 mm, 35 mm)	锤头尺寸2 (29 mm, 3 mm)	锤柄工艺 (120～150 mm)	装配	光洁度	创意设计	总分
满分	20	20	20	20	20	20	120
得分	18	16	16	18	18	19	105
		评估者	第2组		制作者	陈同学	

③第3组作品+评价量表（图4、表8）

图4　第3组作品

表8　第3组评价量表

项目	出勤率	锤头尺寸1 （76 mm, 35 mm）	锤头尺寸2 （29 mm, 3 mm）	锤柄工艺 （120~150 mm）	装配	光洁度	总分
满分	20	20	20	20	20	20	100
得分	16	18	17	18	17	18	104
			评估者	第3组		制作者	王同学

4. 实施效果

每组作品最终效果都与本组评价量表中的各个指标有紧密的联系。反之，量表中没有列出的指标，作品中也体现不出。比如第3组评价量表中没有"创意设计"这个指标，那么相应第3组的作品创意元素就比较少，没有第2组作品精致、新颖。这充分说明了评价量表在学生学习制作过程中的重要性。因此，在设计评价量表时一定要考虑全面，所有作品的技术指标都应赋予相应的分值。

回顾整个学习过程，评价量表中技术指标是重点，应该占70%的比例。另外，创意设计必不可少，人文素养、社会意识等指标也必须在评价量表中有所体现。同时，要考虑学生的意见反馈，结合课堂和实际需求，合理、完整地制定评价量表。

通过学生制定的评价量表在课程实施一阶段的反馈，结合笔者多年的教学经验，在学生制定的评价量表的基础上，"工艺小铜锤"课程的评价量表最终出炉（表9）。

表9 "工艺小铜锤"课程评价量表

项目	图纸设计	锤头尺寸1（76 mm，35 mm）	锤头尺寸2（29 mm，3 mm）	锤柄工艺（120～150 mm）	装配	光洁度	创意设计	作品实用性	总分
满分	20	20	20	20	20	20	20	20	160
得分									
			评估者			制作者			

三、总结与反思

无论劳技课还是其他课，首先我们要尊重教育、尊重学生。教学要以学生为主、教师为辅，这个教学理念不能变。在当前"双减"和"双新"政策的指导下，教师在课堂教学中首先要考虑的是课堂效率，本课程正是通过改进传统的评价体系来推进课堂教学，从而达到提高课堂效率的目的。

在今后的教学中，我们还要进一步研究和完善课程教学的评价体系，使课程评价体系起到促进课堂教学的作用，通过课程评价体系来提高学生的学习兴趣，最终达到提高学生核心素养和综合能力的目的。

自主探究　合作实验　体验创新

——以低碳创新实验室为例

同济大学第一附属中学　王　辉

一、创办低碳创新实验室的背景

在当今探索创新人才培养的大背景下，我校瞄准"低碳科技"，依据办学理念，确立了创建"低碳创新实验室"的目标，积极开展创新人才培养的实践探索，取得了丰富的经验和显著的成效。

在低碳创新实验室的创建过程中，将创新教育与高中劳技教学紧密结合，使各学科的课程相互渗透和联系，通过探索"自主探究、合作实验、体验创新"的教学新模式，改进传统教学方式下引发的种种弊端，做到了规划明确、主题鲜明、点面结合、层次分明、内容丰富，打造学生广泛参与、自主探究的实践平台，成为我校课程建设的一大特色。

我校低碳创新实验室的创建时间虽不算久，但已使校园内低碳氛围呈现新气象，特色课程建设得到新推进。

本着培养学生良好道德修养和责任意识、与环境和谐相处、具有创新精神和实践能力的理念，将培养低碳创新人才提高到了学校发展战略的高度——"依托低碳创新实验室，在低碳和谐的氛围中，让学生在求真探索中成长"。

通过低碳创新实验室的建设、低碳和谐校园氛围的营造、"大平台、分层式、模块化"课程体系的推进以及"自主探究、合作实验、体验创新"教学模式的探索，以低碳科技启迪学生创新思维，依托低碳创新实验室为学科的常规教学提供新的教学素材和模式，拓展学科的低碳外延和满足学生的探究需求。同时，激发学生对低碳、环保等新兴科学领域的兴趣，锻炼学生善于运用所学习的知识、技能和科学的研究方法解决社会、生活中与低碳有关问题的能力，进一步提高学生的科学素养，为各高校相关专业领域的学科输送人才打好坚实的基础。

二、案例描述

本案例较好地反映了低碳创新实验室的建设理念、建设目标和创建过程。通过具体事例介绍了"如何挖掘基础型课程中低碳环保素材""如何以低碳教育为主线，强化拓展型课程""如何借学科资源深化研究型课程"等问题的解决策略。这些经验和做法具有较好的操作性和推广价值。

1. 基本建设

低碳创新实验室基于劳技学科的特点，以低碳科技为切入点，整合相关的课程资源、实验资源和社会资源，为学生了解低碳科技、理解低碳含义、树立低碳理念、学习低碳知识与绿色技能提供资源及创设环境。通过低碳创新实验室资源的有效整合与应用，培养学生的求真意识、低碳思维与创新个性。

低碳创新实验室是学生近距离接触低碳科技，利用其提供的设备进行相关实验与研究的专题实验室，由"低碳科技展示区""实验活动区"与"自主研究区"组成。

"低碳科技展示区"通过陈列性、互动性的展品及小型多媒体秀，让学生对低碳生活、技术与应用形成初步概念。在此区域内可进行的教学活动主题有：①实验室太阳能光伏发电系统；②实验室光源改造系统；③实验室建筑节能改造系统；④中水回收处理系统；⑤能源互动模型，如微型氢燃料电池车、风力发电试验装置、温差动能风车、太阳能发电装置以及近几年学生基于低碳理念的科技创新展示作品等。

"实验活动区"以能源转换效率与可更新能源实验系统为载体，通过系列的实验活动带给学生体验和感受，学习进入"绿领"市场的通用技能。在此区域内可进行职业介绍及太阳能、风能、电能等能源的学习。

"自主研究区"以拓展与研究型课程为核心，课程内容涉及低碳科技或与低碳创新实验室有较为密切关系的题材，借助实验室的设备资源、场地资源进行自主探究学习活动。在此区域内开展的研究课题有：①温室气体对温度升高的影响比较；②高效电阻回收分类器设计；③家庭节能型门禁控制系统；④基于二维码的小区停车识别系统；⑤智能手环；⑥超级电容器汽车路口间断充电系统等。

通过低碳创新实验室的各种教学和实验活动，引导学生了解什么是低碳，给予学生低碳科技的体验，培养学生的低碳精神，在大平台的构成中起到引领和支撑作用。

低碳创新实验室主要特色是综合性、自主性和开放性。综合性体现在实验室软硬件的资源配置规划以及课题研究点基于劳技学科的特点和内容，但更强调学科外的延伸及与其他学科的整合；自主性体现在实验室的定位、条件及制度，强调学生的自主研究和管理；开放性体现在实验室资源的开放和管理的开放，通过实验室基于学校信息化平台的网络化管理系统得以保证和实现。

随着低碳校园建设的不断推进，如今我们的校园内已经随处可见低碳科技：校园大道上的风光互补路灯、教学楼走廊内的 LED 节能灯、开水房的智能插卡系统、宿舍内公共浴室的太阳能热水供应系统等，如表 1 所示。

表 1　校园低碳示范

校园低碳示范点		示范亮点
学校照明系统	校园大道	风光互补路灯、风力发电装置
	小报告厅	无极灯照明
	教学楼、实验楼、行政楼走廊	LED 节能灯

（续表）

校园低碳示范点		示范亮点
低碳创新实验室	供电系统	太阳能发电系统
	照明系统	LED 节能灯
	外围护结构	窗户节能
热水供应系统：学生公共浴室		热回收 + 太阳能热水器
"碳计费"装置：智能插卡式开水房		智能控制节能系统
校史陈列室		LED 节能照明、人体感应照明系统、室内空气循环系统

除了这些已在校园中实际应用的低碳科技产品外，还有能耗在线监测系统、水循环利用系统、雨水收集和发电系统以及基于电压比较的可变功率太阳能发电装置等项目也正在研究推进中。

学生在学习和生活中随处可见低碳科技带来的环保成效，随处可享低碳科技带来的便利，置身于一个真实的低碳科技环境中，潜移默化他们的思想、行为和习惯，体会学习低碳科技、倡导低碳生活的必要性和重要性，激发学生在低碳科技方面进行探索和研究的兴趣。

2．相关课程设计

（1）构建"分层次、模块化"的课程体系

建立在劳技学科基础上的低碳创新实验室，构建了"基础型、拓展型、研究型"的分层次课程模式，融入低碳元素的"模块化"课程框架。在基础型课程中涉及低碳概念，在拓展型课程中融入低碳元素，开设了"低碳生活与科技"劳技拓展型课程，在低碳创新实验室的基础上深入研究低碳课题，树立学生的低碳理念，强调学生的经历和体验，开拓学生的视野，培养学生的创新能力。

（2）基础型课程渗透

"能源与低碳"是劳技学科中的一条重要线索，也是劳技教学中应该向学生渗透的一种重要的理念。在基础型课程中，我们对教材进行了认真的分析，挖掘出教材中包含的有关低碳环保的素材，利用低碳创新实验室提供的资源在课堂中渗透环境教育，并通过实验来解决教材中理论知识的抽象性带给教与学的诸多困难。

（3）拓展型课程强化

我们在低碳校本拓展型课程开发时，对课程标准和教材进行了研究。首先，发掘课程标准中对低碳环保的要求；其次，对教材中与低碳环保相联系的内容加以系统整理，结合社会热点进行扩充，课程中的模块均来源生活中的低碳；最后，以自主探究式学习为主要教学模式，加强实验教学的比重，提供多样化的学习经历，提高学生对低碳生活的认同度，提升对低碳科技的认知度，增强社会责任感。

（4）研究型课程深化

研究型课程面向对低碳环保问题很感兴趣、学有余力且有想法有能力的学生，通过基础型课程的渗透、拓展型课程的强化以及鼓励和引导，这些学生会涌现出不少的想法，选取其中与低碳有关的有价值、有独创性的内容进行课题研究。对于课题组成员，学校提供资源和便利，如开放实验室、开放软件资源、与高校建立课题研究联络机制等，通过学校的低碳创新实验室孵化学生的研究课题和研究项目。

我们的教学模式注重个性的培养，希望学生拥有广泛的兴趣爱好；强调从生活走向技术，从技术走向社会，联系生活，挖掘出生活中的技术与低碳的联系；实行自主探究式学习，为学生搭建平台，实行开放式管理，提供优质资源，创设良好的自主环境；突出实验的作用，提高实验在课程中的比例，如开设"低碳动手DIY"选修课，探究低碳问题；强调实践，开设"综合与实践"选修课，参观高校创新实验室、参观创意园区、举办低碳专题系列讲座等，从真切的体验中培养学生的创新能力。

三、总结与反思

低碳创新实验室课程具有很强的综合性，对学生的要求较高。同时，从内容上来说，也具有较大的开放度，是从解决具体问题的角度展开发散思维的。因此，学生发挥主观能动性的空间比较大，当然也会遇到更多的困难，既有理论上的，也有超出课本的实际问题。但正是这样原生态的命题，更能让学生体会到学以致用的含义，锻炼其分析问题、解决问题的能力。合适的教学内容对学生"三维目标"的发展有着十分重要的促进作用，丰富而生动的内容可以让"知识与技能"更容易被传承，让"过程与方法"更容易被实施，让"情感、态度和价值观"更容易得到升华。

通过低碳拓展课程内容中的自主性实验，学生的实验技能得到了提高，学会从不同的角度对实验进行研究；学生的创新思维得到了发挥，甚至提出了超出预想的实验方案；学生的自学能力得到了加强，在实验过程中翻阅参考了大量的资料，学会了搜集和使用有用的信息，开阔了眼界。自主性实验的开设充分调动了学生做实验的积极性，激发了学生做实验的兴趣，拓宽了学生的思维，培养了能力，锻炼了毅力。

"研究日志"在创新素养评价中的应用

同济大学第一附属中学 顾一舟

一、评价指标体系

1. 背景

"化学造物集"作为我校化学创新实验室课程,是一门位于我校三维创新素养课程"点、线、面"体系中"点"的课程,是一门活动实践型课程。它既拥有一定的主题板块又聚焦于个别学生具体小课题的辅导,无法使用一般课程的指标进行过程评价,故而我们设计了使用标准化"研究日志"对学生的学习进行过程跟踪和观察评价。

2. 评价方案设计

"化学造物集"课程着力于创新实践力的培养。创新实践力分为三个要素:①创新学习——自主学习力、探究学习力;②创新探究——信息加工力、实验设计力;③创新实践——合作交际力、问题解决力。为了能快速评价学生学习中体现的创新实践力素养并适时进行辅导,我们设计了标准化的、与创新实践力要素相符合的"研究日志"(表1),并取得了非常好的教学评价效果。

表1 研究日志

研究主题:		
研究时间段:	实验地点:	记录人:
研究的主要内容与过程:		
年 月 日	生:①查阅了哪些文献?学习了哪些知识? ②实施了什么工作?是否按计划顺利完成?如无,当前有怎样的设想、猜测或者解决方案? ③是否得到其他同学帮助?是否需要老师额外的帮助?(150字以内) 师:适时点拨	

二、案例描述

1. 指导撰写"研究日志",师生交流有效率

在学生研究过程中,开题之后到结题之前这一段时间里,学生唯一向辅导教师提供的是一个个计划内或者计划外的实验报告,这些实验少则4~5个,多则20~30个。教师仅仅翻阅这些实验报告,很难快速在脑海中形成对学生课题进展情况的了解。如表2所示,学生汇报了关于蔗糖浓度 - 密度关系的实验结果,笔者听完后却

一头雾水。通过和学生反复的交谈，才了解到他之前已经测了一种碳酸钠溶质，除了当天要求的实验外还计划测另外三个开题报告中未提到的溶质的浓度−密度关系，期望得到某种一致的规律。对于学生的局部成果，笔者予以了肯定，并分析了额外增加的几种溶质的代表性与普适性，建议学生可以减少实验中溶质的数量以加快研究进度。

表2　学生测蔗糖浓度−密度关系实验

实验名称：蔗糖溶液密度测定		作者：蒋××	班级：高二（11）班
实验地点：化学B106	实验日期：12.23	实验时间：16:00左右	
同组其他成员：王×		备注：校准标准曲线	
一、实验内容（含原理介绍）			
① 配制蔗糖溶液（4组+1空白对照组） ② 分别用滴定管量取20 mL溶液作标准量 ③ 由 $\rho = m/V$ 得出密度 ④ 列表，作图			
二、实验目的			
简单分析蔗糖浓度与密度的关系			
三、涉及实验的相关情况			
使用的原料来自天津市北辰方正试剂有限公司 使用的溶剂是自来水 容量瓶规格是100 mL			
四、实验结果（含程序数据记录和实验总结）			

c（mol/L）	m(g)	V(mL)	ρ(g/cm^3)
0（空白）	20.263	20	1.0132
0.5	20.404	20	1.0452
1.0	22.105	20	1.1053
1.5	23.782	20	1.1891
2	24.608	20	1.2304

总结：$C_6H_{22}O_{11}$ 溶液物质的浓度与密度可能存在较明显的线性关系

　　这件事使笔者发现仅仅依靠开题报告和之后的实验报告来判断评价学生当前的课题进展是不全面而且低效的。故而，笔者开始寻求一种新的评价依据作为补充，以期能够快速、高效地评价学生的创新实践能力并促进学生小课题研究。以该学生进展汇报为例，笔者开始指导他将研究进展写成经过设计的标准化格式，如表3所示（内容对应表2）。

比较表2和表3，能清楚地说明使用标准化格式的"研究日志"后，学生课题的进展情况一目了然。

表3 学生标准化"研究日志"

研究主题：不同浓度蔗糖密度测定		
研究时间段：化学社活动期间	实验地点：B106实验室	记录人：蒋××
研究的主要内容与过程：		
2018年12月28日	生：① 查阅了关于电导率测浓度的文献，之前已经测了碳酸钠浓度和密度对应的关系数据。 ② 今天顺利完成了非电解质的蔗糖浓度和密度对应关系的测定，下一步计划测溶质为液体乙醇的情况。 ③ 今天的实验由王同学一起帮助完成，希望老师能给一些单片机知识的资料。 师：选择溶质要有代表性，每种溶质都要能代表一类物质。会记得带给你一本单片机参考书	

2. 跟踪积累"研究日志"，过程要素皆分明

研 究 日 志

课题：褪色墨水重新显色探究

……

生记录：2017年12月6日，在家。从网上买来自动褪色笔，书写一段文字后，在空气中放置一段时间，字迹确实会自动消失。与开题计划进度相符。

师点拨：很好，动手实验前记得先充分查阅文献。

生记录：2017年12月9日，在校图书馆。通过查找文献，提出假设——空气中CO_2和水蒸气结合成的碳酸使墨水褪色（与碱性酚酞溶液遇酸的机理类似）。与开题计划进度相符。

师点拨：一定是CO_2使墨水褪色吗？再查一下墨水成分是否会和氧气发生反应。

生记录：2017年12月10日，在校图书馆。通过查找文献，另一种可能是空气中的O_2氧化了墨水使墨水褪色。开题计划中没有，额外增加。

生记录：2017年12月15日，在校实验室，针对这两种机理展开了实验，使用了醋酸、双氧水等试剂，发现酸和氧化剂都能使墨水褪色，说明这两种假设的机理都有可能。比开题计划中多试了几个实验。

借助这几份"研究日志"，从"创新实践力"评价的三个要素角度，可以便利地找到评价的落脚点。比如针对这份"研究日志"，笔者归纳出表4作为对该生研究过程的评价。

表4 以"研究日志"评价学生创新实践力

要素角度	评价事件	评价等第
创新学习	2017年12月9日与10日,两次在校图书馆查阅文献,卓有成效	优
创新探究	2017年12月15日,根据文献查阅结果能理解原理并合理设计探究实验	优
创新实践	2017年12月9日,面对教师的质疑能通过文献来解决课题不完善处,但整个课题未有合作	良

"研究日志"文本的形成类似于师生间的对话,具体约束条件是学生必须在150字以内简明扼要地说明自己某一天的工作。文本是电子版的,源于学生在线与老师的及时交流。通过这样的"研究日志"记录,大大减轻了教师查阅学生具体实验报告的繁琐工作,同时对学生小课题研究的整体进展有更加清晰的把握,也使得师生间的交流有据可查而减少了时间精力的消耗。

3．观察统计"研究日志",改进教学有方向

当不断积累不同学生的"研究日志"后,就可以把这些"研究日志"作为统计数据的来源。从课程教学的视角设计一些特殊的角度对学生的"研究日志"进行观察统计,可以发现"化学造物集"这门小课题研究课程有很多的不足之处,如表5所示。

表5 从"研究日志"看学生小课题研究的进一步需求

设计的观察点	统计数（总数25）
能基本按照开题报告的时间节点推进研究	2
两次汇报日期间隔超过4周	10
开题报告中没有提到,额外增加实验课数大于2次	9
研究进行中途更改研究计划,变更方案	13
进一步查阅文献大于3次	18

当前我校这门"化学造物集"课程,学生有着更多研究资源的需求。比如"进一步查阅文献大于3次"课题小组的学生需要更多的图书馆网络使用机会;"两次汇报日期间隔超过4周",则有可能是学生日常活动干扰了课题研究的连续性,需要教师对学生课题探究进行更合理的安排;"开题报告中没有提到,额外增加实验课数大于2次",则需要创新实验室提供更多的实验机会等。学生的需要就是学校课程的需要,"研究日志"提供了丰富的统计数据依据,从"研究日志"中得到的数据为我们下一步改进课程提供了方向。

三、总结与反思

"研究日志"这个过程评价的依据,并非我校首创,在上海市市级的创新类比赛中已经沿用多年。但是这些比赛并没有对"研究日志"提出特别严谨的要求,整体只要有

条理即可。很多时候，学生参加比赛的佐证材料"研究日志"甚至是回头补上的。在我校"化学造物集"课程实施过程中，标准化的"研究日志"发挥着很好的过程性评价依据的作用。它是对原有公认的课题研究必经评价环节——"开题报告、开题答辩、实验报告、论文成果"的良好补充。

通过课程实施，师生间良性互动形成的"研究日志"可以有效跟踪学生课题研究进展，当学生研究遇到障碍或者误区时教师可以及时予以指导，在指导中又可以适时对学生进行评价。这种按照创新实践力要素设计的标准化"研究日志"模式相对于传统的看学生具体多份的实验报告进行评价，有着精简、方便、高效的优点。而当把课程实施过程中多份"研究日志"结合起来观察，选择角度进行统计，那么"研究日志"又是各种统计数据的原始依据，提供了可以深入探讨研究的基本材料。

当然，我校使用"研究日志"进行学生创新实验课程评价的时日尚短，各种个案的积累还不够充足，对于"研究日志"的具体要求还有待进一步探究。"如何设计观察统计'研究日志'的角度，得出比较深刻的教学改进建议"是我们进一步努力的目标。未来，我们还需要更多的阅读，更多的参观交流，更多的求证。

完善评价导向　培养社会责任

——"音视频创新媒体制作"课程评价完善案例

同济大学第一附属中学　宋洁琪

一、评价指标体系

音视频创新互动实验室是基于视频传输、混合现实和虚拟现实技术的创新实验实训中心，它是一个集开放性、艺术性、专业性、探究性及功能性为一体的多功能学习平台。依托此平台开设的"音视频创新媒体制作"课程包含摄像艺术、摄影艺术、声音艺术和二维平面艺术等内容，以培养高中生媒介素养为目标，致力于提高学生创新实践能力、团队合作精神以及社会责任感。

课程的评价指标体系包括学习态度、学习能力、学习成效和社会责任四个维度，每个维度包含若干个二级指标（附表1）。其中，社会责任维度聚焦学生在制作多媒体作品的过程中能否遵守各项法律法规，合理地辨别、使用、传播所获取的信息，并安全有效地保护自己和他人的信息安全。

二、案例描述

"音视频创新媒体制作"课程开设之初，对学生的评价指标体系设有三个维度——学习态度、学习能力和学习成效。在课程中运用评价指标体系评价学生学习成效时，笔者发现一些学生制作的多媒体作品虽然技术精良，但是对于他人照片、视频等素材的使用很随意，整体立意也不高，制作过程中几乎不考虑该作品如果经由网络传播后是否会对他人产生负面影响。归结起来，原因是学生信息社会责任这一核心素养的缺失，如之前发生的未成年人模仿网络视频用易拉罐制作爆米花结果被炸伤的事件即是视频发布者缺乏信息社会责任所造成的。这样的作品如果仅仅用学习成效中的具体评价指标来衡量非常不合理，对学生的整体评价也会有失偏颇，故本课程的评价指标体系需要进一步完善。

于是，笔者一方面尝试在教学中渗透信息社会责任的内容，另一方面思考如何完善现有课程评价体系，希望以评价为导向，教会学生"如何更加安全地获取和分享各种资源""如何在分享这些资源的同时保护自己的信息不被泄露""如何能对信息进行分辨利用，保障自己的信息安全"。那么，信息社会责任的内涵到底是什么？修改课程评价体系应该以什么为依据呢？笔者仔细研读了教育部《普通高中信息技术课程标准（2017年版）》，其中对信息社会责任内涵的表述为"具备信息社会责任的学生，具有一定的信息安全意识与能力，能够遵守信息法律法规，信守信息社会的道德与伦理准则，在现实空间和虚拟空间中遵守公共规范，既能有效维护信息活动中个人的合法权益，又能积极维护他人的合法权益和公共信息安全"。笔者以课程标准为依据，将原先的课程评价指标体系改为学习态度、学习能力、学习成效和社会责任四个维度，其中社会责任维度包含遵纪守法和信息安全两个方面，这两方面分别要求学生：①使用和传播信息时，遵守法律法规；②安全有效地保护个人和他人的信息，拒绝信息滥用。

例如在"人人都是大导演"的项目活动中，学生以小组形式，运用所学的摄影摄像、音视频编辑等知识，拍摄制作一段生活中的视频，记录发生在身边的生活趣事。笔者事先设计了评价量表（表1），将社会责任维度分为四个等级，评价方式包括自评、互评和师评。

表1 社会责任维度评价量表

一级指标	二级指标	描述一(3分)	描述二(2分)	描述三(1分)	描述四(0分)
社会责任	遵纪守法	能遵守信息相关各项法律法规并对他人产生正面影响	能遵守信息相关各项法律法规	大部分时间能遵守信息相关各项法律法规	不能遵守信息相关各项法律法规
	信息安全意识	有效保护信息安全，拒绝滥用	能保护信息安全	有时泄露个人或他人信息	不能保护信息安全

笔者随后向学生解释了四个等级的含义以及评价的方式，在项目活动的信息采集、信息编辑和信息发布各个环节都会分别对照评价量表以自评、互评和师评相结合的方式对学生进行评价，并给予相应的赋值。

在增加了社会责任这一评价指标维度并在课程中实施以后，笔者发现，学生对于信息的处理不再像以前那样随意，形成的多媒体作品除了考虑作品本身技术质量外，更多考虑其传播后对自己或者他人的影响，说明以评价为导向来培养学生信息社会责任起到了积极的效果。

三、总结与反思

经过一段时间的尝试，添加了社会责任维度的"音视频创新媒体制作"课程的评价指标体系对于学生信息社会责任的培养有着非常积极的作用，学生除了在本课程中养成负责任使用和传播信息的习惯外，也将这些好的习惯带到了课后的各种与信息打交道的场合。当然，该评价指标体系也存在不足，比如因为添加了社会责任维度以后，各维度赋值的合理性需要再思考和尝试；又比如信息技术发展迅猛，信息社会责任的内涵不断丰富，如何在信息社会的背景下紧跟信息技术发展的脚步，不断细化和完善课程的评价指标体系也是接下来需要不断思考和总结的内容。

附表1 "音视频创新媒体制作"课程评价指标体系

一级指标	二级指标	二级指标评价指标和分值			
		描述一(3分)	描述二(2分)	描述三(1分)	描述四(0分)
学习态度	参与度	能够积极、大胆地发表自己的意见	有时能够发表自己的观点	偶尔能够发表自己的观点	从不发言
		能按时、按质地完成任务	能按时完成任务	需要教师催促才能够完成任务	不能完成任务
	团队合作	能经常主动与同伴进行交流探讨	能与同伴进行交流探讨	在教师安排下与同伴交流中遇到的问题	不适应与同伴进行交流学习的活动
学习能力	创新能力	强调批判性思维	注意到批判性思维	强调事实和记忆,涉及批判性思维	强调事实和记忆
		能设计全新的作品	能部分设计新作品	有设计新作品的想法但不能实施	不能设计新的作品
	质疑能力	经常质疑,表达具有独创性的见解	能质疑并发表自己的不同观点	很少质疑,仅能表述自己的想法	从不质疑
	自主学习能力	能独立思考和研究	有时能够独立思考	经过帮助后,能够思考	依赖于同学的帮助,不能自己思考
学习成效	完整性	作品结构完整、完成度高	作品完成度较高	作品部分完整	作品不完整
	创新性	结构新颖,作品有新意	作品较有新意	作品新意一般	作品无新意
社会责任	遵纪守法	能遵守信息相关各项法律法规并对他人产生正面影响	能遵守信息相关各项法律法规	大部分时间能遵守信息相关各项法律法规	不能遵守信息相关各项法律法规
	信息安全意识	有效保护信息安全,拒绝滥用	能保护信息安全	有时泄露个人或他人信息	不能保护信息安全

共评学生自省日记　启发学生自我反思

——"社会创新领导力"课程评价案例

同济大学第一附属中学　陈新幻

一、评价指标体系

1. 评价设计背景

社会创新就是通过创新的设计思维，为社会问题找到创造性的解决方式，力求通过新的解决方法达到更有效果、有效率、可持续的社会结果，并创造更大的社会价值。"社会创新领导力"课程的内容包括社会创新领导力的理论知识、社会创新案例分析以及社会创新实践活动，其中社会创新实践活动是重点。学生在社会创新实践活动中表现出来的领导力具有个性化和情境化的特点，难以进行量化的评价，需要借助过程化的表现性评价策略。学生在活动过程中撰写自省日记，既有利于提升学生的自我认知能力，也能为课程评价提供过程化的文本依据。

2. 评价指标维度

本课程对学生的评价从态度和能力两个大的维度展开（附件1）。态度维度的指标主要包括关注社会问题意识、团队合作意识以及自我反思意识。能力维度的指标主要包括创新设计思维能力、决策沟通能力、自我反思能力以及应对突发事件能力。

二、案例描述

经过一个学期的理论教学和案例分析，我们通过课堂教学的表现性评价和学期末的总结性评价，认为学生已基本了解社会创新和领导力的内涵，初步具备针对某一社会问题设计创新性解决方案的能力。因此，我们在暑假期间开展了金山廊下（以上海市金山区廊下镇小学为活动基地）社会创新夏令营活动，以此考查学生在社会创新实践活动中的领导力。活动方案如图1所示。

从本次活动方案的设计、发动组织到实践考察，再到活动总结，我们要求学生坚持每天写自省日记。同时，指导教师也会对学生在活动过程中的表现进行跟踪记录。

1. 集体"头脑风暴"，为自省日记"定型"

在第一次活动筹备会议上，项目负责人提出每个参与者撰写自省日记的要求。

负责人：自省日记不是流水账，是我们对自己活动表现的反思总结，剖析自己做得好的地方和不足之处。

学生1：我懂了，就是每天写一篇反思总结，有没有字数和其他格式要求？

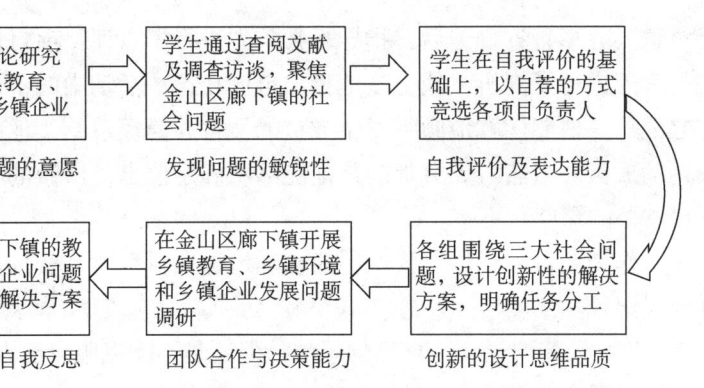

图1 社会创新实践活动方案

负责人：我目前也没有具体明确的想法，我们一起来"头脑风暴"吧！

学生们七嘴八舌，纷纷发言后，指导教师为大家展示2篇自己撰写的自省日记，请学生们点评。

学生2：哇，老师写得好工整呀！我发现老师刻意抓住了一些细节，尤其是对自己行为背后的心理活动分析。

学生3：通过老师的第二篇日记，我发现老师严格执行了自己在前一篇自省日记中对自己提出的要求。

学生4：大家有没有发现，老师的自省日记都突出了自己在处理突发问题时的表现，是不是说明我们的自省日记应该有明确的主题？

学生5：老师把她的自省日记跟我们分享，我们是不是也要分享自省日记？一方面大家可以监督自己完成，另一方面可以让老师和同伴指出我们自省的不足之处。

负责人：总结大家的发言，我们对自省日记提几点要求——字数不限、主题明确、重在反思、前后呼应、乐于分享。

2. 分享自省日记，师生共评促成长

到达金山区廊下镇后，项目负责人组织大家讨论小学服务学习的筹备事项，在当晚的总结反思会上，项目负责人向大家分享了自己的自省日记（表1、图2）。

表1 学生自省日记1

撰写人	李子昂（化名）	撰写时间	2019年8月3日
核心事件	项目组讨论为金山区廊下镇小学开设暑期兴趣课程会议			

事件描述与反思：
　　今天我组织大家讨论为小学生开设的课程，组员们积极发言。有的指出要依据廊下小学的学情；有的提出要结合我们自身的兴趣特长，并纷纷表明了自己的特长和拟开设的课程⋯⋯在这个过程中，我抓住了此次活动的中心主题，但没有明确讨论的具体问题和讨论流程，也没有安排专人做会议记录，导致我们的讨论耗时过长，且没有留下清晰的会议记录。考虑到会议记录员的安排，我想我们的活动还需要明确具体的岗位分工和人员安排，或许我可以安排一名教务秘书设计一张夏令营课程表格，请大家根据自己的兴趣特长填写。接下来，我在做每一件事情之前都应该有所预设，并做好充足的准备。

项目负责人分享自省日记后,指导教师首先进行了点评:项目负责人对自己组织讨论活动中的表现进行了剖析,他更多地指出自己在这一活动中的不足,其实他还有不少值得肯定之处——他能认真地倾听每个成员的发言并简短总结,他能够鼓励一些有想法但怯于表达的成员。当然,更可贵的是他能够明确定位自己所做的不足之处,但是自省日记中"自省"的深度还不够。

学生1:作为项目组成员,我们不能被动地等项目负责人安排任务,我本来应该主动地做好会议记录。

学生2:我今天特别想表达自己的想法,但还是不能克服自己在众人面前讲话紧张、害怕犯口吃的心理。

图2　学生分组分享自省日记

3. 添加他人留言栏,增强评价激励

在连续撰写3篇自省日记以及分享交流后,大部分学生都表示慢慢地喜欢上了撰写自省日记,老师和同伴们诚恳的点评能够让自己发现自我反思过程中的"盲点"。于是,有学生提出要进一步完善自省日记的"造型",即除了基本的时间、事件、主题、反思等基本要素外,在日记的最后部分设置"留言板"(表2)。项目组成员撰写完自省日记后,放置固定的信箱里,老师和同伴自行取阅后写上自己的点评或感想。

表2　学生自省日记2

撰写人	王羽飞(化名)	撰写时间	2019年8月6日
核心事件	筹措项目经费		

事件描述与反思:
　　昨天,财务部告知我们的项目经费不足。父母和学校已经为我们提供了一定的基础经费,我们不可能再直接向父母或学校求助了。于是,我们今天决定去附近的小商店寻找赞助,筹集物资。第一家商店老板直接拒绝了我们,第二家商店老板送给了我们3盒水彩笔和4本彩纸,但是我们需要的课程材料远不是这些小商店所能满足的。正当大家发愁时,我突然想起前段时间在微信朋友圈中看到有人众筹医疗费用,得到不少好心人士的支持。于是,我们也在微信朋友圈里发布了众筹目的和众筹目标。没想到,几个小时后我们就筹集到了300多元经费,实现了众筹目标。
　　这真是一件振奋人心的事情,众筹一方面可以解决我们的经费问题,另一方面也可以让更多的人关注并支持乡村教育。这不正是老师所说的我们要尝试以创新的方式解决社会问题吗?现在想想,我们在服务学习的过程中付出了时间和汗水,服务了廊下小学的学生,我们自己也积累了实践经历,提升了社会创新的能力,这就是双赢呀!我突然有点为自己感到骄傲自豪,嘻嘻!

（续表）

> 留言板：
> 　　你今天的点子真的是太 Nice 了，我还是第一次听说"众筹"这种方式，但我相信我们的其他项目也一定可以得到更多人的支持，因为我们在做一件有意义的事。（吴同学）
> 　　你的自省日记记录了你闪闪发光的智慧。为了解决经费问题，你们并没有局限于"节流"，而是去"开源"。在碰壁和受挫后，你想到了开拓新的筹措途径，最后再想到了以筹措经费为切入点引起更多人关注乡村教育问题。更难能可贵的是，你意识到了服务学习本身就是一种有效的社会创新活动。（俞老师）

三、总结与反思

1. 评价要有理有据

社会创新视角下的高中生领导力不同于传统意义上的高中生领导力，它更关注于学生在发现社会问题、解决社会问题的过程中呈现出来的综合素养与能力。因此，我们对学生这一素养的评价更多是基于学生在发现和解决微观社会问题过程中的表现。以师生共同参与的实践活动为载体，以每个学生在活动过程中的所言所行（教师观察记录）及所思所想（学生自省日记）为抓手，通过学生自评、生生互评和教师评价相结合，不仅能实现评价的个性化，使学生更容易接受改进建议，而且能为"社会创新领导力"课程内容和教学的调整提供依据。

2. 评价反馈需及时

学生在社会创新实践活动中的表现及其在自省日记中的自我剖析能够折射出其对于社会问题的关注态度及其在解决社会问题中的领导能力。过程性的评价能够记录学生的成长足迹，但是学生的自我反思或多或少会存在视角上的偏差和思维上的漏洞，因此需要"第三只眼睛"的观察，需要老师和同伴介入并及时给出反馈意见，从而强化其对自身闪光之处和不足之处进行更深刻的认识，进而达到评价的激励导向作用。

附件 1　"社会创新领导力"课程评价指标

维度	主要指标	指标说明
态度	关注社会问题意识	多渠道关注宏观社会问题的主动性
		对身边微观社会问题的敏锐感
		尝试身体力行解决社会问题或设计社会问题解决方案的意愿
	团队合作意识	服从组内的任务分配
		能够虚心听取他人建议
		团结协作，帮助他人
		交际能力强，能够从不同渠道获取所需信息
	自我反思意识	撰写以及分享自省日记的意愿
		撰写自省日记的频率

（续表）

维度	主要指标	指标说明
能力	创新设计思维能力	创新性、系统性、程序性、可行性以及反馈性
	决策沟通能力	决策的果断性、沟通的主动性和有效性等
	自我反思能力	反思面的广度、反思的切入点、反思的深度
		懂得借鉴反思（借鉴他人、借鉴过去）
	应对突发事件能力	小成本、低损失、高效率应对突发事件

素养案例

SUYANG ANLI

文化传承视野下的博物馆教育

——以"'古陶瓷是如何修复的'主题探究活动"为例

上海市杨浦区同济小学 郑志英

陶瓷,是中华文明的重要组成部分,各个时代有着不同的技术和风格。博物馆中收藏的造型各异的陶瓷展品,似乎在诉说着精彩纷呈的故事,使我们对中国历史和传统文化有更深的了解。它们从被挖掘发现时的残缺不全,再到成为展品时的精美绝伦,其中陶瓷修复是很重要的一个环节。而古陶瓷修复作为一项传统技艺,有着极高的技术要求以及一系列的修复步骤,讲究精雕细琢,有的修复过程甚至要长达数年之久。古陶瓷修复技艺已被列入国家级非物质文化遗产名录,值得被更多的人知晓并传承下去。

博物馆作为历史与文化的有形载体,忠实地记录着人类的过去、现在与未来,具有重要的教育功能,是重要的教育场所。上海有各类科普场馆 200 多家,如何充分发挥博物馆对儿童的文化传承教育的作用?以中国航海博物馆为阵地,开展具有上海本土文化特色的"古陶瓷是如何修复的"主题探究活动,以期探索博物馆教育文化传承的创新途径。

一、背景介绍

1. 主题介绍

本次主题探究活动为参观中国航海博物馆,去发现博物馆里的陶瓷以及陶俑等古陶瓷修复技艺,并在教师指导下形成本活动的问题——"古陶瓷是如何修复的"。让学生亲历探究过程,习练资料收集、观察比较、模拟实验等探究技能,感受传统文化的浸润,提升育人实效性。

2. 学情分析

小学高年级学生已具备观察、比较和动手实验的能力,"黏液"对于高年级学生来说并不陌生,固体胶、胶水等是学生常见的学习用品。虽然对于"修复陶瓷需要什么材质配比的黏液"知识储备是欠缺的,但有完成"修复陶瓷,使用哪种黏液更合适"主题探究活动的能力。

学生在之前的探究活动中已经初步具备了观察、比较、资料收集的能力,为本次活动的顺利开展提供了保障。另外,此次活动主要利用场馆内的资源引发学生思考,从而提出问题。在之前的学习过程中,学生已初步具备了提问的能力,而对于问题的筛选还有待于本次活动的习练。

3. 资源分析

中国航海博物馆(图1)是我国首个经国务院批准设立的国家级航海博物馆,由交通运输部和上海市政府共建。馆内以"航海"为主题,"博物"为基础,分设航海历史、船舶、航海与港口、海事与海上安全、海员、军事航海六大展馆,渔船与捕鱼、航海体育与休闲两个专题展区。馆内儿童活动中心社会教育团队成员可以为小学生提供各方面的海洋科普教育,包括"陶瓷修复"等专业指导。但博物馆位于浦东新区南汇新城,离学校路途远。

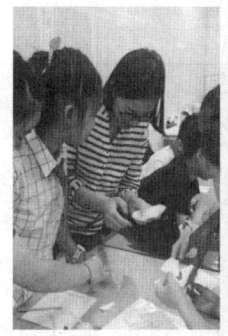

图1 中国航海博物馆

二、活动目标

（1）通过问题情景,明白修复不同材质的物品需要不同的黏液。
（2）通过资料收集,了解修复陶瓷的黏液特质,并能简单介绍修复的过程。
（3）能根据实验要求和合理的分工步骤,有序完成修复陶瓷的实验。
（4）通过实验探究环节,提高观察比较和归纳总结的能力,体验科学实验的乐趣。
（5）通过活动,引发关注更多的中国传统技艺,做好传统技艺传承。

三、活动设计

本次活动设计如图2所示。

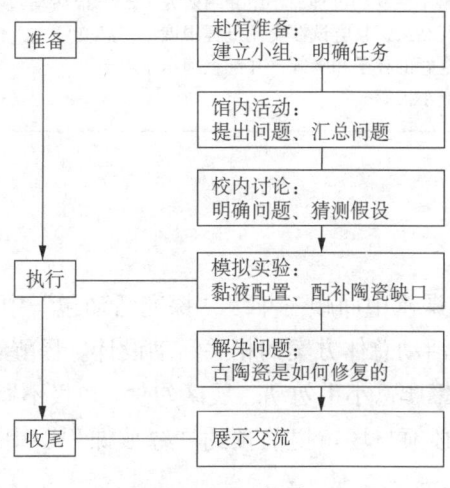

图2 活动设计

四、活动过程

1. 活动框架

活动分准备、执行和收尾3个环节，每个环节又分若干个主题，整个活动合计12课时（表1）。

表1 活动框架

阶段	活动名称	活动目标	表现标准	建议课时
准备	先导课（校内）	1. 通过资料收集与先导课，了解中国航海博物馆，知道博物馆"陶瓷修复"工作坊体验区及资源分布情况。 2. 了解活动内容，制订探究活动方案。 3. 寻找志趣相投的伙伴，组建小组	1. 说清楚"陶瓷修复"工作坊体验区中与"古陶瓷修复"有关的资源的位置。 2. 说出探究的问题，完成活动方案的制订。 3. 加入小组，推选出组长	1
执行	提出问题	1. 通过观察、比较不同黏液配制与效果。 2. 发现黏结陶瓷方法并提出问题。 3. 梳理汇总问题，通过讨论厘清问题。 4. 根据问题进行猜测，说说理由	1. 提出自己的问题，并讲清楚本次活动最终解决的问题。 2. 有理由地说出自己对问题的猜测	4
执行	模拟实验探究（校内）	1. 通过"古陶瓷修复"模拟实验，发现修复陶瓷的黏液配补必备的要素（活动重点）。 2. 按照实验步骤，小组合作完成实验，观察实验过程，分析实验结果（活动难点）。 3. 通过观察和记录，养成良好的探究习惯，培养科学探究意识	1. 说出修复陶瓷的黏液配补的比例。 2. 记录实验步骤，说出实验过程和结果	2
执行	解决问题	根据问题，结合实验的数据，解释问题	解释"古陶瓷修复"的方法	1
收尾	小结交流	1. 根据要求，整理活动过程中的所有资料。 2. 根据整个活动的过程，小组介绍研究过程及结果，且尝试在交流过程中展示修复好的杯子和碗等，并配上演示文稿或小报等	1. 小组资料装订成册。 2. 汇报活动过程、结果，交流活动感受	2

2. 活动建议

1）准备阶段

（1）赴馆准备

去博物馆前，在学校课堂中回顾三年级"探究活动包"中的"黏黏世界"，实施基于校情的学校博物馆研学活动总体方案的相关活动设计。提醒学生在博物馆参观必须遵守的文明观展准则（请勿攀爬、小手勿动、展区勿食、垃圾不留、慢走勿跑、禁用闪光、轻声细语）。此外，教师必须与场馆提前预约"绿萝课程"中的"陶瓷修复"实验课，以免届时无法进行。

人员安排：4~6人/组。活动前一周安排学生上网搜索陶瓷修复的相关知识，了解陶瓷修复的原因、技巧等相关信息。

实验材料：3A红胶、蓝胶、透明胶（需要可撕底座），涤纶纸，滑石粉，搅拌棍，牙签，小勺（迷你型），不同颜色的陶瓷色粉，小围兜，沙包，无规则碎瓷等若干个，无水酒精，抽取式棉巾。

（2）馆内活动

主题活动是学生生发和解决探究问题的过程，为此建议先行安排在"陶瓷修复"工作坊体验区的活动。在这个过程中，教师应即时地组织学生展开讨论，让学生说说自己观察到的情况和疑问，先不急于将问题汇总揭示。然后引领学生参与"绿萝课程"中的"陶瓷修复"实验课，期间教师再启发学生将之前的活动中所看到的与此相联系起来，说出自己的想法和疑问，最终适时地引出"古陶瓷是如何修复的"问题。

2）执行阶段

这一阶段，主要聚焦的是中国航海博物馆社会教育部科研团队所提供的实验指导。整个活动在学校进行。由于所用实验器材较多，因此需要安排一个较大的活动场地，建议使用学校的实验室。实验过程需要一定的时间，建议在实施过程中安排2课时一起实施。执行阶段最后一个环节是问题的解答，在这个过程中，教师需要引导学生通过实验数据分析对问题做出解释，不然会造成实验与问题分离，容易让学生感到实验是实验，问题是问题，从而使得二者之间缺乏关联性。

3）收尾阶段

在收尾阶段，教师可以通过视频帮助学生回顾自提出问题到解决问题的全过程，引导学生思考整个探究过程中自己的所言所想所做。在这个过程中，教师还需要引导学生学会感谢在问题解决过程中给予帮助的人。

五、活动评价

1. 评价方式

（1）以总结性评价为主，再辅以过程性评价和总结性评价；参考过程性评价中的师生互评和自评。

（2）在《上海市学生成长记录册》的相关栏目中记录学生活动表现。

日期	活动主题	活动地点	收获情况	我还想学习/探究问题

（3）以教师点评、团队展示、小组汇报的形式，促进学生共享学习成果，提高能力，丰富学习经历。

2. 评价内容及要求

结合活动实际情况，依据评价指标获得☆。五颗☆为优秀，四颗☆为良好，二～三颗☆为合格，一颗☆为须努力（表2）。

表2 评价指标

评价内容	评价指标		☆颗数
兴趣点	积极参与，关注小组活动；主动记录活动中自己不明白的问题		
探究能力	搜集	能利用场馆和网络资源，收集与主题相关的信息	
	归纳	能整理信息并对其汇总、统计及归类，条目清晰	
	讨论	能发表自己的看法并倾听他人的建议	
	合作	能按照实验步骤，主动协调小组完成实验	
	实践	能描述自己看到的实验现象，分析问题，解释问题	
	成果展示	资料内容齐全，展示形式多样化	

六、活动反思

博物馆的重要职能之一就是为全社会提供接受科学和文化再教育的场所。与基础学科相结合，从学生的兴趣出发，联系学生日常生活，以"古陶瓷修复"作为载体，采用体验式学习和研究式学习的方式介入学生的学习生活。

1. 博物馆——提供快速接触文化的机会

学生的社团人数一般控制在30人以内，全校范围自主报名参加。活动主题涉及陶瓷和陶俑等古陶瓷修复，博物馆能提供专业支持，帮助学生构思问题，并提供可靠的调查方法。通过与资深专业人员的接触，可以让学生了解最新的理念，获得快速接触文化的机会。拓展补充三年级"探究活动包"中"黏黏世界"之"使用哪种黏液修复陶瓷"的中国传统技艺新的想法。

2. 博物馆——提供传承文化的平台

博物馆特色"教学环境"，便于学生在活动中充当讲师角色，将自己探究的一手资料和信息传递给伙伴们。博物馆主题探究活动让学生直接与研究人员接触，获取最真实和前沿的科学知识，这份经历会为他们的课堂注入新的活力。这为古陶瓷修复传统技艺与历史文化的传承提供自然生成平台。

总之，要充分发挥博物馆教育的文化传承的功能，让学生在场馆探究活动中了解中国的传统技艺，对学生进行民族精神、热爱家乡精神的教育，并开拓文化传承的创新途径。

科学融合艺术

——以"探秘植物的叶"为例

上海市杨浦区复旦科技园小学　陆忞骎

一、背景介绍

随着科学与技术的日新月异，人们的生活愈发地便利，各种各样的科技产品正深入我们生活的每一个角落。艺术作为人文关怀以及对于社会反思的工具也逐渐与科技相融合。[①]人类在追求便捷生活的同时，也越来越追求艺术给人们带来的美的享受。

科学与艺术的重要共性之一就是对美的追求，也就是说科学不但求真也要求美，科学家像艺术家一样追求美，是科学取得创新性成果的原因之一。[②]当科学的理性与艺术的感性互相交融，学生或能形成更具有人性的科学素养，从而真正掌握科学、运用科学、热爱科学。

认识植物的叶形是小学生了解植物、识别植物非常重要的前提，能够对植物的叶进行简单的区分是本节课的教学重点。在"探秘植物的叶"的活动中，笔者设计了"认识植物的叶""创作树叶贴画"和"叶子的形状"三个活动。学生从课前搜集叶子开始，实际上就已经进入教师设计的"识别植物"的环境中。在对美的追求的驱动下，学生为了让课堂上将要制作树叶贴画的素材更丰富，会根据需要，有选择地收集不同的植物叶片。而在课堂上，学生们再通过叶贴画的形式来进一步认识和感知大自然的缤纷，产生了对不同树叶进行辨识的兴趣。最终，通过分析与比较树叶贴画中使用的不同叶子，认识了植物的叶的外形特点。

在本次教学活动中，笔者尝试将科技与艺术融合，以期学生在对"植物的叶"的认识上产生更好的效果。

二、案例描述

1. 教学设计意图

本节课是我校参与区级课题"杨浦区生命教育一体化项目"后，根据《杨浦区生命教育课程指导纲要（修订稿）》《自然生态课程指南》等相关指导性文件开展的一项校本课程实践探索。该系列课程旨在构筑中小衔接的生态教育，培养学生亲近自然，关怀、尊重自然界生命的意识，践行保护环境的能力，维持永续生存的自然生态环境，

[①] 曾月明. 论现代艺术设计发展的新趋势 [J]. 艺术科技, 2016(12):141–142.
[②] 沈致隆. 从科学教育和艺术教育的结合看创新人才的养成 [DB/OL]. 中国美育网, 2018-09-29.

培养民胞物与的胸怀。

"探秘植物的叶"是小学段课程"植物'身体'探秘"模块中的内容。通过本课的学习，学生需要对植物的叶的基本功能、作用和构造有一定的认识和了解，并通过树叶贴画的活动形式，提升一定的审美能力与合作意识。其中，在"叶子的形状"这一环节，充分融合艺术人文素养的培养，通过树叶贴画的形式，在艺术创作的过程中了解科学知识。

2．部分教学实录："创作树叶贴画"

师：通过查阅资料，同学们发现植物的叶的作用可大了。除了装饰、食用、入药以外，人们还会选用植物的叶制作许多艺术品。今天，我们就要在课堂上一同用大家寻找来的树叶制作一幅美丽的树叶贴画。同学们可以先拿出自己小组采集的树叶，在纸上先摆摆造型。

生：（初步设计，在纸上摆造型。）

师：在制作中，需要尽量保持树叶原本的外形，仅可对超出纸张的部分进行剪裁。在有需要的情况下，可以用水彩笔添加一些简单的线条，使树叶贴画的画面更完整。现在，大家一起来制作吧！

生：（制作树叶贴画。）

师：同学们看来都完成了各自小组的树叶贴画作品了。现在请大家来交流一下，你们小组创作的是一幅怎么样的作品呢？

小组1代表：我们创作的是《嫦娥奔月》。我们用到了一片黄色的圆形叶片作为"月亮"，再用一些小型的叶片拼凑出了"嫦娥"的外形。在这幅画的右下角，我们用一些叶片拼出了"桂花树"的样子。

师：非常感谢第1小组富有想象力的作品。让我们请出第2小组也作一下介绍。

小组2代表：我们的作品是《跳草裙舞的夏威夷女孩》。我们用一片深褐色的叶片与许多条状的树叶相结合，先做出了这个夏威夷女孩的草裙，接着再用一片紫荆叶作为女孩的草裙舞上衣。最后为她画上脑袋，就成了这样。

师：大家鼓掌表扬第2小组！（学生鼓掌）第2小组运用到了多种不同外形的树叶来创作他们的作品，效果也非常好。接着我们有请第3小组介绍他们的作品。

小组3代表：我们的作品是一架UFO。因为我们采集到的树叶大多是比较大的椭圆形叶子，做不出像刚才两个小组那么漂亮的作品。我们就想到椭圆形的叶子正好是飞碟侧面的样子，于是我们再加上一片黄色的银杏叶作为UFO的玻璃罩。再用一片泛黄的竹叶当飞碟射下来的光线。

师：第3小组的同学也非常有想象力。虽然他们收集到的叶片形状不像前面两组同学那么丰富，但他们通过合理的构思和搭配也得到了不错的效果。大家也表扬一下他们！（学生鼓掌）

师：刚才同学们充分发挥了自己的想象力，完成了美丽的树叶贴画制作。那么，现在老师要考考大家，请大家观察一下，我们在制作的过程中，都用到了哪些形状的树叶来进行搭配的呢？

生A：比较常见的叶子形状应该是椭圆形的，但是在贴画中这些叶子比较难搭配和运用。

师：说得很好。在很多小朋友的第一印象里，叶子似乎都是椭圆形的，说明这种形状的叶子确实是比较常见的。我们把这样形状的树叶称为"卵状叶"。除了卵状叶以外，大家还用到了哪些形状的树叶呢？

生B：我知道紫荆的叶子很特别，像一个爱心。第2小组的作品就用到这样形状的叶子。

师：所以像紫荆的叶子，我们就称它们为"心状叶"。实际上，植物的叶有着多种不同的形状，大家在创作树叶贴画的过程中，相信也发现了不少。接下来，请大家根据各自小组的发现试着归纳一下自己运用了哪些形状的叶子吧。

生：（讨论完成学习单——树叶的形状有哪些？）

……

三、分析与反思

著名的物理学家李政道先生曾说："科学和艺术是不可分割的，就像一枚硬币的两面，它们共同的基础是人类的创造力，它们追求的目标都是真理的普遍性。"

工业革命以来，科学技术取得了日新月异的进步。伴随这种成功的是技术工业的兴起和工业化进程中对具有一定实用知识的专门人才的迫切需求。[1] 然而，代表科学的客观化、精确化、程序化等若干特质被人为地放大，使许多人片面地认为科学只有理性的一面。但事实上，在多年的科技教育中，笔者时常发现学生们的艺术行为却往往先于他们的科学行为。可以说，儿童的科学能力是在儿童思维发展的基础上对儿童艺术能力的进化。但这样的"进化"也并非一蹴而就的。在儿童的科学能力发展的过程中，不可避免地留下了儿童艺术思维的痕迹。比如他们对于周围事物和现象的解释就有着许多主观的想象或者是其他具体形象的迁移，这些都是艺术的典型特征。艺术与科学融合对于发展创造性思维和知识创新具有重要意义，也是改革和完善创新人才教育培养模式的重要途径。[2] 培养具有良好科学素养的卓越人才，就要求我们克服传统教育模式的弊端，注重科学与艺术结合的综合性、整体性，注重跨学科教学的包容性、广泛性，提高创新人才的综合素质和创造力。

在科学教育中，渗透艺术教育，欣赏自然界中的美，不仅能有效地促进学生对自然事物的观察热情，也能让学生在这一过程中感受人与自然的密切联系。美国《新世代科学标准》[*The Next Generation Science Standards* (NGSS)] 中将科学学习分为三个维度：跨科学概念（Crosscutting Concepts）、科学与工程实践（Science and Engineering Practices）和学科核心概念（Disciplinary Core Ideas）。其中，跨学科概念的形成不仅包

---

[1] 康海军. 艺术教育：科学教育与人文教育融合的滥觞 [J]. 世纪桥, 2012(13):98–99.
[2] 葛朗. 艺术与科学融合的大趋势——论改革和完善创新人才教育培养模式 [J]. 艺术教育, 2012(3):29–31.

括了科学领域的学科概念，也包含了艺术领域的人文关怀精神。

在本节课中，学生在通过自行查阅资料初步了解植物的叶的一些能力和作用的过程中发现并感受到了自然的美。在提升学生自主学习能力的同时，学生的观察能力、语言表达能力也得到了进一步提升。在课堂上，学生通过设计制作树叶贴画，将自己对美的理解呈现出来，与同伴们共同交流、共同欣赏。同时，也在艺术创作的过程中了解了"叶子的形状"，学会了运用科学的方法对叶子的外形进行辨识和区分，有效掌握了科学知识。可以说，在这样一种多样化课堂的引领下，学生的体验和感悟也会变得更加多元，在未来的成长过程中将获得更多的受益。

当然，一堂课永远都存在着一些缺憾。尽管笔者试图在科学教育中融入艺术、人文的情怀，并在此基础上再回到科学的观察和思考上，但从一节综合实践活动整体性角度来看，具有针对性的以及对于学习成果的评价机制仍不够完善。在今后的教学上还需要深入研究与之相匹配的评价体系，从而更好地去了解学生的进步与不足。

在探究实验教学中培育学生的创新素养

上海市鞍山实验中学 张海燕

"培养什么人、怎样培养人、为谁培养人"是教育的根本问题。作为一名初中物理老师，要培养什么样的学生，是只会做题的机器人还是热爱科学探究的小爱迪生？面对中考的改革变动又该如何在今后的教学中改变模式，从而更好地培育学生的创新素养？这些问题在"平面镜成像特点"这一节探究实验课的教学实践中得到了回答。

一、教学背景分析

1. 教材分析

本节课是初中八年级第一学期第二章中的内容。学生在学习了光的传播和光的反射定律基础上，对光的反射这一知识点进行延伸，是光学内容的重要组成部分，它与学生的生活实际联系也十分密切。教材以探究平面镜成像特点为主线，让学生经历探究平面镜成像特点的过程，从中归纳得出成像特点后，注重引导学生运用所学的知识去分析解释大量生活中的成像问题，体现物理学科"从生活走向物理，从物理走向社会"的教学理念。

2. 学生分析

本节课是让学生通过猜测、假设、验证和归纳，对平面镜的成像特点进行探究。学生在经历此探究过程中既要动手，又要动口，还要动脑，从而获得"发现"成功的喜悦。大部分学生对平面镜成像有比较丰富的感性认识，但要让他们学会科学地自主探究，还需要教师给予一定的引导，特别是在实验器材的选取以及验证猜想的方法上。教学中，要通过探究过程培养学生实事求是的科学态度。现实生活中人的视觉存在一个误区——"物体离平面镜越远像越小"，这与学生得到的"像与物大小相等"不符，因此，在实验活动设计中，要让学生通过观察实验现象，从物理学视角去认识客观事物的本质属性、内在规律以及相互关系。

本节课的教学要求：学生主动参与，在实验、讨论形成规律的过程中掌握"猜想、假设、验证和归纳"的探究方法以及透过现象看本质的思维方法，并体验探究的乐趣，懂得交流与合作的重要性。

二、探究实验教学的实施与改进

1. 学生实验，学生做主

以往，学生实验课都是教师备好实验器材，让学生动手。但多次实践下来，发现学生对于为何选用玻璃板来代替平面镜的目的，一直处于"似懂非懂"状态，即使教师演示过用穿衣镜时无法找到像的位置，学生的表现也不如人意，时间一长就忘了。原因在于玻璃板是教师直接提供的，学生并未自己做主拿什么器材来探究。因此，在活动设计中的最大改进就是提供多种平面镜，如镜子、透明玻璃板、一面粘有黑纸的玻璃板等，让学生在猜想的基础上选取实验器材来验证自己的猜想。

在学生实验课上，对于实验步骤的要求很重要，一步错，就步步错，教师在实验课上常让学生跟着教师按部就班地操作。但探究平面镜成像特点，就是要让学生自己去探索其中的奥妙，否则就没了乐趣，而学好物理就需要学生保持好奇心。因此，在活动设计中的另一个改进就是实验步骤由学生来做主，让学生通过不断地尝试、交流及讨论来完善实验步骤。

2. 教师引导，适可而止

探究平面镜成像特点的学生实验中，对于实验器材的选取决定了探究能否成功，因此教师的引导很重要。以往，教师通过演示，发现用穿衣镜无法确定像的位置，从而引导学生用透明玻璃板，这样的"填鸭式"引导不能"深入人心"。教师将引导的方式变成问题式，让学生自主选取实验器材来解决问题，通过课堂实施，发现学生都能自然地明白为何选用玻璃板。同时，蜡烛、白纸、刻度尺、支架等实验器材也能一一找到，并能清楚地说明它们各自的作用是为了验证哪个猜想。

3. 活动记录，突出重点

实验活动记录是学生探究活动过程中不可缺少的一部分，能让学生有条理地设计实验步骤。初二的学生还不能有条理地完成物理实验过程，因此需要教师一定的指导。利用所设计的"学生活动卡"，标明实验目的、实验器材、实验步骤、实验数据（表格）及实验结论这五大部分，突出物理实验特点，让学生了解科学探究的基本过程，学会用科学的方法进行探究。

对"学生活动卡"进一步的改进是增加"留白"，作用在于突出实验的重点，有效提高学生课堂听讲与记录的效率。实验活动记录，记录的不仅是实验的过程，更重要的是明确实验目的，这是探究实验的精髓。

三、探究实验教学的效果与反思

1. 以学生探究为主导

初中物理的探究实验课有很多，例如"探究杠杆平衡条件""探究物质的质量与体积的关系""探究液体内部压强与哪些因素有关"等，这些探究实验课的目的在于除了让学生掌握物理知识之外，更重要的是通过实验，增强学生对科学的好奇心，养成主动探究的习惯。但在平时的教学中，不乏为了节省课时而让学生探究时间"缩水"或是"走过场"的现象,导致学生觉得实验课无趣、对于探究实验的过程及方法不能有切身的体会,失去了探究的真正意义。教师反而时常怪学生"讲过一遍的东西,为何还要错"。殊不知,探究实验课都是教师自己在"玩",学生未曾完全参与其中。因此,学生的探究实验是否成功,最重要的还是要看学生是否起到主导作用。在"平面镜成像特点"这节课上,学生自主选取实验器材,自主尝试验证方法,完善实验步骤,总结归纳成像特点,这些环节都让学生充分参与,从中能看到学生非常享受探究的过程。

2. 注重学生的合作与交流

探究实验课,要通过"猜想、假设、验证和归纳"的方法,单凭一名学生用一节课就完成,确实是很困难的。因此,在初中物理探究课的实验过程中,除了提高学生自主探究的能力外,还必须十分注重学生之间的合作与交流。在"平面镜成像特点"这节课中,以小组为团队,一起参与各种过程的讨论,分享各自的建议和方法,碰撞出智慧的火花。这样的合作方式,不仅提高课堂时间的利用效率,而且利于学生之间取长补短,相互帮助,相互学习。而在合作的过程中,学生之间的交流也活跃了课堂,增强了学习氛围,更让组与组之间的交流、师生之间的交流不断推进学习,不断深入探究,不断获得成功。

3. 体现学科核心素养

通过探究实验教学,不仅可以培养学生的探究意识和探究能力,还可以培养学生良好的思维习惯和用科学的方法来解决实际问题的能力,充分体现了学科的核心素养。初中的物理知识及规律都比较基础简单,贴近学生的生活,就如"平面镜成像特点"这节课,源于平时照镜子现象,让学生从生活中走近物理,推开物理的大门,学到成像特点及原理,再从物理大门走出,发现生活中"物体离平面镜越远像越小""倒影""浇不灭的蜡烛"等现象背后的真理。这一过程中,不仅要让学生学到一定的物理基础知识,更要让学生明白生活中的有趣现象可用物理知识来解释,同时会用这些物理知识来更好地生活,造福于社会。

问题链串联探究式学习

——以"梦想工程师"综合理科创新实验教学为例

上海市鞍山初级中学　马　岩

创新是以新思维、新发明和新描述为特征的一种概念化过程。教育需要创新去开拓视野、丰富头脑。创新素养是学生应具备的，能够适应终身发展和社会发展需要的必备品格和关键能力。

一、背景与缘起

在鞍山初级中学的校园里有一块培育创新素养的园地——"梦想工程师"综合理科创新实验室，学生们用一种全新的视角看待学习，在问题和任务导向下开展探究性学习。学生在学科领域内或现实生活情境中选取某个问题作为突破点，通过质疑、猜想、调查研究、分析研讨，从而探索解决问题的方法；以实验和交流等探究学习活动，获得知识、掌握方法、激发灵感。创新实验室为学生提供探究性学习的空间和设备。创新实验课程则提供了学生探究性学习的时间和方法（包括必要的理论与技术指导）。杨浦区的"同育创新素养教育联盟"向学生们发起了争做"未来科学家"的倡议。

二、想法与做法

1. 以问题引导学生确立探究方向——学会"以小见大"

教师首先提出问题：探究问题能否从身边的一些令人困惑的小事着手？学生们受到启发，仔细观察探寻，找到了两个研究方向：一是改造教室窗户，二是改进书法教室的水池。

2. 以问题引导学生细化探究主题——学会"知己知彼"

教师又用四个问题引导学生进一步思考：①别人是否研究过类似的问题？②他们的研究成果是怎样的？③关于这两个主题，哪些问题已经得到了解决？④哪些还有待进一步研究或改进？通过一周时间分组调研，学生对研究现状有了大概的了解。主题一：窗户有隔音、降温、收集太阳能等功能。能否有一种兼具透光和降温双重功能的窗户？受世博会启发，想到利用吸水窗帘蒸发散热的原理来研究透光降温窗帘。主题二：水池目前有净化功能（比如自来水厂）、增氧功能（比如养鱼缸），还有通过生物系统净化水质美化环境的功能（比如养殖水生植物的观赏水池）。针对我校书法教室的具体要求，可以研究将洗笔水净化循环再利用的环保水池。

3. 以问题引导学生制定研究方案——学会"科学规划"

充分肯定了学生的设想后，教师又提出四个问题进一步引发学生思考：①应从哪几个方面展开研究？②需要测量什么物理量？③分别用什么测量工具？④需要准备哪些实验器材？学生们可以用一周的时间设计初步的实验方案。问题一出，小组内展开了激烈的头脑风暴，每个人根据各自特长分工合作。这一周中，不断有学生来找笔者聊方案，探讨实验室里有哪些实验器材可以帮他们实现研究。学生们捧着大纸箱、软管、纱布、棉布等各式各样的实验材料来实验室。还有学生动员了周围同学和家庭成员，找来了各种透光和不透光的制作窗户的面料，还有小型的塑料注射器和活性炭等很专业的实验材料……学生们筹备研究的热情打消了笔者的担心，积极的行动力也感染了作为指导教师的笔者。

我们再次回到探究课现场，学生们纷纷拿出自己的设计方案，侃侃而谈自己的设想。他们介绍了每样材料的用途和装置搭建的初步设想，有的还给出了漂亮的装置设计图的初稿。

"降温窗帘小组"搭建了一个与真实的教室相似的同比模型。他们尝试各种办法准确测量出教室的长、宽、高和教室窗户尺寸。他们还查阅了资料，了解到建筑学上"窗墙比"这个概念，并运用到模型上（图1）。

图1　降温窗帘模型

"净化水池小组"首先搭建了一个墨水的净化系统，可是刚做出来的模型口大底小根本站不住，没法进行下一步实验。于是，学生就利用装置切割下来的饮料瓶改造形状，用一个简单的造型组合就成功解决了问题（图2）。笔者被学生们自主学习的深度和创造力深深折服。他们丰富的设计方案获得了教师和所有小组同学的高度评价。

图2　净化水池模型

4. 以问题引导学生严谨实验——学会"有理有据"

我们的问题又来啦：①接下来怎样进行较为精确的对比验证？②物理量和研究目标之间如何对应？③如何方便快捷地实现数据的采集？④如何处理分析获得的数据？这时，教师拿出了创新实验室的宝贝——DIS系列实验仪器（涉及力、热、光、pH值等多方面的电子传感器）。学生们如获至宝地询问每个传感器的功能，讨论怎样将这些仪器运用于遮光度、温度、水的净化程度等物理量的测量。

实验前，教师提醒学生们一定注意三点：①实验时要特别注意一个科学方法——控制变量法；②实验前要设计好体现控制变量法的实验表格；③实验过程中要及时记录实验数据和现象。这样的探究实验将来才能为分析实验结论提供科学而有力的依据。

在科学探究的过程中，数据的记录和处理是最关键的"积累证据"和"得出结论"的步骤。初中学生在这个年龄阶段的特点就是不够严谨和全面，实验指导教师决不能袖手旁观，应不断地设问、质疑。经过几稿的修改，学生们的实验表格越来越有专业的味道了（图3）。

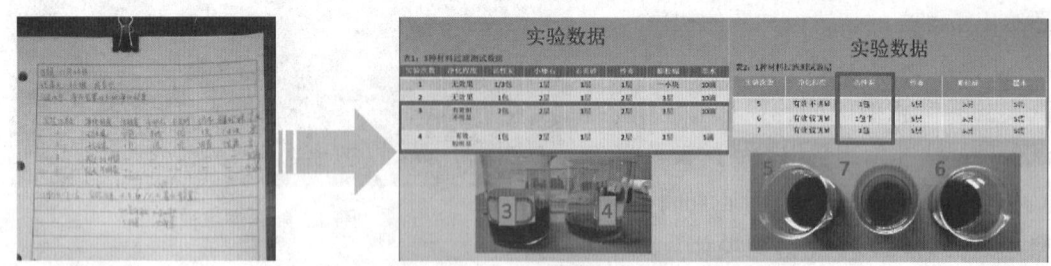

图3　实验表格

实验中，学生们经常奇思妙想出新招，巧妙地运用转化法的思想。"降温窗帘小组"为了检测每种窗帘布料的吸水性能的差异，改进了烧杯容量大但刻度不精确的缺点，将刻度尺和烧杯结合使用，用水位深度的变化转化成吸水量的比较（图4）。笔者惊喜地看到学生的科学思维在实验的过程中逐渐萌发、生根。

图4　刻度尺和烧杯结合

为了检测墨水净化的效果，学生尝试采用了拍照对比的方法及净化水透光强度测试、水质酸碱度检测等测量方法，用到了相机、光强度传感器和酸碱度传感器。学生们勇于尝试的精神让笔者感动，而且这一切都发生得那么自然，笔者恍然悟到：创新素养教育已在润物细无声中发生了。

经过一个多月的忙碌与辛苦，学生们终于看到了实验的成果。学生们带着自己的研究成果（图5、图6）、撰写的实验报告、制作精美的PPT和汇报稿参加了杨浦区"同育创新联盟"组织的"2017年未来科学家"评选活动，分别获得了三个"未来科学家"和三个一等奖的荣誉称号。

图5　环保降温窗帘模型　　　　图6　墨水循环过滤浣笔系统模型

三、反思与提炼

1. 运用恰当的工具，创建开放的空间

学习和探究是需要适合的空间和工具的。创新实验室的DIS实验设备为学生们提供了优于传统物理实验仪器的数字化研究平台，同时学生和教师还可以自主开发实验工具、自由选择实验材料，这为拓宽学生的学习思维与研究路径提供了极大的便利条件。学生们有了丰富的实验器材，就能够充分地实践自己的猜想和设计。实验室提供了灵活开放式的学习空间，学生按照自己的设想去搭建实验的装置，完成自己理想的设计。在实验探究的过程中，学生们学会了独立地规划与设计方案以及空间布局，经历了质疑、猜想、探究、总结和反思的科学探究过程，除了广泛地获取知识、科学地实施探究，还学会了积极自主地去设计方案、解决问题，体会到了自由学习、自主探究的乐趣。

2. 搭建适当的支架，点拨学生的思维

自主学习并不代表不需要引领，教师应是提供学习支架、适当引导学生思维的引路人。教师有丰富的学科知识和研究经验，在学生自主学习的时候用恰当的问题引导学生去关注现象、聚焦问题的症结，提醒学生及时记录和分析研究的数据，提供适当的理论支撑，用启发式的问题去引领学生在盲目的时候找到方向，在困难的时候发现方法，这是教师在学生的自主学习和探究过程中所扮演的重要角色。但作为自主学习的促进者，教师应多启发沟通，避免纯粹的知识和方法的灌输。学生能做的教师就不做，学生能想到的教师就不发声，这样学生才能够获得思想和能力的自我提升。

3. 培养合作精神，打造研究团队

学生的自主探究依靠单打独斗很难成功，教师应帮助学生组建合适的学习和研究团队，促进学生在团队中发挥各自的优势和力量，共同克服困惑和挫折。学生在团队中学会取长补短，知识与能力互补，通过有效合作提高研究的效率。学生在团队中学会聆听、学会交流、学会合作和互相鼓励，学会发现同伴的优点，学会如何发挥团队中每个成员的优势和能量，同时也认识到自己的不足，共同成长。在合作中培养坚毅、严谨、尊重他人、尊重科学的优秀品质。

4. 关注闪光点，实践积极的评价

在学生漫长的自主学习和科学探究过程中，教师既要做协助者、引路人，也要做发现者，发现学生的不足与错误，更要发现进步和闪光点。用鼓励的语言激发学生的前进动力，帮助他们在困境中看到希望。通过更多的正向评价，鼓励学生发现自己的优点与进步，同时也发现他人的长处与贡献。这样的评价可以是过程性的量化表格，也可以是对结果的综合评价。

创新素养的教育还在探索，我们在埋头实践的同时，也要抬头反思，不断调整方法和提升策略。我们希望有更多的时间和机会与学生们一起经历这样内涵丰富的学习和成长过程，提高学生研究的自信和形成正确的自我评价。

慧力促智 学力提升

——以上海音乐学院实验学校"慧动"综合实践课程为例

上海音乐学院实验学校 贾晓岚

一、"慧动"综合实践课程的开发背景

1. 践行知行合一,"五育"并举,生成"慧动"课堂文化

2017年国务院办公厅印发《关于深化教育体制机制的意见》提出,在培养学生基础知识和基本技能的过程中,强化学生关键能力培养。培养认知能力,引导学生具备独立思考、逻辑推理、信息加工、学会学习、语言表达和文字写作的素养,养成终身学习的意识和能力。培养合作能力,引导学生学会自我管理,学会与他人合作。培养创新能力,激发学生好奇心、想象力和创新思维,养成创新人格,鼓励学生勇于探索、大胆尝试、创新创造。培养职业能力,引导学生适应社会需求,树立爱岗敬业、精益求精的职业精神,践行知行合一,积极动手实践和解决实际问题。2019年7月国务院印发《关于深化教育教学改革全面提高义务教育质量的意见》强调,坚持"五育"并举,全面发展素质教育,切实加强和改进体育,改变美育薄弱局面,深入开展劳动教育,加强心理健康教育和国防教育。学生认知、创新、合作、能力的培育是新时代育人的需求,也是顺应中考改革中关于综合素质评价体系的一场教与学的变革。

2. 从学会到会学,化单一为整合,形成"慧动"校本课程实施方案

围绕"基础厚实、艺术见长"的育人目标,设置校本课程实施方案:以"慧动"的课堂环境、"慧动"的课堂模式、"慧动"的课堂评价、"慧动"的课堂理念,体现学校课程领导力和文化转型;力求课程文本设计能聚焦学校课堂变革的主题与理念,呈现课堂环境、课堂模式、课堂评价和课堂文化四个维度上的校本化的理解与思考,确保各层级文本一致,让课程文本能真正发挥课堂文化转型的引领作用;丰富学生知识领域,满足学生个性化需求,课程体现任务驱动、小组合作、交流分享、互动发展,让学生掌握学习技能的方法,养成终身学习的意识和能力。实施战略管理,在四个维度的基础上建设一系列整合课程,并实现案例化、菜单化,形成有特色、有效果、易操作、易分享的课程——"慧动"课堂,彰显学校的文化实力和文化自信。

3. 跨学科整合课程,构建"慧动"综合实践课程设计

传统教学模式更多的是停留在知识与技能层面,而过程与方法、情感态度价值观等方面的目标则需要在长期的学习活动中循序渐进地达成,在单一的课程中因很难落实,

常常遭到忽视，而对于学生综合素质的培养就更难实现了。学校综合教研组做出大胆尝试，建立了一支由物理、化学、生命科学、信息科技、美术等学科的8名教师为主导、16名教师执教的教师队伍（图1），进行跨学科课程整合和开发，以主题（问题+任务）重构内容，以教学方式变革为突破，形成主题化、项目式的合作学习，实现学校课堂文化的转型。

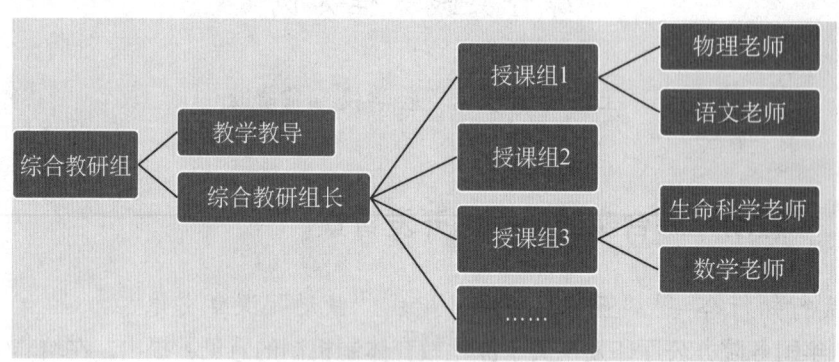

图1 综合教研组人员结构

"慧动"综合实践课程强调学生综合运用各学科知识，认识、分析和解决现实问题，提升综合素质，着力发展核心素养，特别是社会责任感、创新精神和实践能力，以适应快速变化的社会生活、职业世界和个人自主发展的需要，迎接信息时代和知识社会的挑战；鼓励学生从自身成长需要出发，选择活动主题，参与并经历实践过程，体验并践行价值信念。在实施过程中，随着活动的不断展开，在教师指导下，学生可根据实际需要，对活动的目标与内容、组织与方法、过程与步骤等做出动态调整，使活动不断深化；要求突出评价对学生的发展价值，充分肯定学生活动方式和问题解决策略的多样性，鼓励学生自我评价与同伴间的合作交流和经验分享；提倡多采用质性评价方式，避免将评价简化为分数或等级；将学生在综合实践活动中的各种表现和活动成果作为分析考察课程实施状况与学生发展状况的重要依据，对学生的活动过程和结果进行综合评价。

二、"慧动"综合实践课程的教学设计

"慧动"综合实践课程整合了"信息技术""劳动技术""科学"等基础型课程和创新实验室开发的校本课程，开发了凸显实践性、探究性、活动多样性和具有学校特色的跨学科主题教学课程，在六、七年级予以实施。在两年的课程学习过程中，学生将经历多个主题内容、多种学习模式，多渠道、多角度地体验学习的过程，在自主实践中获得学力的增长。

在教学设计中，我们始终思考如何在教师智慧的引领下，让学生以自主学习的方式开展主题学习，真正体现校级课程文本中"重过程、重体验、重思维、重探究"的"慧动"课堂。以"布艺设计"主题为例，教学设计将主题进行了拆分，主题学习中学生需要经历分组分工、背景调查、社会调查、数据归纳、方案设计、过程性汇报、方

案实施及成果汇报等多个学习项目,而每一个项目的设置,都力求在多元的场景中实现学生真正实践社会调查的过程、亲身体验数据分析的方法、自主探究设计制作的流程、自我驱动地掌握跨学科的基本技能,并在相互的表达交流中,以互利共生的方式互相促进(图2)。

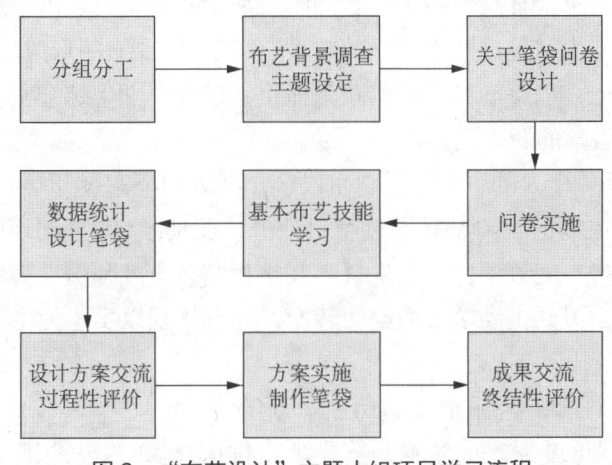

图2 "布艺设计"主题小组项目学习流程

三、"慧动"综合实践课程的教学实践

1. 慧动场景,真实情境下的亲身体验

"慧动"课堂背景下的综合实践课程中,要实现教学设计,教室甚至校园已无法满足学生天马行空的想象和需求。为了让学生更好地实施各类社会调查、职业体验和场馆探究,学校为学生创造了更多走出教室甚至走出校园的学习机会。在主题学习中,会安排各类与主题相关的场馆探究、社会调查、职业体验,让学生们在真实场景中亲身实践调查的过程。以"布艺设计"主题为例,在"布艺背景调查"项目中,学生自主选择调查主题,根据主题的不同,学生选择了在不同的场所开展实地调查、文献调查和访谈调查。例如,在纺织博物馆开展场馆探究,在图书馆查阅丝绸的历史,在网络上搜集中西方典型的布艺作品,在家庭中跟长辈学习布艺针法等基本技能……在调查结果的交流中,学生在真实环境中以自我驱动的方式开展的调查,其结果的生动性、情感的真实性令执教老师们大为惊叹。

2. 慧动教学,一场教与学的变革

在以主题形式进行跨学科教学设计的过程中,由于专业限制、技能差异,单个教师很难独自完成一个主题的教学工作,同时一个学生要独立完成整个主题的学习任务过于艰巨且时间跨度过长。因此,在学校的引领和组织下,综合教研组展开了一次有关教与学的大胆尝试。

"一堂课,不再是一名老师!"综合实践课程以集体授课的方式展开了教师授课方式的全面改变。以综合实践备课组为紧密团队,跨学科教师深度融合,汇聚智慧,汇聚

力量，形成集体备课、集体授课的模式。从教学设计中可以看出，一个跨学科主题的教学涉及劳动技术、信息技术、科学甚至美术学科的教学，一个教师很难全部胜任。因此，在教学各环节中，教师团队分工合作，各取所长，对综合实践课程的设计、实施形成多人合作的长效机制。同一个班级在同一个主题不同项目的教学中，由不同的教师执教，在跨学科的背景下力求最佳教学效果。教师团队教学观念提升，善于从学生深层次的需求出发，挖掘关键能力，促进课堂文化的转型、"慧动"课堂的形成。以"德智体美劳"五育并举为基本理念，以跨学科综合实践为抓手，以提升学生综合实践能力为目标，形成新时代教师教育教学的新方式。

"学习，不再是一个人的事儿！"学生以合作共赢的姿态展开学习方式的全面改变。综合实践课程每个主题的学习都是通过项目任务，驱动学生进行小组分工、方案设计、方案实施、成果汇报、交流评价，学生自学互学相结合，教师引导为辅助，课堂教学模式实现学生从被动学习到主动学习的全面转变，充分体现以学生为主体且学生真正动起来的"慧动"课堂。

3．慧动评价，以多元评价促学力的多元增长

"慧动"课堂"重过程、重体验、重思维、重探究"，这就注定了其不能只注重学习的结果。因此，在教学设计的过程中，综合实践课程以过程性评价与结果性评价相结合、学生自评互评与教师评价相结合的方式，设置了面向一个主题包含多个项目的评价内容。旨在建立与主题化、项目式学习的综合实践课程相适应的多元教学评价体系，对学生在各项目中的参与度、团队协作能力、学习认知情况进行整体性评价。更为强调对"做什么""怎么做"的评价，而降低了对"做得如何"的评价比重，以评价再一次帮助学生认识到学习的过程和方法比学习的结果更为重要。以"布艺设计"主题为例，实施了组内分工评价、成果交流评价（表1）、主题回顾与活动评价（表2）的教学评价体系。

表1 "布艺设计"成果交流评价表

公平公正合理地打分		小组代表交流演讲						
	小组	1	2	3	4	5	6	7
评价标准	分值							
一、演讲表现								
1.口齿清晰，声音响亮	10							
2.自信大方，从容自如	10							
二、表达内容								
1.内容全面，条理清晰	20							
2.过程清晰，资料详细	20							
三、演示文稿								
1.图文搭配协调，修饰恰当	10							

（续表）

公平公正合理地打分		小组代表交流演讲						
	小组	1	2	3	4	5	6	7
2.整体色彩和谐，风格统一	10							
四、整体效果								
1.结论合理，能够推进主题研究	10							
2.技术创新，形式新颖	10							
总分	100							

表2 "布艺设计"主题回顾与活动评价表

第　　小组　　姓名

活动阶段	活动内容	过程性评价									结果性评价					
		行为规范			小组合作			交流表达			个人任务			小组任务		
		自评	互评	师评	自评	互评	师评	自评	互评	师评	任务名称	完成情况	测评	任务名称	完成情况	师评
自主选择	分组，制订小组分工计划													1.小组分工计划（小组）		
合作探究	根据所选定的方向，制定调查方案、实施调查、形成报告										1.文献法调查的资料收集与报告			2.小组调查方案		
											2.问卷法调查活动记录与报告			3.调查报告		
											3.观察法调查活动记录与报告			4.调查报告交流评价表		
											4.访问法调查改进记录与报告			5.成果展示PPT		
											5.调查问卷					
交流发展	1.调查成果展示 2.主题总结 3.活动评价										6."走进上音实验"主题回顾与活动评价表			6."走进上音实验"成果展示评价表		
														7."走进上音实验"组内分工评价表		

注：1. 自评、互评、师评栏以"A""B""C""D"评价。
　　2. 个人任务、小组任务以"√""×"表示"完成"与"未完成"。

四、"慧动"综合实践课程的实施反思

在实践过程中，我们充分意识到，要完全实现面向跨学科融合、重在学生多元能力发展的综合实践慧动课堂任重而道远。一堂信息量巨大且多学科技能并用的综合实践课程，需要学生高度配合和主动参与。知识体系有差异、技能水平有差异、互动性格有差异的初中低年级学生，无论是分工分组、沟通合作、知识重建都需要更为细化的操作指引和教师先导性介入。在实践多元化衡量的课程评价体系时，我们不再以学习结果作为

检验学习过程的唯一标准,而是多角度关注学生不同阶段的成长,给予学生弹性化、人性化的发展空间;作为教师,我们不仅明确了学生"知晓什么",更清楚了学生"能做什么",为教师在后阶段的教学中对于学生能力的培养提供更多思考与改进的方向;允许学生对知识进行自我建构,成为主动的自我评价者,不同的视角推动学生对自身学习过程产生更多的反思与批判,进而促进其学力的增长。但我们也发现:由于教学评价体系中量化的标准不够明确,组内沟通不够充分,学生作为评价主体时不够客观公正,对知识进行自我建构的水平不一导致组间评价标准也不尽相同,评价结果呈现的差异较为明显。在之后的实施过程中,面对越是低龄的学生,教学评价标准越应细化,层次分明,便于界定,并鼓励学生在评价前充分沟通,评价后也要给予足够的交流时间,以评价结果再次推动学生进行反思和回顾,在下一个主题学习中才能更好地体验学习的过程,真正掌握学习的方法,全身心参与"慧动"课堂。

激起学生思维的火花

——以上海牛津8BU5reading为例

上海市鞍山实验中学　张仙华

本次选材以《英语（牛津上海版）》初二年级下册第五单元 Magazine articles 中的"Reading：Blind man and eyes in fire drama"为例，进行语篇分析和教学设计。文本是关于一个人性的故事，讲述了盲人 John 入住酒店时，他的导盲犬 Charlie 被误认为宠物而被拒绝入住，后来睡到半夜遇到火灾时 Charlie 叫醒了主人而消防员又不愿救 Charlie 等一系列艰难的事件但最终有一个快乐的结局的故事。学生通过阅读应该收获的是三个维度的内容：对故事情节有大致的了解；通过品味人物语言的描写形成一定的欣赏能力；能通过这篇文章获得对生活的启示。因此，这节课的目的围绕以上三个维度可以分为：让学生通过对文本的阅读，了解 John 的实际困难，了解酒店员工对 Charlie 的态度和酒店经理对 Charlie 的态度，从而调动学生对这类文章的阅读兴趣；通过课堂上教师的提问和追问、学生之间的互相讨论互动，在教师和学生的互动中通过思维的碰撞，分析揣摩作者对人物性格的描写；通过对文本的学习和人物性格的分析，使学生懂得在日常生活中要给予有困难的人以帮助，当遇到不完善的规则时，规则也可以给道德伦理让步，原因是珍惜生命要超越一切法则。这是一堂能在语言中提升思维、在思维中促进语言的课。

一、情境激发思维的宽度

学生在之前的课文中已经学过与消防有关的知识，教师此时需要做的是创设真实的情景来激活学生原有的知识。但消防或火灾对学生来说离实际生活比较遥远，那么创设怎样的情景是学生所熟悉的呢？想到学校每年都举行消防演练，而且学生每次都参与这样的活动，因此他们对这样的情景是再熟悉不过的了。教师把以前拍下的消防演练的逃生图呈现出来，并对课本的 warming up 问了几个问题：第一个问题"Why are the students running?"学生有回答"Because of a fire"，也有回答"Because of a fire drill"。无论学生的答案是前面一个还是后面一个，教师都予以肯定，但是要求学生"言之有物，言之有理"，在表达观点时能给出恰当的理由。

1. 鼓励学生的不同观点

对于要新学的课文来说，除了有效的图片提示外，一个好的课文标题也能吸引读者的眼球，本课的标题是"Blind man and eyes in the drama"，标题旁还配有一名戴墨镜的盲人牵着狗的插图，这时教师向学生提问："What's wrong with the man？"学生轻而易举就能回答了。继续提问："What difficulties does a blind man meet？"学生会给出各式各样的答案，只要没有偏差，教师都给予肯定，不限制学生的思维。继续提问："Since he is a blind man, why can we see 'eyes' in the title？"学生的回答各式各样："He has electric eyes." "The 'eyes' means the dog's eyes." "The dog's eyes are just the man's eyes."无论学生怎样回答，教师都不要马上给予否定，此时的目的是让学生多动脑，并从不同的角度去考虑问题。教师继续问："Have you noticed that the word 'eyes' is in italics？"学生就会把 eyes 和 dog 的眼睛联系起来，答案自然就明朗了。此时，学生的兴趣已经被教师带动起来。当学生还沉浸在成功的喜悦时，教师再抛出一个更难的问题："What does 'drama' generally mean？"这是一个生词，但有个别学生知道它的意思："Drama means a play."此时，教师追问："Does drama really mean a play here？"学生还没阅读课文，无法回答这一问题，教师埋下一个伏笔，让学生快速阅读课文并回答如下问题："What is the passage about？"有学生回答文本是关于 story 的。教师追问："What do you think of the story？"(interesting, exciting 等)。此时再提问："What does drama mean here？"学生由此理解了"drama means an interesting story."教师鼓励学生多多思考，学生的答案是在教师的追问下慢慢产生的，教师多角度提问学生，学生就能提供多种答案，答案是在学生理解课文的基础上得出的，这样的学习方式是学生喜欢的。

2. 在课堂生成下的追问

有了对图片和标题的理解，学生对文本的整体理解也就容易多了。在学生读文章之前，教师在 PPT 上呈现文本的第一句话来帮助学生梳理文本："John Dancer's troubles began as soon as he walked into the Dragon Hotel with his friend, Charlie."教师向学生提问这句话的中心词是哪个？(trouble)当学生回答好后，教师让学生用最短的时间找出 John 一共遇到了几个 troubles？ What are they？教师利用这一步骤鼓励学生对 trouble 事件进行梳理：① The clerk didn't allow the dog to stay in the hotel；② There was a fire in the hotel；③ The fireman didn't want to rescue Charlie. 这里的 troubles 可以是三个也可以是两个，不限制学生的回答，让学生带着自己理解的内容去阅读文章，大大增加了学生阅读的兴趣。(但在这里向学生说明：由于文章比较长，所以我们今天就只完成 Part I 的阅读学习。)

二、追问引发思维的深度

1. 关注矛盾冲突，激发的对文本的探索

在学习 Part I 时，为了让学生有身临其境的感觉，教师要求学生关注作者对 John 和 the clerk 的动作描写。动作是刻画人物的重要方法之一，人物的每一行动都是受其思想、性格影响的。因此，具体细致地分析 John 在进入酒店和 the clerk 之间所做出的反应——主要是动作反应，就势必显示出了 John 和 the clerk 的内心活动、处世态度、思想品质。认真分析 John 和 the clerk 的动作描写，能够很快了解他们的身份、地位，理解他们的心理活动进程，剖析他们的性格特征。教师要求学生找出 John 的第一个动词："wanted to, check in, and said ..." 教师要求学生找出 the clerk 的第一个动词："said ... no pets ..." 这时教师提问："How did John respond? John exclaimed and explained ..." 教师抓住这一契机，继续追问："How did John feel about the clerk's words? (Angry/Very angry.) At that time, did the clerk agree John's request? (No.) What did the clerk do then?"（He repeated the rules.）John 和 the clerk 的矛盾发展到了高潮，这时教师不急于给学生答案，继续追问这样一个社会问题："Do you think it is reasonable to have this rule? What do you think of the clerk?" 有学生认为："If the hotel doesn't have the rule, it will be messy, noisy. Other guests will complain about the mess. So the clerk is responsible." 还有学生认为："The clerk is stubborn without any sympathy"。教师在文本背景下的追问激发了学生的批判思维，通过问题引发思考，从而慢慢能够剖析人物的性格和品质。

2．合理明智地处理矛盾，在解决矛盾中产生智慧

当 John 和酒店职员之间的矛盾冲突没有办法解决时，John interrupted 职员要求见经理。教师要求学生找出 manager 做的动作："agreed ... at once, led ... personally, described." 教师继续向学生提问："What did manager agree?"（They were both guests.）继续追问："What does the answer mean?"（It means they are both allowed to stay in the hotel.）经理的举动完全和职员的不一样。经理不仅把 John 和 Charlie 领到房间，还向 John 描述了火灾逃生通道才离开。此时，教师追问："Why did the manager describe the fire exit to John?"（John is a blind man, so it is necessary for the manager to do so.）

读了文本对经理的细节描写后，教师继续追问："What do you think of the manger?" 这时，要求学生给出观点，并且给出事实依据来证实观点。学生的回答也是丰富多彩的，有 "thoughtful, patient, decisive"，学生没法用英语表达"体贴"这个词，但用中文表达出来也得到了教师的表扬和鼓励，因为学生的思维已经跟上了教师的要求，再学习语言对学生来说已经不是难事了，所以在学生理解的基础上教师给出"体贴"这个词的英语 considerate，继续追问学生："Why did you think the manager was considerate?" 学生回答说经理把他们带领至其房间是考虑到了 John 的生活不便之处，所以是体贴的。学生得到了教师的肯定后，积极性就会大大提高，这时教师要不惜赞美之词去鼓励学生，给他树立信心，此时的鼓励或许就是他喜欢上英语的起点。

三、呈现触发思维的高度

虽然我们在读 John 和 the clerk 之间的矛盾时很有画面感，但最好的办法就是让学生演一演更能让学生体会文本的经典之处，因为对话或表演可以客观、生动地反映人物性格、品质和心理状态，使文章生动、有趣，使内容更加充实、具体。因此，教师又提问："Can you show us how John exclaimed the words?" 表演的要求又有哪些呢？John 的扮演者一定是一名声音洪亮的男同学，the clerk 的表演者也是一名做事情一丝不苟的男同学，而且表演时可以有自己的肢体语言。第一组学生表演时，John 的表演者的声音

不够洪亮，没能充分体现John生气的情绪。于是，教师又请了另一组学生表演，这时John的扮演者完全表演出了当时非常生气的情绪，声音也洪亮，the clerk的扮演者也是不卑不亢，义正辞严地坚持自己的观点，他们的表演得到了同学们热烈的掌声。于是，趁热打铁，教师请其他学生作为评委来点评一下第二组同学表演更好的原因。这样，在理解课文的基础上，学生们又有了创新的活动——表演，更能深刻地体会和理解John当时的处境和心情，同时提高了课堂的趣味性，也能更好地激发学生学习英语的积极性。

John和the clerk表演完之后，教师还不让学生体会John和Charlie之间的默契，John在征询Charlie时问道："Don't you, Charlie?" 教师提问："How did Charlie respond?"（Charlie barked and it sounded like 'Yes'.）继续追问："What do you think of Charlie?" 学生回答："It was clever and understood the owner's words." 这时，教师请了一名平时比较会搞怪的同学扮演Charlie，表演完后全班同学笑得前俯后仰，课堂气氛达到了高潮，学生们在课堂表演中体会到了学习和使用英语的乐趣。

文章第一部分作者以第三人称来阐述事情的经过。在描述事情的过程中，作者通过动作、对话等生动地刻画人物，以吸引读者。正是这些文本特征启发了本堂课的设计灵感，在最后产出的小组活动中，教师试图从不同人物角度让学生分享故事情景。教师提问："How many characters are there in Part I? What are they？" 文中出现了John, Charlie, the clerk, the manager四个角色。教师继续布置任务：要求学生每四人一组，每组都会从信封里拿到讲故事的人物角色，5分钟内四人共同完成故事内容的讲述，黑板上的人物和动词的词汇供学生参考，但有更具体的要求：① in the first person's point of view; ② with action words and feelings; ③ with no direct speech. 最后，让没有参与讲故事的小组学生选出最佳讲故事小组。学生们非常兴奋，都想参与表演。这不仅体现了课堂生成的学生思维火花，更是把这种火花运用到实际的生活中去。通过从不同人物角度去讲故事，能更好地理解人物的内心活动，更能深刻地体会作者的写作意图，更全面地领会文章的主旨内涵。让学生在课堂上演一演，能鼓励学生创新，引导学生在开放的话题中再现人物的内心活动。

四、效果与反思

新时代背景下的英语课堂，要让学生学习变被动为主动，除了调动学生的积极性之外，教师的辅助工作必须落实，这样才能使学生有的放矢地朝目标前进。原有知识的激活，使学生快速进入角色体验，它使学生在阅读前扫除障碍，也使学生在阅读中有自己的创造，通过切身的体会来领会主人公的处境，与同学交流分享来带动同伴之间的启发式学习；学生在阅读后带着各自的理解甚至是问题进课堂，与教师及同伴互动，培养其独立自主的学习能力。

教师引领学生对文本进行剖析，体会作者的写作风格。全文通篇围绕troubles来写，John从进入酒店就开始遇到麻烦，the clerk和the manager的处事风格完全不同，要求学生通过朗读、表演和讲故事的形式来体会作者的细腻描写、精准用词。但由于文本较长，本节课只完成Part I详细阅读。但故事有趣生动，体现标题drama所赋予的真正含义。学生在教师追问问题中，丰富了思维方式，学会了从不同角度思考和解决问题。

学生在参与了对话角色之后，对人物有了真正的了解，带着自己的感悟去理解John——一个盲人这么仔细认真做事情的意义；在参与了三个角色表演，并真正获得"戏剧性"的文本阅读体验的同时，深刻体会drama的真正含义；在讲故事中，学生才真正把课堂上与教师碰撞的思维火花充分运用。学生不仅知道了在日常生活中要帮助有困难的人，还讨论了我们制定的规则要为人服务，而不是为了遵守而遵守，因为珍惜生命超越一切法则。

校园原创戏剧创作与表演的实践研究

——"兴观群怨"做戏剧

同济大学第一附属中学 虞宙

一、问题的提出

2015年,国务院办公厅发布《关于全面加强和改进学校美育工作的意见》,提及"学校美育课程主要包括音乐、美术、舞蹈、戏剧、戏曲、影视等"。由此进一步明确了戏剧教育在语文、艺术课程中的美育地位,也充分印证了十九大报告提出"人民对美好生活向往"的时代要求。

面对机遇和挑战,笔者从2011年开始就和学生确立"原创戏剧"的宗旨。经过六年多实践积累,本文试图总结经验。援引孔子对《诗经》的评价,概括其内涵——"兴观群怨"做戏剧,喜怒哀乐尽其中。[1]

二、解决问题的过程与方法

本案例用文献研究追溯戏剧的基本知识,以理论研究探索戏剧创作的基本模式和有效途径,用个案实证落实原创戏剧创作与表演的四个阶段——兴观群怨。

1. 阅读以起兴

教师首先指定非戏剧类文学文本书目,要求剧组成员认真阅读,并召集大家讨论阅读中感受最强烈之处——这往往就是戏剧的矛盾所在。根据阅读和表演要求,进而明确主要人物、基本性格以及配角、配角与主角的关系。

随后是剧本的初创阶段。即由编剧执笔创作剧本的初稿(编剧应该是文笔见长、善于构思的学生)。教师则与编剧沟通,鼓励其在众人讨论的基础上创作属于自己的剧本。

教师应对编剧进行"戏剧情节"的专业指导。在这方面,亚里斯多德的《诗学》不啻为精炼的纲领。如亚氏所言,在戏剧的"六个成分里,最重要的是情节,即事件的安排"。[2] 这一精神在戏剧教育家张晓华的实践中,变得更为具体。简而言之,戏剧开始应交代背景,随后为自然达到矛盾冲突的焦点[3],编剧不断加入新的消息、人物或意见,促

---

[1] 孔子《论语·阳货篇》:"子曰:'小子何莫学夫诗?诗,可以兴,可以观,可以群,可以怨。迩之事父,远之事君;多识于鸟兽草木之名。'"《论语译注》,中华书局,2009年第3版,P183。
[2] 亚里斯多德《诗学》,人民文学出版社,2002年第1版,P18。
[3] 这个矛盾可以是人与人的矛盾、人与外物的矛盾,也可以是人与自己的矛盾。

使矛盾达到一个"非解决不可"的地步。随着矛盾的爆发，继续加入新的对话和行动来解决这个矛盾，直到一个较为平稳的收尾。①

做戏剧的基础在于文本阅读。如《诗经》中比兴手法的作用一样，只有通过亲身阅读，学生才可能与人物和情节产生密切的联系，并为之感动、生发真情实感。②

2．沉思以观剧

剧本初稿出炉，教师及时阅读并和编剧交流，随后召集剧组人员举行剧本朗诵会。剧组人员轮流扮演剧中角色③：首先确定剧本矛盾之成立，其次确定角色和幕后人员分工，最后正式的走台排练。而"观剧"便成为戏剧诞生的推力。

所谓观剧，重在"考见得失，明察心性"。得失，就是通过演员的投入演出，教师和全体剧组人员得以体会剧本的长处和缺漏，进行相应调整：对感人之处，努力强化润色；对结构逻辑上不明确的问题，弥补改进。心性，则侧重对戏剧人物性格塑造的理解。当演员演出时，无论演员自己，还是台下的观众，应该全神贯注，审视自己（对方）是否"成为"剧中之人，令人觉得自然、真实、感动。

做戏剧的动力在于观剧和反思。只有全体剧组人员都认真观察、深刻反思、坦诚交流，剧本才能得以不断完善，精益求精。

3．分工以群作

与观剧阶段同时进行的是剧组人员分工。这是许多校园戏剧容易忽视的地方④，也是戏剧教育独有之优势。所谓分工，是指剧组幕后人员的职能分配。教师在整个剧组中并不担任实际职务，只作整体指导观察，其目的是由引导而逐渐放手，最终达到学生自主的效果。就戏剧而言，以下五个职务乃是基本的支柱：

（1）导演是剧组的灵魂，负责戏剧的整体风格和演出效果，同时也要对演员和剧本的细节不断精益求精，以求得整体效果的完善。

（2）编剧则是剧组的根基，编剧的工作不止于第一阶段的初稿，在排练过程中，他恰是一名距离剧本最近的观众，可以不断提出有益的建议。

（3）服装负责租借、购买或改制演出所需的服饰。⑤近年来，可供租赁服装的网店遍地开花，为校园戏剧提供了便利条件。然而，这并不意味服装工作只有"取换衣服"这么简单。实际操作中，服装组要付出许多时间。既因为选择面过宽，也因为服装是唯

---

① 张晓华《创作性戏剧教学原理与实作》，上海书店出版社，2011年第1版，P23-26。以上这段话，化用自此书关于戏剧结构的阐述。就笔者个人经验而言，建议在戏剧的结尾放入主角的大幅独白，运用排比、对偶、用典等艺术手法来强化抒情效果。

② 关于这一点，美国戏剧人乌塔·哈根、哈斯克尔·弗兰克尔在其著作《尊重表演艺术》中有生动阐述。世界图书出版公司北京公司，2014年第1版，P16-24。

③ 这个过程应允许学生尽自己的心意试读不同的角色，故剧本可以分作几段分角色朗读。实际演出时也可以安排AB角轮换登台，尽可能让多的学生参与。

④ 就笔者五年来所见，校园戏剧的幕后工作大都由指导教师包揽，即便学生有所分工，一般也止于导演、道具、服装和音乐，且停留在较为简单和随意的层面。

⑤ 校园戏剧一般要求服装到位即可，装饰物品和化妆一般不做特殊要求，以适应一些条件有限的舞台。

一需要和外界沟通交流的岗位。①

（4）道具是剧组的创意所在。道具固然可以从网店购买，但既奢侈又粗暴，②并不符合校园戏剧环保、独立的精神。因此，道具应开动脑筋，利用现成材料和废旧物品，制作出符合演出要求的各类道具。

（5）限于时间和演出效果，校园戏剧的音乐要求较低。尽管如此，开场和幕间的音乐还是能起到渲染气氛的作用。更重要的是，主人公抒情独白时，与之匹配的音乐可以激发人物情感，统摄整个剧场的情绪。

原创戏剧的优势在于整个剧组的协作。同时剧组也为每个岗位提供了独一无二的存在感和价值感。③

4. 思考以寄怨

《论语》所谓"怨"，主要意指寄托哀怨，寓含褒贬。故师生在选择阅读书目时，应避开已有定论或敏感主题，关注那些存在争议和讨论空间的话题。

教师指导编剧撰写剧本时，可根据最能打动编剧或最能引起反思的一种意见进行创作。观剧阶段，大家可以继续个人褒贬，对台词和演员的诠释提出建议。最后主角独白阶段，戏剧的褒贬更应鲜明地挺"声"而出，让观众不止于欣赏演出，而将思考引向更深远的主题。

在戏剧中对历史和未来进行独立思考，才是实践研究的终极目的。校园戏剧教育的优势是育人——即戏剧教育的美育功能。

三、研究成效

本研究从2011年开始，并于2012年实践，主要在2013届、2016届、2017届和2018届四批戏剧社成员间开展。以上四届戏剧社的实践活动，最终都形成了完整剧本和相关排演，并参加市区级的各项戏剧比赛，累计获得市区级共计10个奖项。研究效果如下：

（1）通过主题阅读，学生的阅读量可达5万~10万字，形成对戏剧主题的独立观点，主要成员还能撰写1 000~2 000字的人物及剧情分析，有效促进语文综合素养提高。

（2）创作剧本的学生在此基础上形成更系统的思辨和创造能力，通过文字的形式传递出独立成熟的观点和情感。

（3）通过对于矛盾和焦点问题的思考和讨论，增加学生对于社会现实的关注，提升学生的责任感和使命感。

（4）剧组为每个岗位提供独特的责任感、存在感和价值感，在培养团队合作能力的基础上，意识到他人价值的不可取代。

---

① 租赁服装涉及费用时，教师应事先与学校沟通好报销的具体要求，并告知服装。如不放心，第一次沟通时教师可在场压阵，以后尽量鼓励学生独立与租赁方沟通。

② 购买的道具往往表演完就没用了，很是浪费。

③ 在阅读、写作教育中，少数的优秀学生更能建立优越感和信心，同时让其他逊色的学生逐渐丧失努力的热情和动力。这样的弊端，很难避免。

附图1 《望断桃花源》参加杨浦区艺术节戏剧专场剧照

附图2 《多余的话》参加上海市学生戏剧节课本剧专场剧照

附图3 《李陵》参加上海市中小学戏剧邀请赛剧照

附图4 《透明人》参加上海市中学生话剧节剧照

附图5 《望断桃花源》获上海市学生戏剧节剧本大赛奖状

附图6 《多余的话》获上海市学生戏剧节剧本大赛奖状

附图7 《李陵》获杨浦区艺术节戏剧专场奖状

附图8 《透明人》获杨浦区艺术节戏剧专场奖状

附图9 毛欣芸同学参加上海市中学生话剧节奖状

"校园新闻采编"课程的开发与实施
——以"怎么做好人物采访"为例

上海市中原中学　龙雨秋

一、课程开发的背景

图1　《新闻与摄影》自编教材

作为同育联盟盟校的中原中学是"上海市摄影教育优秀学校",其"新闻与摄影"创新工作室是上海市创新素养实验室。创新工作室紧紧围绕新时代的教育方针,践行"社会主义核心价值观",落实"立德树人"教育和突出"核心素养"培育,遵照2018年12月教育部和中宣部《关于加强校园影视教育的指导意见》之精神,根据市教委和区教育局关于"创新素养实验室"课程教学的要求,坚持数年开设好"新闻与摄影"系列课程。

多年的"新闻与摄影"课程教学实践,其课程功能定位逐步明确:是美育培育的重要内容,是素质教育的展示舞台,是创新人才的成长摇篮;通过师生的共同努力,使之为学生高考专业填报和未来生涯规划奠定人文和科技基础,成为"立足中原、辐射杨浦、影响上海、走向全国"的校园影像教育品牌课程。

二、课程目标的设计

1. 课程构成

"新闻与摄影"系列课程包含"校园新闻采编""校园摄影创作""校园影视创客"和"校园影像评选"四个部分。

2. 课程目标

通过上述课程的学习,以提高学生的"观、写、说"和"创、摄、编"能力。课程目标的育人理念具体是:

(1) 培养学生练就"猫头鹰的眼",去发现、捕捉学习生活中的美好事物。

(2) 培养学生具有"鹦鹉的嘴",做到采访大方、表达流畅、谈吐自然。

（3）培养学生打造"兔子的腿"，美好事物是勤于实践、努力创造出来的，而不是坐等来的。

（4）培养学生要有"猪的肚子"，只有掌握科学文化知识，才能铁肩担道义、妙手著文章，拍出好作品。

三、课程主要的内容

以"校园新闻采编"——"怎么做好人物采访"为例。

（一）教学准备

1. 学习小组

将"新闻与摄影"拓展班分为3个小组，每组5人。

2. 学习材料

①"采访提纲"每小组各1份；②"学习评价表"每小组各2份，观课师生若干份。

3. 器材准备

除教学电脑投屏和音响等设备外，创新工作室提供以下器材设备：①摄录一体机1台；②监视器1台；③数码照相机3台；④录音话筒3只；⑤"采访提纲"和"学习评价表"（附件1和附件2）。

（二）教学目标

1. 知识能力目标

了解新闻的真实性和客观性以及"5W"[Who（谁）、What（什么）、When（时间）、Where（地点）、Why（原因）]要素；学会编写采访提纲；掌握采访的大体流程，会提问、会回答，表达流畅；掌握室内外人物的摄影与摄像；锻炼组织协调能力等。

2. 情感态度价值观目标

懂得一个采访团队任务的完成与队员配合分不开，树立分工协作精神；通过相应人物的采访，学会倾听，善于交流和沟通，懂得建立平等、和谐人际关系的重要性。

3. 过程与方法

教师讲解、学生体验感悟与师生讨论交流相结合；在实战演练中摸索、体会与师生建议相结合；教师评价与学生自评、互评相结合。

（三）教学重难点

1. 教学重点

①"采访提纲"主题（备选3个采访题目）的解读、内容编写的逻辑性；②采访者与被采访者之间的对话流畅、自然；③数码设备的掌握，"镜头语言"的组织，拍摄画

面平稳、流畅等。

2．教学难点

怎么做好"课堂及时评价"，以聚焦和检验学生的"观、写、说"和"创、摄、编"能力培养成效。

（四）教学过程

[第一环节]教师讲解本课的目的和要求（PPT），时间5分钟。

教师：当好校园小记者，首先要学会采访。怎么做好人物采访呢？

一个采访团队主要由导演、采访者（记者）、被采访者（采访对象）、编辑（文字）和影像师组成。不同的角色有着不同的职责和任务，但目标都是相同的，即把采访的人物和事件真实地记录下来，经后期编辑后通过各种媒体传播给观众（或听众或读者）。

[第二环节]小组讨论、明确分工职责及确定主题（PPT），时间10分钟。

（1）划分小组：抽签确定采访主题，领取相应设备。

①3个采访题目是课前"小记者团"从对同学"你经常想些什么问题"访谈中概括出来的："我的大学梦"（与生涯规划相关联）、"脚下的路与仰望星空"（与关心时政学习相关联）、"我想美美地睡一觉"（与合理安排学习时间和教学管理相关联）。

②拓展班分成3个小组，每组5名学生；随机抽取1个题目。

③每个小组发放数码相机1台、录音话筒1只，"采访提纲"1份、"学习评价表"2份（导演和编辑各1份）；其他录播设备如摄录一体机等轮流使用。

（2）小组成员明确分工职责：导演（总调控）、采访者（小记者）、被采访者（被采访对象）、编辑（执笔采访提纲）、影像师（既摄影又录像）各1人。

（3）小组成员商议"采访提纲"：解读采访主题，商议采访程序，编写"采访提纲"（表格）。

"采访提纲"编写要素：

①团队成员姓名和分工；②采访的题目或名称；③采访的"问答要点"（是采访提纲的主要内容）；④影像师拍摄的大致构想；⑤导演及时调控的重点等。

[第三环节]3个小组的导演组织实施和上台展示（模拟录播室，全程录像，现场直播），时间15分钟。

（1）抽签上场展示：每个小组在5分钟内完成。（略）

（"导演"展示本小组的"采访提纲"）

（2）观摩师生思考：受访者、采访者、影像师、编辑和导演的职责演绎得怎么样？你认为他们应该怎样做才更有效果呢？

[第四环节]评价成功和不足之处，思考怎么改进（PPT），时间10分钟。

可从四个方面来参考评价：

（1）导演的组织调控能力怎样？（"创新精神和创造能力"评价）

（2）"采访提纲"编写得怎样？（"课堂学习"评价）

（3）现场问答效果怎样（主要评价内容）？（"课堂学习"和"创新精神和创造能力"评价）

（4）影像师现场拍摄和录像画面怎样？（"影像创作实践"评价）

[第五环节] 小组讨论归纳：今后怎么改进？怎么做好人物采访？评选"优秀小组"。（略）

四、课程评价的实施

本课程在课题内容、教法学法、教学评价以及教学设备使用上都是一个尝试、一个探索、一个创新，难免存在很多瑕疵。依托创新实验室的课程教学，不同于基础学科教学，没有统一的教纲，没有规定的教材教法，难免带有任课教师的个性特点，也会产生"仁者见仁智者见智"的学习感受和评价差异。

（一）评价依据

下面以"校园新闻采编"课程的"怎么做好人物专访"一课为例，从"课堂学习""影像创作实践"以及"创新精神和创造能力"三个方面，聚焦和检验学生的"观、写、说"和"创、摄、编"能力培养成效。

1. 师生观摩并思考

受访者、采访者、拍摄者、场记和导演的角色职能做得怎样？你认为他们应该怎样做才更有效果？

2. 师生评价参考维度

（1）从团队成员密切配合和各个角色的表现来评价。

（2）从"采访提纲"的编写来评价。

（3）从"问答效果"以及采访者和被采访者的表达及应变能力来评价。

（4）从数码器材的运用技巧、"镜头语言"的运用、画面的稳定性和艺术性来评价。

（二）评价过程

1. 学生的评价

（1）学生导演自评：有说编写采访提纲不够完成整，有说问答者表述不够流畅，有说录像的画面场景单一、摄影照片主体不够突出等。

（2）小组同学互评：认为第一小组提纲编写比较完整，采访者和受访者问答比较流畅等。

2. 教师的评价

（1）龙雨秋（"新闻与摄影"创新工作室主持人）点评：主要是从"人物采访"项目的完成涉及团队成员密切配合这一角度来评价，启发学生们认识到"团队协作"的重要性，再次领会了"人物采访"团队各个角色应有的能力和素养。

（2）王祎（区少科站影像教育教师）点评：主要是从"如何持平相机拍摄以及多机位录像的好处"这一角度来评价，并简要讲解运用好数码器材的技巧。

（3）龚瑶（"新闻与摄影"创新工作室助理）点评：主要是从"采访提纲"编写要素和"导演"的作用来点评，并提出改进"采访提纲"和当好"导演"的建议，肯定两名"小记者"的口才不错、表达能力较强。

（4）许坚（区教育学院影像教师）点评：主要是从机位的选择和场景的变化这一角度来评价，强调根据采访者和被采访者主体变化来运用好全景、中景、近景和特写等景别的拍摄。

五、课程评价的反思

1．评价依据的反思

（1）既参照相关基础学科的评价依据，也兼顾"校园新闻采编"创新课程的特点。

（2）"经验性"评价依据过多，"理论性"也就是现代教育理论依据不足。

（3）依托创新工作室的创新课程，一定要充分用好所配置的器材和设备。"校园新闻采编"课除了配发到班级的数码照相机外，每周一次"新闻采编"课上，让学生使用数码摄录一体机、话筒等设备，发挥好数码器材和设备的作用。但怎样评价学生们用好数码器材和设备，还有待总结完善。

2．评价方式的反思

（1）从评价项目来看，"课堂学习""影像创作实践"和"创新精神和创造能力"这三个维度的评价是否科学、合理？尤其是"创新精神和创造能力"如何来界定？还有待实践探究。

（2）从评价主体来看，有三个方面："学习者（学生）自我评价""授课教师的评价"和"观课师生的评价"。但教师的评价处于"强势"，学生的评价处于"弱势"，如何改变这一现象？也有待于教学实践的深入和推进。

（3）从评价时效来看，"参加某项实践竞赛的评价"和"学期结束考核的阶段评价"比较容易量化。而"每堂课的及时评价"，虽有"趁热打铁"之效果，但由于是在有限的教学时空中，会显得教与学仓促感和"顾此失彼"之遗憾。怎么解决？也有待教学实践的检验和完善。

3．评价效果的反思

（1）创新课程教学亮点之一：既注重教学的"预设性"，也注重教学的"生成性"。无论是"采访提纲"的编写，还是现场采访拍摄等，都是在现场完成，三组效果参差不齐。这也反映了学生们的平时积累，从中看到要加强学生的语言组织、书写和表达能力等方面的训练。

（2）创新课程的一个显著特点：不同于基础学科，更强调动手操作。每堂"校园新闻采编"课，教师讲解理论常识和示范技能技巧的时间不能超过二分之一，要预留近三分之二的时间让学生们去讨论、去演练、去创作、去评价。因此,创新课程的学习评价,应加大"课程实践"效果评价的权重。

(3)从"校园新闻采编"课程本身来看,急需有一套适合该创新课程的学习评价模式或标准。如:导演"组织调控能力"的评价、采访提纲"编写优良"的评价、采访者和被采访者"问答效果"的评价、摄影师"拍摄水平"的评价等,这些需要我们一边教学实践,一边总结经验来摸索多维的"评价标准",以促进该创新课程将学生核心素养的培育落实到提高学生的"观、写、说"和"创、摄、编"能力上。

总之,创新课程不同于其他基础性课程:理念的革新、课程的更新、教法的创新、评价的翻新,最终都需要落实在创新素养人才的培养上。

附件1 "校园新闻采编"采访提纲

成员分工	导演	采访者	受访者	影像师	文字编辑	执笔者
姓　名						
采访题目						
采访时间			采访地点		备 注	
采访者			采访对象			
采访过程	1.(开头—问题由来) 2.(过程—问题分析) 3.(结尾—问题解决)					问答要点
拍摄构想						
导演调控重点						
小结						

附件2 "校园新闻采编"学习评价表

序号	项目	自我评价			小组评价			观摩师生评价		
1	导演调控能力	优	良	一般	优	良	一般	优	良	一般
2	采访提纲编写	优	良	一般	优	良	一般	优	良	一般
3	现场问答效果	优	良	一般	优	良	一般	优	良	一般
4	现场拍摄和录像	优	良	一般	优	良	一般	优	良	一般
5	其他评价（评价者增加）	优	良	一般	优	良	一般	优	良	一般
6	等第	优	良	一般	优	良	一般	优	良	一般
	分值	优：88分以上			良：70～87分			一般：69分及以下		
7	评价者签名（在所属评价者栏目下签名）	时间：			时间：			时间：		
8	说明	评价者在你认为符合该等第下面打"√"即可								

"科学发现"微电影《银项圈的情愫》创作记

上海市中原中学 龚 瑶

一、创作背景与缘起

1. 基于教育部、中宣部《关于加强中小学影视教育的指导意见》

2018年12月,教育部、中共中央宣传部联合印发《关于加强中小学影视教育的指导意见》(以下简称《意见》),为校园影视教育指明了前进方向。该《意见》指出,要通过开展校园影视教育活动,营造浓厚校园影视文化氛围,让中小学生在看电影、评电影、拍电影、演电影中收获体会和成长。

2. 基于"新闻与摄影"创新工作室课程体系的发展

2014年,上海市中原中学成立"新闻与摄影"创新工作室,2016年被授予"摄影教育特色学校",目前正努力创造条件,积极申报"上海市影视教育特色学校"。近年来,我们将工作室的课程教学重点转移到"校园影视创客"上,即主要培训学生学会编写校园微电影剧本,进行微电影拍摄和后期编辑制作。

3. 基于"微时代"与"互联网+教育"的大背景

随着移动互联网的飞速发展、智能手机和iPad等移动媒体的普及、数字影像技术的发展,我们时刻都能感受到"微电影""微视频"等新兴影像所带来的视觉文化冲击。这也预示着掌握初步的信息技术、数字影像技术、新媒体技术等将成为培育学生核心素养的重要内容之一。

为参加2019年第九届上海市青少年校园影视创意实践活动"科技创新(科学发现)微视频创作",我们带领"新闻与摄影"创新工作室学员,共同创作了以"科学发现"为主旨的微电影《银项圈的情愫》。

二、创作历程与实践

1.《银项圈的情愫》剧本的创作

微电影《银项圈的情愫》的剧本紧扣"科学发现"这一主题,围绕"化学反应——草木灰(主要成分为碳酸钾)为什么能去除银器上的污渍和黑斑"而展开。为了使该影片在剧情上更富有层次与内涵,学员们在龙雨秋老师的指导下加入了"民族大团结"和"少数民族服饰文化"等元素,演绎了远隔千里的上海高中姐姐与贵州小学弟之间友爱互助的生动故事,传递了社会主义核心价值观(图1)。故事以银项圈为中心,通过设置悬念,层层递进推动故事发展:苗族小朋友莫烁为报答上海姐姐璟晖的救助之恩,送给她一个代表友谊的银项圈,后来璟晖姐姐发现银项圈产生污渍、黑斑后,着急向莫烁小朋友求助……影片在推动故事剧情的发展中自然引出苗族妇女常用草木灰的溶液来清洗银项圈上的污渍和黑斑。这既能让身处大都市的学生了解苗族的一些风俗文化,也能符合学生们欣赏微电影的习惯,更能契合当下所倡导的"核心素养"培育和践行"社会主义核心价值观"。同时,通过"祛除银项圈上的污渍、黑斑"的演绎,参演学生也受到一次注重科学实验、追求真理的科创精神教育。

图1 "璟晖与莫烁通电话"剧照

2.《银项圈的情愫》的拍摄与演绎

这部时长14分钟的科普微电影的创作过程,可用几个数字来概括:3(3名主创同学)、3(3名指导教师)、3(3个拍摄地点)、7(7天拍摄时间)、12(12个拍摄场景),在短短两周的时间中,利用2台摄像机完成拍摄(图2、图3)。

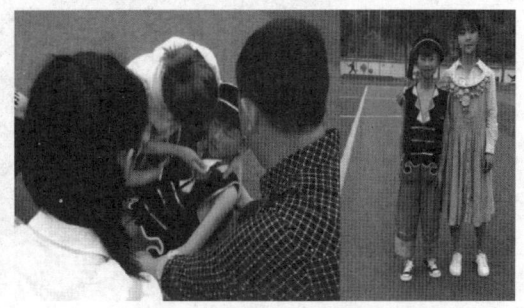

图2 《银项圈的情愫》开机啦　　图3 璟晖和莫烁结友谊剧照

第一次拍摄的效果并不理想,表演生涩、画面抖动、画外音音质不理想等,我们不得不重新拍摄。随着时间的累积与教师的指导,小演员们认真研读剧本,一次次地尝试、磨合、纠正,最终换来的是到位的表演、成熟的拍摄、剧务的保障等,使这部微电影逐渐完美起来。

微电影的创作与拍摄,能有效锻炼学生们的综合素养。比如:拍摄中对时间、地点、场地、内容以及影像器材的安排,锻炼了学生们的协调能力;如何根据故事情节选择相应的场景?同一场景中如何运用镜头语言叙事更显张力?锻炼了学生们思考问题和动手解决问题的能力;怎样使场景转化更流畅、更有蒙太奇效果?怎样的旁白和音乐与故事情节相吻合?人物的思想、情绪变化以及动作特征,用什么表情、眼神和对话来表现?怎样的表演才能张扬青年学子健康、活泼、向上的风貌?在这样反反复复的过程中,学生们发现美、欣赏美、创造美、表现美的能力逐步得到提升。

拍摄和剪辑出一部故事情节完整、内容积极向上、契合时代主旋律的微电影，离不开师生创作团队的齐心协力、主动配合、吃苦耐劳和乐于奉献的精神。在微电影创作过程中，学生们核心素养的提高往往取决于大家对团队的认同感、成就感和归属感。

值得一提的是，在前往贵州与莫烁小朋友进行联同拍摄过程中，我们小演员璟晖所在的班级通过龙雨秋老师的牵线搭桥与莫烁小朋友所在的贵州省都匀市匀东镇白泥田中心小学四班互结对子，并给他们送去了精心准备的儿童节礼物（图4）。

图4　与贵州小学结对照

3.《银项圈的情愫》的后期制作与欣赏点评

拍摄结束后，利用课余时间对影片进行后期编辑（图5）。为了生动再现我国是一个统一的多民族国家，创作组把当地学生用苗语演唱的《我在贵州等你》歌曲作为背景音乐。两周后，时长14分钟的微电影《银项圈的情愫》举行了校园首映式（图6）。

图5　后期剪辑制作

图6　我们的《银项圈》杀青啦

"你拍出来的不一定是最好的,但是你所经历的过程却是最美的。"没有任何一部作品是完美无缺的,学生们在观赏的过程中也提出了一些意见和建议,涉及演员的演技、画面转场时蒙太奇的效果,音画不同步现象等。在该过程中,学生们的鉴赏能力也得到了锻炼。

三、创作成果与感悟

回顾这部校园"科学发现"微电影的创作过程,其收获的经验对于"校园影视创客"课程建设有着重要意义。除了电影科学技术知识外,"校园影视创客"课程在整合了语文、政治、艺术、理化、信息和数码技术等学科知识的基础上,弥补了基础性学科的不足。校园影视教育课程特别强调既动脑又动手的实践,在创作中为学生提供了自由想象的空间,在培养文化创造力、传递中华优秀传统文化正能量、锻炼团队协作精神、增强综合素养、立德树人、"五育并举"全面发展上发挥了积极作用。

[附件]

校园微电影《银项圈的情愫》所获得的部分奖项

主创成员:徐璟辉 时雨轩 吴雨阳
指导教师:龙雨秋 龚 瑶 黄翰韫

合作实践　探秘洋流

同济大学第一附属中学　胡海侠

一、教学背景

海洋资源是人类赖以生存和发展的重要物质基础。作为地球水圈的主体，海洋的内容对于学生认识水环境的整体性，进而理解自然环境各要素间相互联系有着重要的指导意义。只有了解海洋，才能做到人地协调，推动生态和经济建设的可持续发展。

学生在本节课的实验和绘图过程中，进行实践体验，合作探究，理解洋流的形成与分布，并形成了深刻的记忆。

二、教学目标

1．知识与技能

（1）理解风海流、补偿流和密度流的形成。

（2）识记世界主要洋流的分布。

（3）理解北印度洋海区洋流流向的季节变化与成因。

2．过程与方法

（1）通过实验、观察，总结三大洋流的成因。

（2）通过读图、绘图，归纳世界洋流的分布规律。

（3）通过对比分析，理解寒流、暖流性质。

3．态度、情感、价值观

（1）在操作洋流成因实验和世界洋流分布绘图的过程中，提升小组合作学习能力。

（2）在探究盛行风和海水密度对洋流的影响过程中，理解地理要素间相互影响、相互制约的辩证关系，树立正确的人地观。

三、教学过程

1．新课导入

学生观看《太平洋垃圾岛》新闻视频，思考：太平洋垃圾岛是怎样形成的？尝试说明其形成的原因。

［设计意图］利用真实世界的案例创设情境，激发学生学习欲望。学生有可能仅仅会联系到海水的运动，教师需引导学生，表层海水大规模定向移动才会形成如此巨大的垃圾岛，从而引出"洋流"研究课题。

2. 实验探究，总结规律

小组合作，根据教师提供的器材和实验说明，完成三大洋流成因探究实验，并填写"实验记录表"。小组讨论、分析、总结洋流形成原因，并组间交流分享。

[设计意图] 学生动手实验，在实践中发现问题，最终理解风海流、补偿流和密度流的成因。组间交流时学生的互评环节锻炼了思辨能力。教师引导学生依据实验分析风海流、密度流与补偿流的关联性，梳理三大成因洋流之间的逻辑关系，提升学生的高级思维。

3. 运用新知，巩固绘图

参照全球行星风系动画和海水盐度分布图，学生依据前面实验获得的新知，小组合作探究三类洋流在全球海洋的分布，并将风海流、补偿流和特殊海区的密度流绘制在可擦写地球仪上；全班交流，组间互评；参照全球洋流分布动画，每组自评后完善本小组的绘图。

[设计意图] 教师提供全球海水盐度分布图，为学生提供学习的支架，学生利用刚从实验中获得的密度流的成因，去探究全球部分海区密度流的分布，这对于学生来讲是一个思维的挑战，更容易激发学生的探究欲望。参照全球行星风系动画，学生在地球仪上绘制全球的风海流和补偿流示意图，难度不是很大。学生在真实的地球仪上绘图，会一直保持强烈的学习兴趣。自评环节能够让学生反思自己的学习成果，自我调整。教师可以在巡视的过程中提醒学生，在绘图时考虑地转偏向力对洋流流向的影响，并思考南亚季风对北印度洋海区洋流分布的影响，引导学生关注新旧知识间的相互联系。

4. 细化分类，完善绘图

学生观察补偿流的流向，根据所学的地理知识，分析跨纬度间补偿流的水温差异。圈划教材中寒暖流的定义，进而明确全球补偿流的寒暖性质，并在地球仪上用蓝色笔描画全球补偿流中的寒流，用红色笔描画全球补偿流中的暖流。

[设计意图] 在寒暖流判定的学习环节，学生能够将已学的不同纬度海温差异的知识点与洋流新知识形成联系，判定全球补偿流的寒暖性质。风海流的寒暖性质比较复杂，教师可根据教学的实际情况补充。（对于同纬度的洋流可以用绝对温度来区分。位于低纬度的洋流，本身的温度很高，故称为暖流；南半球的西风漂流纬度较高，接受太阳辐射较少，而且受南极大陆的影响，本身的水温低，故称为寒流。）

5. 高度概括，建立框架

参照全球洋流分布动画和自绘的地球仪上的全球洋流分布图，小组合作绘制全球洋流分布模式图。最后，全班交流，师生共同完善形成正确的全球洋流分布模式图。

[设计意图] 全球洋流分布模式图的绘制特别能够提升学生的地理高级思维，学生在全球洋流的实际分布中总结出一般规律和特殊现象，并能形成结构化的示意图，培养综合思维和绘图能力，提升地理实践力。教师在黑板上绘制全球洋流分布模式图的底图，请学生到黑板前绘制，并指导学生设计图例，建议用实线表示风海流、虚线表示补偿流，用红色表示暖流、蓝色表示寒流，以便更加直观地表现出风海流与补偿流、寒流与暖流的分布。

6. 交流总结，落实新知

参照黑板上学生绘制的全球洋流分布模式图，全体学生共同总结不同纬度海域洋流的分布规律。

[**设计意图**] 学生在总结过程中，再现知识点之间的逻辑关系，利于学生形成深刻的"洋流形成与分布"的知识记忆。这个环节最能培养学生系统归纳总结、形成结构化的知识体系的能力，提升学生的高级思维。教师可以先举例，明确需要从哪些方面进行描述。然后让学生参照教师的描述要点，总结其他海区的洋流分布规律。教师可提醒学生关注大洋与大陆东西两岸的对应关系，避免出现概念混淆。

7. 练习巩固，查缺补漏

完成教师预先设计的课堂练习。

[**设计意图**] 根据由浅入深的原则，教师设计3组选择题和2道开放式问答题。学生通过课堂练习的反馈，及时发现自己知识点的疏漏，以便调整学习的进程和内容。

8. 首尾呼应，激发情感

观看凤凰卫视视频：《一个年轻人清理太平洋垃圾的梦想》。

[**设计意图**] 呼应新课导入时的《太平洋垃圾岛》新闻视频，用真实的事例引导学生要善于运用所学知识，去解决生活中的实际问题。要敢于树立远大的理想，相信自己可以为世界做些什么，让这个世界更加美好。激励学生努力学习，立志用知识改变世界，创造美好未来！

四、教学反思

1. 多样性的教学资源支持学生的自主学习

教师为了支持学生的自主学习，提供了丰富的学习资料。有实验器材（透明塑料盒、彩色的塑料碎屑、吹风机、蓝色和红色颜料、盐、水、隔板等）、视频资料（《太平洋垃圾岛》《一个年轻人清理太平洋垃圾的梦想》）、全球行星风系动画和洋流分布动画、静态图片资料（全球海水盐度分布图）以及实物模型（地球仪和全球海陆分布的立体模型）。丰富的学习资料提供了学生自主学习的支架，创设了自主学习的环境，帮助学生在最近发展区获得提升。

2. 多样性的教学形式实现学生的自主学习

采取任务驱动的教学法，通过"探究洋流成因和绘制洋流分布图"的学习任务，使学生一开始就带着明确的任务开展小组合作学习。通过实验，总结洋流成因。借助全球行星风系动画与海水盐度分布图，在地球仪上绘制三种洋流的分布。观察全球真实大洋的洋流分布，进而总结概括洋流的分布规律，绘制全球洋流分布模式图。这样，形成认知进阶梯度，学生在合作学习中观察、探索、归纳，自主建构洋流形成与分布的新知体系，并在此过程中提升地理核心素养。

3. 多元化的评价保障学生的自主学习

在小组合作学习的过程中，组内同学的自评、组间互评和全班交流时教师的评价，体现了评价的多元化和过程性。多元化评价使学生成为学习的主体，过程性评价利于学生调整学习的进程和方向，从而提高自主学习的效率，以达到最佳的学习效果。

试探钱钟书《读〈伊索寓言〉》的独到阅读视角

同济大学第一附属中学　陈　晓

一、背景与缘起

《普通高中语文学科课程标准（2017年版）》指出，学习任务群以自主、合作、探究性学习为主要学习方式，凸显学生学习语文的根本途径。这些学习任务群追求语言、知识、技能和思想情感、文化修养等多方面、多层次目标发展的综合效应。必修课程有7个："整本书阅读与研讨""当代文化参与""跨媒介阅读与交流""语言积累、梳理与探究""文学阅读与写作""思辨性阅读与表达""实用性阅读与交流"。

2019年9月新版的华东师大版高二语文（上），新增了一篇钱钟书先生的文章《读〈伊索寓言〉》。文章语言风格独特，历来被视为"冷门课文"，教学颇具挑战性。

本文教学设计基于"思辨性阅读与表达"任务群，在第二单元书评系列的讲解中，逐步训练学生形成思辨性的阅读方式，在阅读文学作品中逐步积累属于自己的智慧。

二、想法与做法

钱钟书先生的文字极具个人风格，充满睿智的哲思之光，对于深受网络语言冲击的00后一代来说，阅读起来有相对"陌生化"的倾向，也很容易成为学生较为冷落的篇章。基于此，笔者有如下教学设计。

1．教学目标

（1）探讨《伊索寓言》的原意与钱钟书的独特见解，探寻钱钟书阅读《伊索寓言》的独到视角。

（2）学习钱钟书思辨、创新、发散式的阅读和写作思维。

2．教学重难点

重点：结合相关时代背景和作者生平，探讨作者对《伊索寓言》的独特见解。

难点：学习作者创新性和发散性的读书方法。

3．教学过程

1）导入

①你在几岁读《伊索寓言》？

②为何我们与《伊索寓言》隔了一个钱钟书？

2）课堂主题分组探讨

（1）解构钱钟书阅读《伊索寓言》的独特视角

①教师示例：钱钟书如何解读《狐狸和葡萄》？

不易满意 / 易感满足：看似矛盾，但都属人性。

钱钟书的独特视角：矛盾对立统一。

②情境创设：学生回想童年阅读寓言的体验，带着新的认知，模仿钱钟书上课解读《狐狸与葡萄》。

③分组展示小组讨论（PPT）。

寓言	钱先生读《伊索寓言》与常人有何不同	钱先生的独到阅读角度初解
蝙蝠	人与蝙蝠相反	逆向推理辩证
蚂蚁与促织	故事应有下文	延伸拓展
狗和它的影子	可以应用别处	触类旁通
天文学家	有时是下野	诙谐类比，深刻批判
乌鸦	也不就此结束	洞察人性
牛跟蛙	每一种缺陷都有补偿	矛盾主次方面的转化
老婆子和母鸡	大胖子是小心眼	多维发散
狐狸和葡萄	满足 / 不满足	矛盾对立统一
驴子和狼	医生也是屠夫的一种	辩证反思

（2）结合时代背景：国将不国，黑暗统治（论世）

北大、清华、南开组成西南联大。

（3）当时文坛风气

本文选自钱钟书先生的第一本散文集《写在人生边上》，当时正是现代散文转型期，鲁迅先生已经逝世，抗日战争正激烈，许多进步派作家如夏衍、聂绀弩等对黑暗社会批判极其彻底，揭露黑暗制度以及国民劣根性。

3）课堂讨论：试用钱钟书视角重新解读《狼与小山羊》

一天，一只贪玩的小山羊因为追赶一只蝴蝶，和大部队走散了。一只狼早就盯上这只贪玩的小山羊。他看着小山羊离自己越来越近，心里乐开了花。他甚至都看到了香喷喷的烤羊腿。想到这里，他上前一下子抓住了小山羊。小山羊并没有惊慌，而是镇定自若地说：“狼先生，我很愿意成为您的晚餐，我甚至把这看作我的荣幸呢！”狼一听龇牙咧嘴地笑着说："真是个听话的孩子。"小山羊说："狼先生，在我成为您的晚餐之前，您能不能答应我一个请求呢？""难得你这么看重我，行！"狼兴致勃勃。"听说您的箫吹得特别好，能为我演奏一曲吗？"狼为了快点吃上美食，便得意地吹起来。

小山羊一下子从狼的怀里蹿出来，这时，营救小山羊的羊群也赶过来了。狼一看情况不妙，扔下箫就走了，边逃边说："我真是活该，我本来是屠户，为什么要扮演吹鼓手的角色呢？"

本节课经过语文教研组不断地整体打磨以及多次试教，在杨浦区区级公开课展示，学生在课堂上的发言踊跃精彩，以下为教学实录截取部分。

生：医生也是屠夫的一种。我们对于这段话感到眼前一亮，因为医生和屠夫这两个原本似乎是毫无关系的两个方面，但是钱先生却把他们写到了一起，怀着这样一个疑问，我们就去拜读了他的散文集《写在人生边上》。我们讨论了两篇文章，一篇是《论文人》，一篇是《论文盲》。在其中也会发现他语不惊人死不休的特点，我们就发出这样的疑问——他们之间必然的联系是什么？我们的结论是：医生是救世的，但在医学的发展过程中，同样会死很多人，医学的进步是建立在无数患者、实验动物的尸体之上的。而屠夫从事宰杀，他的工作也建立在尸体上，他们之间有一种微妙的联系。我们在讨论这个问题时，蔡同学说出了这样一句话——手握一把刀，可做两件事。我们觉得这句话非常辩证。

师：很好！王同学他们小组看了钱钟书先生《写在人生边上》散文集中的其他作品，同样也发现了语不惊人死不休的语言风格。但是，这个"语不惊人死不休"，只是他语言的体现，这里面我们首先听到了这个医生也是屠夫的一种，觉得触目惊心，医生和屠夫怎么能相比？但是他刚刚说了，我们要找到其中微妙的联系，微妙的联系是什么？王同学说现代医学的进步是建立在无数次实验的失败的基础上。我们大家会看到，有些时候微妙的联系，可能外科医生他和屠夫在技术层面上有着某些的相似，在医学界有一本非常著名的核心期刊，它的名字就叫作《柳叶刀》。可以从语文的角度去想一想，为什么核心期刊取这个名称？

师：好，经过几篇典型的伊索寓言的探讨，大家再回忆一下在钱钟书先生的引领之下，这还是你童年阅读的那本伊索寓言吗？回到我们课堂一开始需要探讨的问题，我和《伊索寓言》之间为何隔了一个钱钟书？是因为什么？小时候老师或者妈妈给我们讲了伊索寓言，因为那个时候的理解和认知还不够深，我们知道了一个道理，我们是知道分子。长大后，我们在钱先生的引领下再次去读伊索寓言，我们感慨原来这就是知道分子和知识分子之间的距离。带着这样的一种感慨，带着这样的一种探究精神，让我们试着以知识分子的视角去重新解读伊索寓言当中另外一篇《狼与小山羊》。好，大家可以讨论一下，好吗？

生：我认为会吹箫的狼可以看作当下的自媒体主播，这个箫声就是网络舆论，它可以帮一个人扩大名声，也可能会将你的行为昭告天下毁灭了你。

师：非常好！紧密联系当下，网络自媒体时代的利弊大家应该都了解，这个箫声，就好像网络舆情，可以助人也能毁人。由于时间关系，我们来不及在本节课继续探讨下去了，请在作业本上写下你们的解读。

三、反思与提炼

本篇文章需要学生具备一定的阅读深度。作为高二年级的学生，对钱钟书生平以及语言风格不甚了解，课前作了相关预习和铺垫，这是非常有必要的。

以分组讨论的方式进行交流，有助于问题的具象化，学生参与度较高，代表发言的学生时间上的掌控还有待提升。

作为"以生为本"的课堂，一切从学生的需要为出发点，解决学生的预习作业问题，讨论大家在阅读中的疑惑，真正体现了以学生为主体的课堂教学。

本节课作为第一课时，短短40分钟还是没有办法将钱钟书先生博大精深的思想讨论详尽，依然需要第二课时、第三课时的继续探究与研讨。

促进学习方式多样性的案例研究

——以"椭圆的几何性质"为例

上海市中原中学 殷玉芳

一、主题与标题

本文以"椭圆的几何性质"创新教学为例,针对学生的多样化学习方式作了以下三方面的探索和尝试:①以问题为触点,激发学生的求知欲;②以探究为路径,培养学生的创新意识;③以类比为方法,培育学生的创新思维。在此教学过程中,教师主动地让不同层次的学生都以探索者的姿态出现,在探究中发现新知识,获得成功体验,从而激励学生再发现和再创新,促进学生的发散性思维得到锻炼和发展,最终达到全面提高学生创新素质的目的。

二、背景与缘起

基于数学创新实验室课程方案对开放性问题的探究,激发学生的探究欲和求知欲,改变学生单纯地接受教师所传授的知识为主的学习方式,以构建一个开放、立体的学习环境。提倡以类似科学研究的方式获取数学知识和应用知识的学习方式,"强迫"学生在此过程中进行必要而认真的猜测、探索,让学生感受和经历"发现"数学的过程。其目的是改变学生被动接受式学习、死记硬背、机械训练的现状,倡导学生主动探究、乐于研究、勤于动手、合作式学习。同时,大力推进信息技术、小组讨论、合作探究、师生互动等在教学过程中的普遍应用,逐步实现教学内容的呈现方式、学生的学习方式以及教学过程中师生互动方式的变革。在教学过程中既要加强学生的基础性学力,又要提高学生的发展性学力和创造性学力,从而培养学生终身学习的愿望和能力。

三、想法与做法

对圆锥曲线的学习遵循着"定义—标准方程—几何性质"的研究套路,其中椭圆的研究起着重要的引领作用。"椭圆的几何性质"包括椭圆的对称性、顶点、范围等,是学习研究椭圆的核心,定义与标准方程是性质研究的基础,与直线的位置关系则是性质的综合应用。那么,如何研究椭圆的几何性质?学习过程中如何以生为本、突出数学的本质?学生又如何实现自我的领悟?为了更好地研究教学,我们力求通过教材处理的分析以及学情来对"椭圆的几何性质"进行合理的教学设计,创设合理的问题情境,把这些内容有机串联起来。整个过程如同一次重大战役,环环紧扣,层层深入,促进学生思维的发散,加强学生创新意识的培养。

1. 以问题为触点,激发学生的求知欲

问题是数学的心脏,知识是数学的躯体,数学思想方法是数学的灵魂,探究的问题则是数学思想方法的支撑和根源,因此,数学思想方法的掌握和应用必须依赖于问题的探究成效。同时新课程标准也强调要为学生的学习创设有效的问题情境,让知识形成和运用的生动场景在学生脑海里还原,使凝固不变的知识点转变为生动流畅的知识体系,从而激发学生学习数学的兴趣,促进学生思维的发展。

首先,设计如下情境,提出问题:

设 $m(x, y)$ 是椭圆上任意一点,焦点 F_1 和 F_2 的坐标分别为 $(-c, 0)$ $(c, 0)$。由椭圆的定义可得

$$\sqrt{(x+c)^2 + y^2} + \sqrt{(x-c)^2 + y^2} = 2a \tag{1}$$

将方程移项,两边平方得

$$a^2 - cx = a\sqrt{(x-c)^2 + y^2} \tag{2}$$

两边再平方,整理得

$$\frac{x^2}{a^2} + \frac{y^2}{b^2} = 1 \ (a > b > 0) \tag{3}$$

问题1:为什么将式(3)作为椭圆的标准方程?

对于这一问题的提出,学生首先会感到奇怪,似乎式(3)作为标准方程是顺理成章的、预先规定的,进而师生共同展开热烈讨论,然后师生总结大致有以下几点理由:

(1)式(3)简捷,具有对称的美感。

(2)式(3)为我们提供了求椭圆轨迹的标准方程,方便用待定系数法求解轨迹的方程。

(3)根据解析几何用曲线的方程研究曲线的几何性质这一特点,式(3)方便研究椭圆的几何性质。

针对上述理由(3),可以组织学生就如何利用式(3)从整体上把握椭圆的曲线的形状展开讨论。这样,便自然引出对称性、顶点、范围等教材中要求的内容。若要进一步研究椭圆的曲线,就需要采用列表、描点、连线等常用手段。

2. 以探究为路径,培养学生的创新意识

由于以上的基础,问题设计显然很自然了。讨论了式(3)作为椭圆标准方程的诸多优点,自然会有问题2:将式(3)作为椭圆的标准方程有什么缺点?

对于这一问题,学生感到有些困难。教师和学生一起比较圆的标准方程的优点后,发现式(3)无法揭示椭圆上的动点到定点的距离之和等于定长 $2a$ 这一本质属性。相比之下,式(1)恰好具有这一优点。于是,师生可以一起讨论式(1)的优缺点,具体可得:

(1)式(1)充分揭示了椭圆的定义。

（2）式(1)难以讨论椭圆的其他几何性质，如对称性、顶点、范围等。

通过以上讨论，自然产生问题3：是否存在一个方程，同时体现椭圆的定义和椭圆的几何性质？自然将目光转向式(2)，将式(2)变形，得

$$\sqrt{(x-c)^2+y^2}=a-\frac{c}{a}x \tag{4}$$

即

$$|MF_2|=a-\frac{c}{a}x \tag{5}$$

同理得

$$|MF_1|=a+\frac{c}{a}x \tag{6}$$

将式（2）再变形，得

$$\sqrt{(x-c)^2+y^2}=\frac{c}{a}\left(\frac{a^2}{c}-x\right)$$

即

$$\frac{\sqrt{(x-c)^2+y^2}}{\left|\dfrac{a^2}{c}-x\right|}=\frac{c}{a} \tag{7}$$

式(5)和式(6)将椭圆上点到焦点的距离转化为只和焦点的横坐标有关的一维算式，充分体现了数学降维思想。而式(7)正好揭示了椭圆的另一定义以及离心率的概念，这是超越了课本知识的内容，但可以作为数学创新实验室教学设计的开放性问题来探究，以便学生更深层次地了解椭圆、理解椭圆的性质等。教师如此处理教材，自然流畅，既能完成教学任务，又能充分揭示知识的发生过程，挖掘出如此宝贵的教学成果，这会让学生兴奋不已。在品尝创新果实的同时，也提高了学生的逻辑思维能力。

3．以类比为方法，培育学生的创新思维

在椭圆方程中，$\dfrac{x^2}{a^2}+\dfrac{y^2}{b^2}=1$，将其变形为$b^2x^2+a^2y^2=a^2b^2$，当$a=b$时，椭圆就变成了圆$x^2+y^2=b^2$。因此，可以把圆看作椭圆的一种特殊情形。椭圆的某些几何性质，利用"一般性寓于特殊性之中"，可以类比圆的几何性质而得到。事实上，圆的某些重要的性质推广到椭圆中仍然有类似的结论，这充分说明了椭圆与圆之间具有密切的内在联系。

有时，对椭圆问题的解决会显得力不从心，如果换个角度，先研究解决圆的类似问题，从中探究出解题的思路，再迁移到椭圆上，尝试用解决圆问题的方法来解决椭圆的问题，那又会如何呢？因此，以两道探索题让学生亲身体验"圆"的世界。

[探索一] 圆有一个重要的性质：直径所对应的圆周角是直角。

即若圆O以线段AB为直径，且点P(异于点A、点B)在圆O上，则$K_{PA}\cdot K_{PB}=-1$。

引导学生类比圆并提出如下探索：若点 P（异于长轴左端点 A、右端点 B）在椭圆 $\dfrac{x^2}{a^2}+\dfrac{y^2}{b^2}=1$（$a>b>0$）上，则 $k_{PA}\cdot k_{PB}=-\dfrac{b^2}{a^2}$。

证：设 $A(-a,0)$，$B(a,0)$，$P(x_0,y_0)$，则 $k_{PA}\cdot k_{PB}=\dfrac{y_0}{x_0+a}\cdot\dfrac{y_0}{x_0-a}=\dfrac{y_0^{\,2}}{x_0^{\,2}-a^2}$。

由于 $\dfrac{x_0^{\,2}}{a^2}+\dfrac{y_0^{\,2}}{b^2}=1$，则 $y_0^{\,2}=b^2\left(1-\dfrac{x_0^{\,2}}{a^2}\right)=\dfrac{b^2}{a^2}(a^2-x_0^{\,2})=-\dfrac{b^2}{a^2}(x_0^{\,2}-a^2)$。

从而 $k_{PA}\cdot k_{PB}=-\dfrac{b^2}{a^2}$ 证毕。

[**探索二**] 圆另一个重要的性质：（垂径定理）平分弦的直径垂直于弦。

即若 AB 是圆 $O:x^2+y^2=r^2$ 的弦，且点 M 为弦 AB 的中点，且 AB 和 OM 都不垂直于坐标轴（点 O 为坐标原点），则 $k_{AB}\cdot k_{OM}=-1$。

学生提出如下猜想：

若 AB 是椭圆 $\dfrac{x^2}{a^2}+\dfrac{y^2}{b^2}=1$（$a>b>0$）的弦，且点 M 为弦 AB 的中点，且 AB 和 OM 都不垂直于坐标轴（点 O 为坐标原点），则 $k_{AB}\cdot k_{OM}=-\dfrac{b^2}{a^2}$。

类比拓展—引导学生通过设出点 A、B 的坐标，再代入椭圆方程作差（点差法）进行整理，可证得 $k_{AB}\cdot k_{OM}=-\dfrac{b^2}{a^2}$。

类比思维是将未知问题转化为已知问题的一种创造性思维，在学生对数学概念本质的理解基础上，利用类比思维让学生达到举一反三，同时也能激发学生学习数学的兴趣。学生在课堂上对知识的理解与联想也将是无穷无尽的，在教师的适当引导下，课堂教学就变得更具活力，也改变了传统的教学方式，提高了教学的效率。问题是数学的核心，如果问题的设计太难或太容易都会失去它的魅力，使学生失去兴趣。习题安排过程中要体现知识循序渐进推进的过程，前一个问题的解决为下一个问题的分析埋伏笔，使学生能够拾级而上，让学生找到解题的乐趣，对增加学生的信心有帮助。

四、反思与提炼

为了提高教师的教学和学生的学习效率，教师要悉心研究教材，创造性地整合教材，将数学知识置于学生熟悉的问题情境中，培养学生用数学的眼光审视身边事物的能力，从而体会数学知识的产生、形成过程，感受数学知识的价值。同时，课堂上一定要充分发挥学生的主体地位，用合理的设问调动学生学习的积极性和主动性，并及时关注学生的参与状态、交流状态以及思维状态，以各种方式展示探究知识的生成过程。学生在丰富的情境中掌握知识，在不断的成功中体验愉悦，在议论争辩中使思想与思想碰撞，激发灵感，产生新颖的观点、奇特的思路，从而增强思维的灵活性和广阔性，获取更多的知识和智慧。通过多样化的方式完成教与学的深化,实现知识的迁移和运用。因此,课堂是"生命相遇、心灵相约的场所,是质疑问难的场所,是通过对话寻求真理的地方",只有民主平等、相互尊重,才能人人想说,人人敢说,人人乐说,才能使得学生个性凸显,创意释放。

依托极课平台进行学习分析的实践案例

上海市中原中学 倪 艳

一、极课平台的应用背景

我校各学科近几年都申请了自己的创新实验室,如数学、物理、地理等创新实验室的成立,在提升我校硬件的同时,也为学生的学习创设了更好的环境。其中一套极课大数据的试卷扫描仪及其教师阅卷系统引起了笔者的注意。经过实验室负责人的介绍与普及,了解到这套名为"极课教师"的系统有着强大的数据分析功能,它立足于真实教学场景,采用图像识别、自然语言处理、计算机深度学习等人工智能核心技术,基于作业和考试进行学习过程动态化数据采集和大数据智能分析,使智能评价实时伴随教学行为,为教师教学提供数据决策支持,制定学生自适应学习资料及学习路径,实现大数据教学管理及数据智能驱动的精准教学。在多次期中、期末考试中,各学科教师都尝试运用了这套系统。

二、极课平台的实践应用

1. 准备工作

首先将试卷 Word 文档导入系统,然后利用系统设置答题纸,最后打印试卷及答题纸。考试时每个学生将自己的极课二维码贴纸贴在答题纸上并作答。该系统既可以保持教师纸质试卷的阅卷习惯,也可以犹如高考阅卷系统般在线批改。当教师用红笔在所指定的分数上做好标记完成阅卷后,扫描试卷上每个学生的二维码贴纸就可以采集学生的卷面答题信息及分数,通过系统设置好选择题答案后,系统可以自动批改选择题;再结合教师阅卷所采集的填空题与解答题的得分,便可自动计算出学生成绩;同时可自动汇总每个年级的成绩,生成学生的"最新学情"。

2. 分析过程

教师可利用"最新学情"进行学习分析,"最新学情"中有学情报告、成绩单、试卷逐题分析和详细分析报表四个板块。

(1)学情报告板块。包含三个部分:①班级平均分、最高分、优秀率、及格率、班级平均分在年级中的排名。②学生在年级排名分布情况、总分成绩及班级排名、年级排名(如年级前 30 人本班有 4 人,可以查看到这 4 名学生的名字)。通过查看报告,教师可了解所教的每个学生在年级中的排名情况。同时学情报告会给出"诊断报告",如"以下学生需要您重点关注:本次考试年级排名下降幅度超过 50 名的学生:×××;本次考试中跌出年级前10%的学生：×××。"③班级得分率最低的3个知识点并附班级与年级在这3个知识点得分率的比较图表，还有"诊断建议"，如"为您分析出得分率最低的3道题：一、填空题7，一、填空题9，一、填空题11。"这些信息有助于教师分析试卷，从学法与教法两方面思考不足之处，为讲评试卷做好充分的准备工作，也提高了教师在试卷分析时的针对性及讲课效率。

（2）成绩单板块。包含学生学号、姓名、得分、班级排名、班级排名变化、年级排名、年级排名变化。当鼠标停留在某一学生成绩一行时，会有"关注该生"和"查看学业档案"选项链接，其中"查看学业档案"页面中会显示该生此次考试的较薄弱知识点，以及该生的薄弱知识点的得分率与班级得分率的比较图表。教师也可以导出该生错题 Word 文档，文档中会有错题留白，让学生订正。教师也可以选择勾选"答案与解析"，文档最后会有此次考试的答案及解答题得满分的答题截图。

（3）试卷逐题分析板块。其中有每一题的分值、班级得分率、年级得分率、与年级得分率的差距，每一题还可以查看答案解析、学生作答情况。学生作答情况不仅包括了学生回答正确错误的人数、名单，还可以点击学生姓名看到他写的答案的截图。教师在讲评前通过学生的答题情况判断出该题几种典型的错误做法，同时收集了一部分学生的优秀做法。在讲评时，直接点击进行展示，让学生直观地看到自己错误之处，同时也学习到其他同学优秀的做法。这个板块还添加了根据题号、得分率、与年级均分差距、班级得分率等选项进行排序的功能，通过这个功能可以清楚地看到班级与年级间的对比。

（4）详细分析报表板块。其中包含班级学情、试题详情和年级对比三大部分。①班级学情部分包含了学生成绩单、学生小题作答详情和分数段分布图。②试题详情部分包含了题目作答详情、试题难度及区分度、班级小题答错名单。这份每一小题错误名单让教师在分析时特意观察了这些学生的表情，通过适当地提问名单上的这些学生，观察他们是否真正理解。③年级对比部分包含了年级排名对比、年级大小题对比、年级知识点对比。这一部分的内容满足了教师对整张试卷分析的需求，更可贵的是它还能以 Excel 的形式下载整个报表，将整个班级的情况无死角地呈现在面前，在开展教学年级大会时利用此报表分析将会清晰明了。

三、极课平台的应用反思

在目前大数据背景下，教学也正需要这些大数据系统来辅助教师的教学工作，提高教学效率，让教师的教学更有针对性。这套系统确实有许多方面是有利于教师进行学生试卷分析的。学生试卷分析是学生学习分析的一个重要部分，许多教师在每次考试后对数据的收集是十分头疼的，有时只是大致看一下哪些题学生容易错。学生典型错误及好的做法要收集起来也十分困难，虽然有经验的教师一看便知，但对于青年教师而言，这套系统无疑是一大利器。它具备教学所需的所有数据分析，将每张试卷、每个学生、每个班级的情况分析得彻彻底底，能帮助教师及时掌握每个学生的学习情况，有针对性地讲评试卷，而不用盲目地从头至尾地分析。

这套系统还推出了极课学生版。学生可以网页登录和下载极课同学 App，利用极课二维码便可以直接查看自己的每一次考试的答题情况、错题原始作答与学霸解析等，让学生能自我分析和自我纠错。如果我们每次考试都利用极课系统采集数据，那么有了多次考试数据后，不仅教师可以追踪学生的学情变化，学生还可以形成自己的错题库进行自我订正。

同时，极课教师系统还提供出题库，可以搜索相应知识点，题库中会出现许多相关题目供教师选择。目前，笔者还没有尝试这些功能，所以对于系统的摸索和利用这类信息平台进行学生学习分析的探索也在继续。相信如果有更多的教师使用这套系统，一定会有更多好的建议。也希望在网络高速发展的时代，能看到更多这样有利于教学的软件系统服务于教育事业。

依托音视频创新互动实验室
促师生共成长

同济大学第一附属中学　赵　怡

一、背景

十二届全国人大三次会议上，李克强总理在政府工作报告中首次提出了"互联网+"行动计划。该计划不仅使互联网移动了，更宣告了以电子媒介为载体的自媒体时代的来临。

音视频创新互动实验室打破目前行政班的模式，使学生更积极地进行综合性创作，在培养其相应兴趣领域实践能力的同时，更多地进行个性化创新实践。它融合了传统媒介和当代新媒体，在培养学生创新能力上提供了无限的可能性。

在实验室配备上，缺少硬件设备的有效利用，没有专业技术教师指导，没有合理的教学梯队，没有合适的校本课程等，这些都制约着实验室的发展，阻碍了学生能力的提高，影响着教师的工作热情。

二、实践与探索

音视频创新互动实验室是集开放性、艺术性、专业性、探究性、功能性为一体的多功能学习平台，为培养学生对新媒体艺术、技术的认知及相关数字媒体教学实践服务。平台基于多个子系统，将静态（平面）媒体、动态媒体创作联系在一起，结合"互动"媒体的概念，形成一种时空艺术的综合，适用于摄影摄像、非线性编辑、装置艺术、舞台灯光艺术、计算机图形、数字动画、数字音效、虚拟现实、电子科学与技术等数字媒体类学科（图1、图2）。

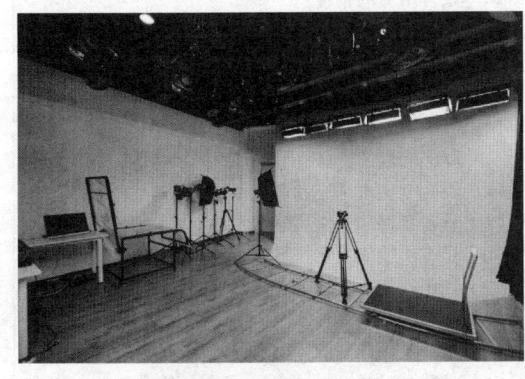

图1　视频拍摄区

图2　后期制作区

1. 依托高校创新课程

通过依托复旦大学新闻学院、上海视觉艺术学院、上海师范大学专家团队和技术力量，开展教师培训、专题讲座和技术指导，以保证项目实施的规范性和质量。建立教师培养与成长激励机制，通过学历培训、带教、教师专业发展规划与名师指导、专家引领等途径，形成一支师德好、专业素质高、教育理念新的一专多能的师资团队，胜任学校教学改革与实验任务。

培训方式包括系统的培训讲座、集体备课、听课、实践活动、课题研究、反思与交流等，采取线上与线下相结合的方式，有力地促进教师教育创新理念的形成和教学行为的转变。

"人人都是大导演"是一门广受好评、深受学生喜爱的课程。该课程讲授影像制作，包含摄影、摄像、剪辑、叙事结构、导演基础、声音录制等，使学生产生兴趣，激发学习的热情，指导学生动手实践，学会在日常生活应用。授课知识要点从剧本产生、分镜头脚本创作，到摄像机的使用、场景拍摄，再结合录音配乐、后期剪辑，整套流程逻辑严谨，知识涵盖面广，短短20个课时让学生掌握如此多要领确实为难。

这是教学中最初碰到的一个难题。既不能过多占用学生主修课程的学习时间，又无法再浓缩多媒体课程教学内容。知识点太多，学生精力有限，心有余而力不足。学校教师团队为此难题开会讨论多次，商讨出多种教学模式及教学设置。

2. 立足课程培养学生

音视频创新互动实验室采用教师指导下的学生自主管理模式，预约使用，是一个特色鲜明、专业性强、功能齐全、满足师生进行教学实践的数字媒体平台。以泰勒的课程与教学的基本原理为指导，校内教师联合区域专家与同行共同编制了基于音视频创新互动实验室的以培养中学生媒介素养的课程学习目标，如表1所示。

表1　中学生媒介素养课程学习目标

知识目标	学生专业能力目标	方法能力和社会能力目标
（1）掌握媒体设计的基本概念、基本原理； （2）掌握媒体制作的基本概念、含义、原理； （3）掌握平面媒体、影像媒体、音效、三维虚拟、互动装置等新兴媒体的特点及发展趋势	（1）熟练地运用相关软件制作相应设计目标、成果作品并有效结合到方案策划设计中； （2）培养学生主动搜集素材、阅读资料和利用资源的能力； （3）培养学生的自学自主能力及创新能力	（1）热爱数字媒体艺术，制作过程精益求精，具有吃苦耐劳的精神； （2）具有较好的团队合作精神，严于律己，宽以待人，善于交流沟通； （3）自学能力强，紧跟技术发展的最新动态，对学习中遇到的挫折和困难不畏惧，能够主动寻求解决问题的方法； （4）具有社会责任心和环境保护意识； （5）具备良好的人文科学素养； （6）具有决策能力和执行能力； （7）利用网络、文献等获取信息的能力； （8）自我控制与管理能力； （9）制订工作计划的能力； （10）评估工作结果（自我、他人）的能力

3. 基于项目助力学习

以"人人都是大导演"课程为例,课程主题围绕中学生的日常生活开展,学生以小组形式,运用所学的知识,拍摄制作一段围绕校园生活的视频,记录下在校园中发生的点点滴滴或者生活趣事,增加学生与教学环境的互动。有别于以往教师单向授课的教学模式,结合新媒体技术、设备,师生互动,激发学生学习兴趣。

教师可以利用发达的网络信息资源,以网络视频素材绘声绘色地为学生揭秘电影"大片"的制作过程,让学生了解数字媒体并没有那么神秘,利用实验室中的设备就可以拍摄、制作出属于学生自己的"大片"。

在教师的带领下,学生分组学习、讨论,明白了分镜头脚本是创作影片必不可少的前期准备。这就好比建筑大厦的蓝图,是摄影师拍摄、剪辑师后期制作的依据,也是演员和所有创作人员领会导演意图、理解剧本内容进行再创作的依据。于是,激烈的思想碰撞发生,男同学与女同学想表达的主题显然是不同的,但是单独行动又有很多的限制。在经过反复多次的剧本设定、整改、复审、再整改后,一份完整的剧本完美诞生,尽管并不十分专业(图3、图4)。

图3　分镜头设计

图4　作品制作

紧接着是影像的拍摄。学生好奇心强、学习氛围浓,与教师间的互动学习密切,一切井然有序地进行着。拍摄角度的选择,实际上就是拍摄位置的确定。在各种造型的元素中,拍摄角度对视频结果的影响是最大的,它决定着视频的骨架,不同的拍摄角度有不同的侧重点和表现力。实际拍摄时,要求镜头稳、画面构图美、光线佳等,这都是对学生把控能力的一种锻炼。

在影视作品中,音乐是相当重要的。一部优秀的影视作品,一定有专门为其编曲制作的音乐。我们在欣赏好莱坞大片的同时,也聆听了其激动澎湃、动人心弦的电影音乐。影视音乐制作不同于其他音乐制作,它除了音乐的本身外,还要求与画面和谐一致,从而使整个音频视频结合得到最完美的表现。在了解了音乐有揭示主题思想、奠定影片风格、创造意境的神奇魔力后,学生在对音乐的选择上煞费苦心。既要体现学生自身的精神面貌、人生追求,又要易于翻唱录制,经过多次的选择、放弃、再选择,最终选中了集体都认为较合适的歌曲。分工合作,有人唱歌,有人录制,有人剪辑，配合默契（图5）。

图5　小组分工合作

最后是剪辑。后期剪辑直接决定作品本身的命运，因此通过富有创意的剪辑技巧，提高作品表达效果，吸引观众的眼球，增加作品内涵，提升作品层次，是极为重要的（图6、图7）。

图6　学生作品1

图7　学生作品2

三、收获与不足

音视频创新互动实验室基于学校创新教学思维理念，结合跨媒体技术进行趣味性教学，开发学生多方面潜能，使之成为会学习、会合作、会创新的现代人。开展系列校本课程，面对校内外开放，为学生提供更多的动手机会，为学生参与创新实验、技能提升等竞赛活动提供平台。近年来，学生在国家级、市区级比赛中屡屡获奖。笔者也多次获得各级各类优秀指导教师奖，课题"音视频创新互动实验室环境下培养高中生媒介素养的实践研究"在2015年12月获得上海市教育委员会教学研究室立项并于2016年结项。

音视频创新互动是理论性和实践性相结合的领域，既要关注其日新月异的技术推动力量，同时更要关注在数字化时代、网络时代的新媒体语境下的传播学的发展，另外还要关注技术实践与传播学理论之间的互动。要想将实验室建设成为一流实验室，不仅要依靠一流的设备，更需要依靠的是一流的实验室教师队伍。如何通过创新实验室的课程，培养当代中学生媒介认识水平、价值判断与自省、自律能力，掌握作为生活、生存必备技能的媒介知识与技术，增强人际交流和信息传播能力，提升当代中学生的科学与人文素养，形成科学的人生观、世界观和价值观，以及社会责任感、法律道德意识和安全防护意识，发展批判性思维能力？如何提高学生创造性地利用媒介资源的能力，使其能够充分利用媒介资源提升自我在"互联网+"时代的生活、生存、创新和创造能力，成为合格的受众、理性的传播者，具备未来全球公民的素养？这都需要教师团队在其中起作用。只有转变一直以来"重硬件配备、轻教师培育"的思想，积极加强实验室教师队伍建设，才能更好地发挥实验室在学校中的重要作用，培养出更多高素质的创新型人才。

教学设计

JIAOXUE SHEJI

基于生活情境的初中化学复习课教学实践

——以"厨房中的化学"一课教学设计为例

上海市鞍山初级中学 袁申仪

一、教学背景与目标

常见酸碱盐等物质的鉴别是九年级学业考试总复习"常见物质的鉴别"专题下的一个子专题,它是一个可以体现学生实验设计、实验思想以及解决问题意识、合作交流品质等综合素养的专题,也是初中学业考试的一大热点。在进行本节课教学之前,学生已经学习了初中化学的所有内容,开始进行第一轮复习。然而,在传统的复习课中,教师只是注重知识点的归纳、串讲形成网络,并在习题中练习运用,"炒冷饭"成了复习课的代名词,学生只习惯于做笔记、做习题、听讲解、死记硬背,使得很多知识点没有真正理解,知识运用灵活性较差,易遗忘,很多中等难度题分析深度不够,复习效果不尽如人意,更谈不上思维的创新和能力的提高。本课试图探索复习课的新模式,摆脱纯知识点的复习与训练,避免复习课是"知识点+练习"的简单模式。

本节复习课的目标是:通过熟悉的生活情境,在情境中培养问题意识,从而挖掘科学知识与技能;通过解决现实生活中的问题,掌握常见酸碱盐等物质鉴别的方法,培养鉴别的能力;在具体实例的分析中养成严谨的科学实验态度,积极探索生活中常见事物的科学本质,培养创新意识,树立积极的价值观。

二、教学过程

教师活动	学生活动	设计意图
【引入】化学在食品业中扮演着重要角色。今天我们就一起来看一看厨房里的化学小世界	聆听、思考	激发学生的学习动机
【环节一】食品中的调味品 【设问】利用已学知识,你能想出多少种方法来鉴别白醋和水	【小组讨论】思考并进行小组讨论,整合可以使用的方法	

(续表)

教师活动	学生活动	设计意图
【引导】交流各个小组的鉴别方法。 【引导总结】鉴别的一般方法有哪两类？鉴别时要注意什么原则	【小组交流】如闻气味、尝味道、加入碱性氧化物等。 【思考总结】鉴别方法：物理方法、化学方法。 鉴别原则：操作简单、可行，现象明显且不同	环节一的设计意图是引导学生明确一般的鉴别有物理方法和化学方法。在鉴别时，注意操作简单、可行，现象明显且不同
【环节二】食品中的双吸剂 【引导】食品包装袋中的空气、水蒸气会使食品氧化、受潮变质，因此一些食品包装袋中需放入一些双吸剂，延长保质期。学生甲和乙为了探究双吸剂的成分，从某食品厂的月饼包装袋中取出双吸剂，打开封口，仔细观察，双吸剂为黑色粉末，还有少量的红色粉末。 【设问】该双吸剂中的黑色、红色粉末各是什么？ 【引导讨论】同学们觉得哪种猜想更可能是正确的？ 【引导】设计一个实验方案来验证该同学的猜想是正确的。请填写以下实验报告并写出有关方程式。 | 实验步骤 | 实验现象 | 结论 | |---|---|---| | | | | 【引导总结】鉴别物质的一般步骤有哪些？ 【引发反思】 1. 为什么铁粉可以作为双吸剂，但是铁片或铁块不行呢？ 2. 实验所用的这包双吸剂是否已经失效	聆听、思考。 【提出猜想】 甲认为：黑色粉末可能是氧化铜，红色粉末可能是铜。 乙认为：黑色粉末可能是铁粉，红色粉末可能是氧化铁。 【小组讨论】得出结论：双吸剂的作用是吸收氧气和水分。铁粉能吸收氧气与水分，发生缓慢氧化得到红色的锈；而红色的铜只能吸收氧气生成黑色的氧化铜。 【讨论并进行学生实验】利用盐酸与氧化铁和铁的反应现象来证明样品的成分是铁和氧化铁。 【思考总结】鉴别的一般步骤：取样→加试剂→描述现象→得出结论。 【思考回答】 1. 反应物接触面积大。 2. 还没有失效，滴入盐酸有气泡，证明还有铁粉，仍可作为双吸剂使用	环节二的设计意图是通过开放性的讨论，让学生们将所学的课堂理论知识用于解决实际问题，激发兴趣，巩固知识。而后归纳鉴别的一般步骤：取样→加试剂→描述现象→得出结论
【环节三】食品中的添加剂 食品添加剂是有意识地、少量添加于食品，以改善食品的外观、风味或贮存性的非营养物质。公众谈食品添加剂色变，更多的原因是混淆了非法添加物和食品添加剂的概念，把一些非法添加物的罪名扣到食品添加剂的头上显然是不公平的	聆听、思考	

教师活动	学生活动	设计意图
【引导】纯碱是常见的一种合法的食品添加剂，有不法商贩用 Na_2SO_4 冒充纯碱 Na_2CO_3 进行销售。 【设问】李同学想了以下几种方法来鉴别，请你帮助他完成方案并评判是否可行。 A：利用二者酸碱性不同，取样滴加 _____。 B：针对 CO_3 进行鉴别，取样滴加 _____。 C：针对 SO_4 进行鉴别，取样滴加 _____。 【追问】那能否在 C 方案的基础上继续改进，以达成实验目的？ 【引导总结】硫酸根的检验方法？ 【设问】那你能想出几种不同的方法来鉴别食盐和纯碱？ 【引导】将设计的方案在小组内交流。 【设问】那如何鉴别硫酸钠和氯化钠呢？ 【演示实验】 1. 针对盐酸根进行检验，在两种样品中加入硝酸银。 2. 针对硫酸根进行检验，在两种样品中加入氯化钡。 【设问】要鉴别区分开 Cl 和 SO_4 时，要选用何种试剂？ 【引导总结】请同学们总结：三种常见酸根的鉴别方法和顺序 	【思考回答】 A. 石蕊 / 酚酞，可行。 B. 酸，可行。 C. 氯化钡或者硝酸钡，不可行，碳酸钡和硫酸钡均为沉淀。 【思考回答】在滴加氯化钡或硝酸钡的基础上，再加硝酸。 【思考回答】使用氯化钡或者硝酸钡，生成的白色沉淀不溶于稀硝酸。 【小组讨论】设计鉴别方案。 【小组交流】 1. 取样于试管溶解后，在溶液中分别加入酚酞。 2. 取样于试管溶解后，在溶液中分别加入盐酸。 3. 取样于试管溶解后，在溶液中分别加入 $AgNO_3$，二者均产生沉淀，在沉淀中滴加 HNO_3。 4. 取样于试管分别加入 $Ca(OH)_2/Ba(OH)_2/CaCl_2/BaCl_2$。 【思考】观察实验现象，进行比较、思考。 【回答】鉴别区分开 Cl 和 SO_4 时，要选用 $BaCl_2/Ba(NO_3)_2$。 【总结回答】 CO_3 的鉴别：利用与酸反应会产生气泡。 SO_4 的鉴别：利用 $BaCl_2/Ba(NO_3)_2$，生成不溶于 HNO_3 的白色沉淀。 Cl 的鉴别：利用 $AgNO_3$，生成不溶于 HNO_3 的白色沉淀	环节三中让学生们分组通过方案设计与方案比较及亲手实验，突破复习难点，使各个层面的学生对酸根的鉴别方法加深理解

（续表）

教师活动	学生活动	设计意图
【环节四】融会贯通——生活情境背景题演练 •今年春节前夕，我国部分地区遭受了特大的冰雪灾害，在这场抗击暴雪的战斗中，融雪剂发挥了一定的作用。某公司生产的融雪剂的成分是由 $NaCl$、$MgCl_2$、$CuSO_4$、$NaNO_3$ 中的两种或两种以上的物质组成。某兴趣小组为探究其成分设计并完成了以下实验，请根据实验现象推断该融雪剂组成的可能情况。 融雪剂（取少量样品）→加水溶解→无色溶液→加适量NaOH溶液过滤→白色沉淀／无色溶液→加数滴AgNO₃溶液→白色沉淀 今天我们通过鉴别厨房中的一些常见物品，总结了鉴别物质的一般方法、一般步骤。化学是一门与生活息息相关的学科，希望同学们学好化学，让我们的生活更美好	思考、进行问题的分析与回答。 聆听，思考	环节四的设计意图是通过一道以真实生活情境作为背景的练习，引导学生感悟化学与生活的紧密联系，同时对本节课学习的教学重点进行综合训练与进一步夯实。 将课堂所学知识进行归纳，强调重点，帮助学生加深理解；体会化学与生活的联系

三、教学反思

常见酸碱盐等物质的鉴别实质是酸碱盐等物质的性质、变化等规律的综合问题。对于化学教师而言，对于这部分内容，想要形成知识的网络化、系统化、层次化是很容易的，但如何让这些知识经验被学生汲取、应用、升华？这就需要教师研究以学生发展为本位的复习方法，创设符合学生心理需求的学习情境，注重学生情感、态度、价值观的升华，将思维的空间还给学生，让学生自主探讨、自主总结、自主实验，学生就不会乏味，而且观察能力、思维能力等都得到提高。本节复习课设计思路就是将综合问题纳入学生熟悉的生活情境，使学生在熟悉的生活情境中发现问题、提出问题，从而设计实验方案解决问题，提升学生创新素养。

基于以上设计思路，本节复习课的设计主要有四个环节：一是学生通过设计方案鉴别白醋与水，明确鉴别的一般方法和总的原则；二是利用这些原则与方法来完成双吸剂的成分确定，由此总结出实验室鉴别物质的具体步骤；三是引导学生通过小组讨论，设计实验方案并进行方案的比较，动手实验鉴别纯碱、食盐和硫酸钠，加深学生对三种常见酸根鉴别的方法与顺序的理解；四是通过一道以融雪剂成分探究为背景的综合题，夯实课堂重难点。

在复习课中要想让学生保持长久的学习兴趣和复习热情，应尝试使用体验学习。所谓的体验学习，是指学习者亲身介入实践活动，通过认知、体验和感悟，在实践过程中获得新的知识技能和态度的方法。在本节复习课中，重视了学生已有的经验和体验，在各个教学环节中都让化学回归生活，把课堂知识与学生日常生活、社会生产等联系起来，把理论和实际结合起来，学生在体验学习中增强学习热情，感知化学与日常生活的密切联系，收获了较好的教学效果。

汉字演变——"人"的造字内涵

上海市鞍山初级中学 沈 婷

一、教学背景与目标

（一）教材分析

《翰墨流芳》是我校书法校本教材，"汉字演变"是其中的一个单元，旨在让学生们了解汉字演变的历史进程，加深对中国汉字的理解。文化的传承有连续性和一脉性，了解文化的开端有利于巩固现有的知识，汉字是中华文明的开端和起源，在文明的传播中厥功至伟。在学习书法的同时，了解汉字的渊源和所承载的文化含义是一件水到渠成的事情，也是学习书法的一个必不可少的内容。汉字历经千年依旧生机勃勃，是因为它有源源不断的"文化活水"，在历史的岁月中不断与时俱进，经历了几次改革和发展，沿用至今。本课的教学目标在于通过讲解汉字"人"带领学生们走进汉字造字的神奇世界。

（二）学情分析

上海市鞍山初级中学是书法特色学校，学校的书法教育是面向全体学生的。书法可以增进中华民族的认同感，培养高尚的爱国主义情操；书法也可以从小培养学生的艺术素养，磨炼意志，塑造品格，为将来的全面发展打下良好的基础。本堂课面向的是六年级学生。

中国作为世界四大文明古国之一，中国的汉字也和其他三大文明的文字一样，其发源都是从象形文字开始的。象形文字由图像文字演化而来，它所代表的东西在形状上和客观实物很相像，是用线条或笔画把要表达物体的外形特征具体地勾画出来。从具象到抽象，中国汉字历经大篆、小篆、隶书、草书、行书、楷书，在历史的潮流中不断演变。象形文字直观的表达可以超越文化与种族，这让中国书法在国际交流中有着不少共通之处，能够产生相似的理解和情感共鸣。

整节课是以学习小篆的造字内涵为知识目标，结合小篆的书写技能学习，形成了这节人文与艺术性较强的课程。小篆经过秦始皇对六国文字的整理和统一，对于我们学习汉字造字内涵是一个非常好的切入口。篆书是中国最古老的文字，从甲骨文、金文、石鼓文等大篆文字发展至小篆已经具备了成熟的法度，相对于隶楷行草，其笔法较为朴实，字形保留着象形文字的特征，更易于入门与学习。小篆结字婉约通畅，典雅庄重，具有相当高的审美情致。因此，笔者在教学中以小篆为依托，在课堂中所授的小篆文字均出自东汉许慎的《说文解字》。

（三）教学目标

知识目标：了解汉字"人"的造字内涵与"人"字相关的字例的造字内涵。
情感目标：感受中国汉字的博大精深，激发热爱祖国、热爱中国传统文化的情感。
技能目标：体验并学习书写小篆"人"和其相关的小篆字例。

（四）教学重点与难点

教学重点：了解"人"字造字内涵及其演化，学会书写"人""大""位"等小篆。
教学难点：理解小篆的字形特征和笔画特征。

（五）教学准备

笔墨纸砚、学习任务单。

二、教学过程

（一）复习导入

在本节课之前，我们已经学习并了解了汉字的五大书体——篆隶草行楷和字形、笔画特征，以及小篆的基本笔法。

教师出示 PPT 图片，请学生们辨认图片中的甲骨文、金文、小篆、隶书、行书和楷书，并说出原因。

（二）新授

1. 观察与学习——"人"

[出示图片]

（1）小篆的"人"是描绘侧身站立作揖的人形。
（2）观察"人"字特征：字形修长，用笔中锋圆转，线条粗细变化不大。
（3）汉字造字以象形文字为基础，"人"字就是一个典型的象形文字。
（4）"人"字从甲骨文、大篆到小篆的演变。
（5）教师边示范边口述要领。
（6）学生书写。

设计说明：认识了"人"字的字形之后，让学生们用毛笔写一写，激发学生的学习热情。

2．联想与创造——人与人的关系、人的生长不同阶段

（1）人与人的关系

[出示图片]

教师：两个向左的侧身人形，两个向右的侧身人形，两个相背的人形……同学们猜一猜是什么字？

学生：从、比、北、化。

设计说明：篆书形象，而六年级阶段的学生以形象思维为主，"人"是我们人类本身，与我们息息相关，他们会对生动的东西更有兴趣。

（2）人的不同阶段

"在襁褓中的婴儿"和"即将死去的病人"。

教师：如果你是汉字创造者，你会怎样表现"子"字？（PPT出示图片：刚刚出生的怀抱中的婴儿）

学生：开放性回答。

教师总结：古人造的"子"字，用在襁褓中的婴儿来表现——突出了一个大大的脑袋，两足像并起来的样子。正如唐代书法家李阳冰的注释：子在襁褓中，足并也。

教师：如果是描绘一个即将死去的病人，你又将怎样表现？

学生：（开放性回答。）

教师总结：描绘生病而屈着腿的人，是"尸"字旁的造字来源。

设计说明：人不同的状态和不同的人生阶段，我们祖先创造出人的形象是有所不同的。让学生体验参与汉字的创造，激发他们的学习主动性，从而能更好地理解古人创造汉字的思路。

3．观察正立的人

（1）观察：张开双臂正立的人形代表"大"字，人的正面形，有手有脚。

字形特征：结构呈纵势，布白均匀，要写得尽量对称。

（2）字义解释：天大，地大，人亦大。故大象人形。（出自东汉许慎《说文解字》）

"大"字体现了中国人对生而为人的理想追求：做一个顶天立地的堂堂正正、正大光明的人。

（3）教师边示范边口述要领。

（4）学生体验书写。

（5）展示评价。

教师提问：出示图片，请大家猜一猜。

学生："立"字和"天"字。

教师总结："立"字为正面的人站立在地面上的样子。"天：人之顶也。"人的头顶。

设计说明：教师总结书写小篆的书写要点，相对第一次写"人"字，再次加深学生们对小篆字形的理解。通过对"立"字的字义解释，为接下来的教学做铺垫。

4．探究实践——"位"的造字

（1）小组探究：以小组为单位，大家自己设计一下小篆的"位"字的写法？小组讨论，每个小组展示自己探究的成果。

（2）教师点评。

观察字形特征：左右结构，单人旁较窄，避让右边的"立"字。"立"字左右对称。播放示范视频，学生体验书写。

（3）展示评价。

（4）总结小篆书写要点：结构呈纵势，布白均匀对称。用笔中锋圆转，线条粗细变化不大，具有遒劲、圆润的美，被称为玉箸篆，像玉质的筷子。

（5）教师总结："位"字在《说文解字》的字义理解是，人站立在朝堂之上。引申"位"的含义——人在其位，各司其职。中国文化强调，人都应明确自己的身份，履行自己的职责。作为学生，我们应该好好学习，天天向上；作为中国人，我们应该热爱祖国，热爱祖国文化，为中国文化的传承与创新做出自己的贡献。

设计说明：通过本节课的学习，大部分学生已经可以写出小篆的"位"字了。在此基础上，通过字义的解释来进行德育教育，升华学生对中国汉字的敬佩和热爱之情。

三、教学反思

（一）以兴趣为导向——课堂教学目标有效达成

本课例中，通过挖掘教材，设计以汉字"人"的起源为主题，教学设计环节紧凑，安排合理。教学目标清晰，重点难点讲解较清楚，引导学生认识"人"的造字内涵以及相关字例，并学会书写小篆，从而感受书法中蕴藏的文化。在课堂上，学生围绕"人"的话题展开积极讨论，大胆表达自己对"人"字造字的认识和体会，有利于激发学生对祖国汉字文化的认同，增加学生学习书法的兴趣。

在小篆学习的过程中，教师容易在引导的时候以"灌输"知识为主，忽视了学生的自主探究和互动交流，使得其对字型字义的理解较为苍白。其实，在书法学习的同时，了解汉字的渊源和所承载的文化内涵是一件水到渠成的事情。通过学习书法，打开学生对传统文化的源头认识，将传统文化教育潜移默化地植入，在丰富知识的同时也培养了良好的情感态度价值观。

（二）摸索书法教育创新素养——实验书法学习与文化深入的比重

与传统的学校书法课堂有所不同，传统书法课更注重"书法"本体的价值，关注书写技巧的掌握，而较为忽略承载书法艺术背后的文字内涵。而在小篆书体的学习过程中，了解文字的起源和内涵具有较为重要的意义。在书法课堂讲一些"跨界"的古文字学，需要书法教师处理好书法技能学习和文化内容的比重，这是需要深入思考的问题，对教师本身的素养也提出了更高的要求。教师应较为全面地掌握篆字学识功底，在教学过程中面对学生的奇思妙想展开恰当的拓展补充，激发学生对汉字造字文化的敬佩与热忱。

教育是一种创新，教师需要有一种创新素养。在书法课堂，将传统文化的传播穿插和浸润在教学过程中，需要教师与课堂的磨合、教师与学生的磨合以及文化与教学的磨合。在教学的各个环节将课堂的文化意义、创新价值充分挖掘，在教育过程中以一种自然而然的方式让学生了解汉字与传统文化的紧密联系性。但是，目前笔者还处在一个摸索的阶段，学生的反馈和学习持久性还有待时间的检验，在教学的过程中需不断地改良和完善。

初中历史"图说二战"的教学设计

上海市鞍山实验中学 刘 念

一、教学背景

本堂课是在初二历史学业水平考试背景下，以2011年版《上海市初中历史课程标准》为指导，借助AISCHOOL平台创设的局部网络环境，考查、优化学生关于图片证史价值掌握情况的复习实验课。

第二次世界大战的相关史事是学业考查的重点内容，而图片史料价值也是初中学段学生需要掌握的史学思想方法内容的重要组成部分。作为复习课，本堂课以第二次世界大战相关史事为基础，通过各类图片资料，考查学生收集、提取图片信息和辨析图片史料价值的能力。教师期望通过这样的整合，在授课过程中达到对历史知识、历史思维和历史价值观的有效复习。

二、教学目标

了解图片类型、产生时间、出处是影响图片史料价值的重要因素；理解照片、战争海报、电影海报、油画的史料价值，并能从中收集相关历史信息；直观感受战争对人类文明产生的重大影响，树立反战意识。

三、教学过程

[环节一] 导入新课——从油画中提取相关历史信息
出示油画：《公元一九四五年九月九日九时 南京》
教师提问：①反映的历史场景是什么？②是否可信？说明理由。
设计意图：归纳影响图片真实性的因素，进入主题。
过渡：油画是用图片表达历史的一种方式，各类图片有助于我们直观形象地认识历史。今天，我们尝试借助图片来复习第二次世界大战。我们先通过一个小测试，考查同学们对二战知识的掌握情况。

[环节二] 知识考查及反馈——回答与第二次世界大战有关的图片类问题
当堂测试：二战知识我来答（见附录一）。
测试方式：PAD云平台高级推送，答题时间为3分钟，当堂反馈。
设计意图：复习第二次世界大战的相关历史，初步了解学生在收集信息、史料分类、史料收集基本途径等方面的学习情况。

过渡：照片是原始史料，是不是所有照片都可信呢？接下来，我们提供一组照片，请同学们选出最可信的一张。

[环节三] 照片中的法西斯政权——辨析照片可信度

推送 Word 文档：三张照片，选出最可信的一张，说明理由（附录二）。

教师问题：如果是可信的，这张照片能反映出法西斯政权具有什么样的特性？

设计意图：明确照片的证史价值。通常情况下，照片在一定程度上能够真实地记录历史场景，但依然需要结合其他史料共同证史。同时，刻意拍摄的带有欺骗性的照片不能反映历史事件的真实，却能够反映出拍摄者的立场和意图，可以从另一个角度解读历史。通过对照片的辨析，得出法西斯统治对内独裁、对外侵略，并伴有很强的欺骗性。

过渡：通过照片我们对法西斯政权有了形象直观的认识。由于共同的利益诉求，1940 年，德、意、日三国签署了《德意日三国同盟条约》。一时之间，法西斯气焰极其嚣张。第二年，日方的一个行动促使二战的规模进一步扩大——日本偷袭珍珠港（PPT）。我们通过"珍珠港事件"爆发后出现的两张图片，来了解"珍珠港事件"产生的影响。

[环节四] "珍珠港事件"的影响——教师示范解读海报

出示海报：两张海报（见附录三）。

教师问题：①是否可信？为什么？②从海报中我们可以获得哪些历史信息？

设计意图：考查学生是否掌握判断原始史料的标准。海报是原始史料，表达的是一种态度，类似于时代潮流的风向标，有力地宣传国家、团体或是个人的意志。立场不同，海报的主题也随之不同。

[环节五] "珍珠港事件"后的世界将何去何从——学生模仿解读海报

当堂测试：海报密码我来解（见附录四）。

设计意图：由教师示范到学生模仿，考查学生对于《联合国家宣言》相关史事的了解和解读海报的能力。

[环节六] 归纳原始图片的史料价值

教师提问：结合课堂所学，哪种图片史料价值最高？需要注意什么？

设计意图：由学生归纳总结，教师点拨，强化对图片史料价值的认识。

过渡：要了解雅尔塔会议的实质，仅仅靠照片是不行的，还需要其他史料予以辅助。

[环节七] 图文互证，客观认识历史

出示材料：雅尔塔会议照片、《雅尔塔会议档案》及《丘吉尔回忆录》。

教师问题：照片中美英苏三巨头的神态，反映出三国之间怎样的关系？你会收集哪些史料开展进一步的验证？对比材料，你对三国关系有哪些新的认识？

设计意图：图文互证，揭示三国外交真相，表明"冷战"即将拉开帷幕。再次明确图片史料需要和其他史料相互印证的史学思想方法。

四、教学反思

1. 教学目的明确化

在第一次试讲时，笔者对于教学目标并不是特别明确，在授课过程中，往往把大量的时间运用在对于图片资料的分析上。本堂课希望培养学生分析、辨析图片史料价值的能力。以环节三为例，针对这个问题，教师做了如下调整：首先，选择了更能反映法西斯特征的比较清晰的照片；其次，对于每幅照片都给予比较完整的语言信息，学生不用花时间去解读照片的内容；最后，运用问题设置，让学生把思考重点放在判断照片的可信度上。这样教学目标就明确了。

2. 上课过程清晰化

教师原本设想用附录一中的四幅照片把整堂课串联在一起。在实际授课过程中发现这样会有多个知识点的重合，且缺乏知识点间的层次递进性。后来做了些调整，以第二次世界大战中的两个知识点为重心，调整课堂设计，并在每个环节后做一个小结，明确每个环节的中心目标。教学设计过程如下：判断图片可信度的因素—图片史料的两种分类方式—原始照片可信度分析—海报信息的分析—多种史料相互印证。

3. 教学手段多样化

本堂课依然以 AISCHOOL 平台为依托，在本堂课中两次运用了其测试功能，并进行了答题限时。通过此功能实现了当堂反馈，把握学生学习难点，教师能予以及时解答。本堂课还运用了投票功能，通过此功能学生们选出最可信的照片，并进行课堂交流，节约了课堂时间，提高了学习效率。本堂课以各种图片为主要载体，通过多媒体和PAD，学生可以近距离接触到各种素材，弥补了传统课堂在这方面的不足。

4. 突出复习课特点

复习课是建立在学生对第二次世界大战的知识已有一定掌握的基础上设计的。对于相关知识不需要做过多的讲解，而是考查学生是否已经掌握。在设计时，教师轻知识点而重方法，通过教学环节印证学生对于知识点的掌握，引导学生思考历史图片的可信性。对于相关知识点，用一张幻灯片予以小结。在复习旧知识的同时，把握探寻各类图片史料价值的方法。

资料附录

[附录一] 二战知识我来答

1. 观察照片《雅尔塔会议》，中央有三个人物坐在一起，坐在中间的是____。（单选题）

答案：D

A. 丘吉尔　　　　B. 斯大林　　　　C. 戴高乐　　　　D. 罗斯福

2. 继续观察照片《雅尔塔会议》，我们从中无法获得的历史信息是____。（单选题）

答案：D

A. 局部场景　　　B. 服饰信息　　　C. 人物神态　　　D. 人物心理活动

3. 下面是连环画《诺曼底登陆战》的封面，如果我们想了解更多与诺曼底登陆战有关的信息，还可以通过哪些方式？____（多选题）

答案：A，B，C，D

A. 查找档案资料 B. 查找战地记者影像资料
C. 查阅当事人回忆录 D. 实地探访考察

4. 以下是四张关于第二次世界大战的图片，请按照时间先后顺序依次排序____。（单选题）

答案：B

A. 2—1—4—3 B. 3—2—4—1 C. 4—2—3—1 D. 3—2—1—4

图1 雅尔塔会议　　图2 珍珠港　　图3 入侵波兰　　图4 诺曼底登陆战

5. 第4题提供的图片，哪一张可信度比较高？____（单选题）

答案：A

A. 图1 B. 图2 C. 图3 D. 图4

[附录二] 哪张照片最可信

1.《罗马法西斯党徒·反对派宣传品》

2.《东京日日新闻对杀人竞赛的报道》

3.《日本士兵和中国儿童一起游戏》

[附录三] 两张海报

[附录四] 海报密码我来解（参考自历年上海会考题）

海报，激励民众热情，引领时代潮流。观察上图所示的1942年苏联宣传海报，回答问题。

1. 海报中，"手"喻指的国家是____。（单选题）

答案：B

A. 美、英、中　　B. 美、英、苏　　C. 美、苏、中　　D. 英、苏、中

2. 海报中"绞索"象征的历史事件是____。（单选题）

答案：B

A. 诺曼底登陆　　　　　　　　B.《联合国家宣言》签署

C. 阿拉曼战役　　　　　　　　D.《波茨坦宣言》发表

3. 海报所凸显的创作主题应是____。（单选题）

答案：C

A. 扩张肆虐自食其果　　　　　B. 残害民众罪恶滔天

C. 合力绞杀纳粹德国　　　　　D. 纳粹军备不堪一击

4. 中国在这一时期处于以下哪个阶段？____（单选题）

答案：B

A. 战略防御　　B. 战略相持　　C. 战略反攻　　D. 全面胜利

5. 从海报中能够获得的信息有____。（多选题）

答案：A，B，C

A. 时代背景　　　　　　　　　B. 作品的宣传主题

C. 作者的创作意图　　　　　　D. 观看者的态度

"大气层和气温"教学设计

上海市鞍山初级中学　雷婧蘷

一、教学背景与目标

"小小气象台"校本拓展课的教学对象为六年级学生，结合初中地理教学和学校硬件设施，自编教材，根据学情展开教学设计。本节课是第 2 章 "描述天气" 的第 1 课，主要探究对象是气温与风的形成。根据学情，制定教学目标如下：

（1）知道天气的要素——气温和风。
（2）能设计实验，证明空气的存在。
（3）能设计实验，说明冷暖空气的流动，并理解两种不同的气团相遇时会发生的天气现象。
（4）能说出什么是气温，知道温度的测量方式，能说出什么因素使空气的温度升高。
（5）能说出龙卷风与台风的区别。

二、教学过程

【准备】这里有一个谜语：什么物质看不见摸不着？

如果你回答"空气"，那么，你就答对了。你是如何知道空气是物质的呢？

【探究技能】提出假设。

我们假设空气是存在的。科学研究，先提出假设，我们现在知道"空气是存在的"这个命题，但若研究的是一个还未被确定的物质，就需要先做出假设。

【探究技能】交流。

当你与其他人分享信息时，你就是在交流。

【转】我们知道空气是存在的，但是，如何证明空气是存在的呢？

【探究技能】设计实验。

【探究活动1】如何证明空气是存在的？（给出多种材料，学生自己设计实验过程。）

示例实验：

活动步骤：

（1）在一个容器中装入大约一半的水，然后将一张干纸巾塞进一只杯子的底部。

（2）将这只杯子倒置过来，按到这个容器的底部。注意，不要倾斜杯子。

（3）将杯子从水中取出来，记住不要倾斜杯子。观察一下这张纸巾，并将你的发现记录下来。

（4）再次将杯子倒过来，按到这个容器的底部。这一次，慢慢地倾斜杯子。将你的发现记下来。

得出结论：

（1）在步骤（3）中，纸巾发生了什么变化？（纸巾没有湿，杯子内水位很低，甚至没有水进入杯子。）在步骤（4）中，纸巾发生了什么变化？（水进入杯子，水位与容器里的水位持平，纸巾变湿了。）

（2）是什么物质导致了水不能占满整个杯子？（空气）

（3）空气是物质吗？你是如何判断的？

（4）进一步探究：如果在月球上做这个实验，将会发生什么现象？请说说你的理由。

【学习阅读】重要概念：天气的三大要素是气温、气压和风。

设计说明：创新实验室课程旨在培养学生科学探究能力。本节课以探究活动（实验）入手，既激发学生学习兴趣与思维、引出本节课探究主题和要素，又能在实验中培养学生的科学探究能力。在发现—猜测—验证的过程中，逐步养成良好的科学探究的习惯和素养。

【探究活动2】如何证明空气是流动的？（给出多种材料，学生自己设计实验过程。）

示例实验：

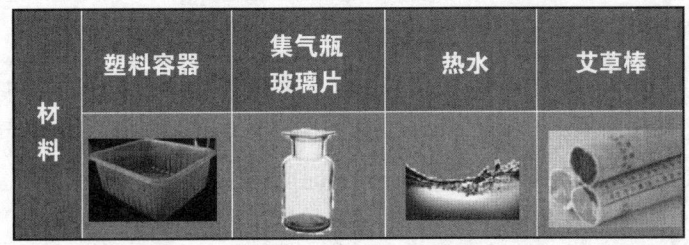

活动步骤：

（1）向集气瓶内加烟，盖上玻璃片。

（2）将带玻璃片的集气瓶"正放"在热水里加热。

（3）对准含有热空气的集气瓶瓶口（玻璃片上方），倒扣一个集气瓶。

（4）"抽掉"玻璃片。

（5）观察烟的流动。

结论：热空气上升，冷空气下沉，形成对流。

> **设计说明：** 对六年级学生来说，空气的对流（冷热空气的性质等）是一个难点，也是承上启下的重点。通过实验，观察现象、思考原因，能够帮助学生理解较为抽象、深奥的科学知识和原理。

【提问】空气流动时，会发生什么现象？

【解说】空气会从气压高的地方向气压低的地方流动。这种流动的空气叫作风。

【阅读】重要概念：当两种不同的气团相遇时，会发生什么现象？

（本章第4课将作详细解释） **空气的流动**

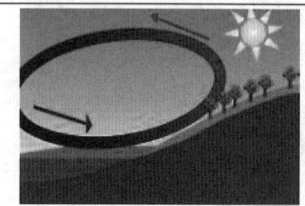

海风从海洋吹向陆地。 白天，当海洋上方空气的温度比陆地上方空气的温度低时，就会发生这种现象

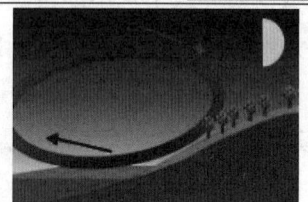

陆风从陆地吹向海洋。 晚上，当陆地上方空气的温度比海洋上方空气的温度低时，就会发生这种现象

较冷的空气产生较高的气压。空气总是从高气压的地方向低气压的地方流动

【解说】空气就在你的周围，它包围着整个地球。包围地球的空气叫作大气。大气是由不同的气体和尘埃组成的。其中一些尘埃来自地球上的大火和火山爆发。

【提问】对于地球上的大气，我们有哪些认识呢？

【探究技能】交流。

【解说】地球分为好几层，每一层都有各自的特征。距离地球表面最近的一层叫作对流层。地球上几乎所有的生命都存在于这一层，云、雨、雪等主要天气现象也都发生在这一层。天气就是某一特定地点在某一特定时间的空气状况。

【提问】大气是由什么组成的？

【提问】是什么（能量）使得地球上的空气受热升温？

【回答】太阳（能）。

【解说】太阳使空气受热，热空气上升，冷空气下降，形成大自然的风。在一个炎热的夏日，当你走到室外时，你会发出怎样的感叹呢？你会说："天气好热啊！"这里的"天气"其实指的就是空气。

太阳光中的能量加热空气，使它变得温暖，具有较高的温度。气温始终都处于变化之中。你知道，白天通常要比晚上暖和一些。这是因为白天有阳光照射，使地表空气的温度升高了。

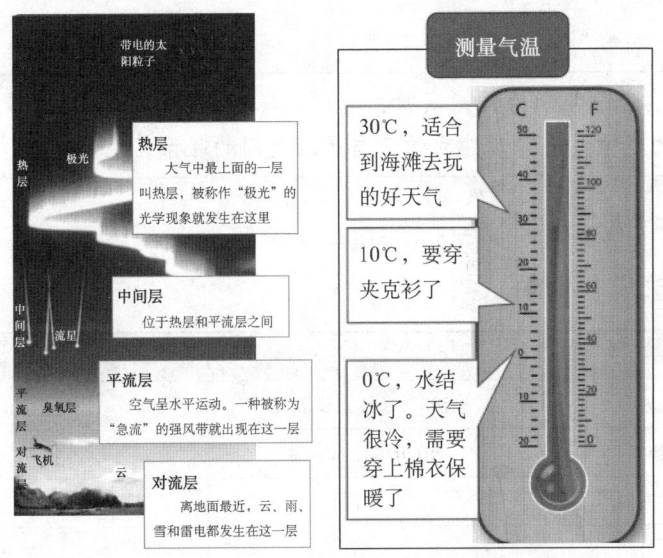

【想一想】你可以用什么方法来测量温度呢？温度是用温度计来测量的。

是否包围地球的所有空气都能从太阳那里得到同样多的热量呢？答案为"否"。靠近地球南北两极的地区得到的热量比靠近赤道的地区得到的热量要少。因为在两极附近，太阳在天空中的位置很低，即太阳高度小（我们将在后面的课程中详细解释"太阳高度"这个问题），太阳光穿过大气层所"走过"的路程就长，热量散发也就多，所以到达地面的热量就少。这就是赤道附近要比极地附近热的原因之一。

> 设计说明：理论联系实际。前半节课是从生活中发现问题，通过实验解决问题，这部分就是将学到的知识再还原于生活，建立生活和学习、现象和科学之间的联系。

【家庭实验】杯子中的"龙卷风"（给出多种材料，学生自己设计实验过程。）

需要准备的材料：一个玻璃杯、一瓶碳酸饮料、一袋食盐、一个小勺。

【实验步骤】

（1）往玻璃杯倒大半杯碳酸饮料。

（2）在盛碳酸饮料的杯子里加一勺食盐，这时注意观察杯中的变化，并拍下照片。

【发现】你会看到从杯底垂直地升起一根长鼻状的带子，像天空中出现的龙卷风。

【解释】在含有碳酸的饮料中加入食盐后，会析出二氧化碳气体。二氧化碳以小气泡的形式出现，玻璃杯里的饮料就会出现一根长鼻状的带子，类似于天空中出现的龙卷风。我们在电视里看到的龙卷风是一个像漏斗一样的云柱，一般是从乳白色到暗灰色或灰黑色。云柱由凝结的水汽以及被地面卷上去的大量尘埃碎屑组成。这种云柱从积雨云底部伸出来，上段粗，下段细，有的悬挂在半空，有的直接延伸到地面或水面，一边旋转，一边向前移动。

> **设计说明：** 这一部分为补充实验，可以在课后与家人一起完成。这部分实验是课堂的延伸，进一步建立学习与生活之间的联系。

【探究技能】比较学习：龙卷风和台风

观看视频，完成下表：

	龙卷风	台风
中心风力	100米/秒，非常大	50米/秒，大
持续时间	10分钟左右，短	几天到十几天，长
旋转方向	顺逆都有	北逆南顺
影响范围	小	大
天气系统的尺度	小尺度天气系统	大尺度天气系统

> **设计说明：** 通过对比，解决学习中的疑惑，并培养学生"知其然，知其所以然"的学习态度。用数据和视频呈现台风和龙卷风的区别，不仅有说服力，而且能够潜移默化地培养学生严谨的科学探究态度。

【总结】今天我们在学习自然界的空气与风的过程中，学会了"作出假设""交流""设计实验""比较学习"等探究方法。希望大家在学习和生活中，带着探究的眼光，去发现大自然的奥秘，体验精彩的人生。

三、教学反思

1. 特点

（1）以实验探究为主要活动载体和方式。旨在通过创新实验，培养学生对科学探究的兴趣，提高环保意识和创新思维意识，并着力提高实验、探究的能力。同时，在小组合作探究中，培养学生团结协作和社会活动的能力，全面提高学生的素质。以创新实验为主要载体，创新实验包括"如何证明空气是存在的""如何证明空气是流动的"以及"模拟龙卷风"，由浅入深，培养学生的基础科学素养，如观察、推理、预测、交流、比较、得出结论等能力。意图通过由浅入深的科学探究，逐步培养阅读、使用图片、写作、收集信息和使用工具的能力。

（2）以常见现象作为矛盾激发点。聚焦常见的天气现象中的"风"，展开研究。从证明空气的存在，到研究空气的流动，再到空气流动的动力来源，分析风的形成。最后，意图由龙卷风与台风的比较，引入对保护生命与财产安全的教育，并上升到顺应自然和谐发展的人地协调观的渗透。

（3）关注人地协调发展观的渗透。气象与人类生活息息相关，随着社会的发展，人们也越来越关注气象，关注生活质量提升。在初中起始年级开展气象实践活动是科学教育的有效载体，是提升学生素养的重要途径。开展气象科普教育不仅可以实现课堂学习的有效拓展，而且可以培养学生的观察能力、动手能力、分析能力和运用知识解决实际问题的能力，为学生终身学习打下扎实基础。

2．存在不足

（1）还需考虑部分学生的学习基础，课程设计还应更全面地了解学情，课程难度和课时设置上还需调整。

（2）前半节课的课堂符合创新实验课程的标准，而后半节课由于时间和设备原因，学生的认知和讨论并不充分，比较和表达的科学探究能力未能充分激发和培养。

（3）总结部分尚显仓促，应进一步提高对学情的把握和对课堂的评价能力。

"习作观察评价表"在作文讲评课中的设计与应用

上海市鞍山实验中学 金逸斐

一、教学背景

语文核心素养是学生在积极主动的语言实践活动中构建起来并在真实的语言运用情境中表现出来的个体言语经验和言语品质,是学生在语文学习中获得的语言知识与语言能力、思维方法和思维品质,是基于正确的情感、态度和价值观的审美情趣和文化感受能力的综合体现。语文学科的核心素养包含"语言建构与运用""思维发展与提升""审美鉴赏与创造"和"文化理解与传承"。核心素养的理念可以作为我们思考和确立语文学科中基本问题的视角。

如何在写作课堂中渗透核心素养,提升学生的能力呢?传统的写作教学往往注重教师"教"(指导)的环节,忽视"评"(评价)的环节;重视学生"写"(写作)的环节,忽视"改"(修改)的环节。实际上,"评"和"改"这两个让人忽视的环节是对学生习作水平提升的重要步骤。

为了进一步提高学生的自主评价和写作能力,对习作"评"和"改"的环节加以深入研究,我校语文组于2015年开展了以"初中语文作文教学对应不同专题的自主评价量表的开发与研究"为主题的科研课题。笔者在上海市教研室专家曹刚老师的指导下,进一步设计了"习作观察评价表",并开展了相应的教学实践。

二、评价表设计

"习作观察评价表"是针对初中记叙文写作设计的一种简单易操作的评价量表,具有普遍适用性。该表由"一级指标""观察点"和"评语"三个维度组成,其中"一级指标"包括"审题""立意""材料与中心的关系"和"语言",它们是评价一篇习作的基本角度,彼此之间相互独立又互相联系。"审题"是习作评价的起点,"立意"是核心,"材料与中心的关系"是重点,"语言"是参考点。"观察点"就每一级指标都有相对应的问题,问题设计以判断题或问答题的形式呈现,每一题目之间具有内在关联,便于学生回答和使用。"评语"是教师基于学生对"观察点"问题的回答后所作出的评价。"习作观察评价表"是一种适用于初中阶段各年级记叙文写作的通用评价表格,依据历年上海市初中毕业统一学业考试作文评分标准制定,具体表格参见附录。

三、评价表应用

本堂习作讲评课的教学目标:学习利用"习作观察评价表"对文章进行评价和修改,了解写作的一般思考路径。以下是两个运用评价表的教学片断。

[教学片断1]

师:我们要评价一篇作文,首先要做什么?

生1:审题。

师:很好。那如何审题呢? 让我们来看看××同学的作业。(PPT展示"审题",选存在共性问题的作业)

一级指标	观察点	评语
审题	1.请写出你对"晚归"这个题目的理解:	写晚上谁回来
	2.根据题目,你会提出哪些问题?	谁晚归?晚归后发生了什么?

师:这位同学对第一个问题的答案有什么问题吗?

生1:这个答案不是在回答对题目的理解,已经在回答写什么内容了。

师(追问):你是怎么理解题意的?

生1:"晚归"是"晚上回来"的意思。

生2:我想纠正一下,"晚"不一定就是"晚上",可以只表明时间比较晚而已。

师:这位同学,你对字意的理解很精准,PPT上所列举的答案就是我们很多同学共同的问题。我们在审题时,不是先想写什么材料,而是首先应该思考这个题目的基本意思。对于这个题目,我们可以通过逐字分析的方法来思考。请一名同学说说看,比如哪个字有限定的要求? 限定了什么?

生3:"晚"限定了时间,"归"表示"回来,返回"的意思。

师:非常准确!请同学们在评价表一级指标"审题"的评语一栏更正自己的答案。

师:如果要写这篇文章,你准备按照什么顺序来回答这些问题呢?

生:(由若干学生回答,教师板书"问题链")谁晚归? 为什么晚归? 晚归时的情形是怎样的? 晚归后发生了什么?

师:同学们提的问题都紧扣住了题目,还有补充吗?

生4:今天我为什么还记得这件事?

师:我们经历过那么多事,为什么看到这个题目就想到这件事? 当提出这个问题时,其实就涉及了文章想要表达什么。（同时板书"谁、为什么、前、时、后""为什么记得"）

师：如果要写这篇文章，你准备按照什么顺序来回答这些问题呢？

生5："谁晚归""为什么晚归""晚归时的情形""晚归后发生的事""今天我为什么还记得这件事"。

师：这位同学的回答告诉我们在写作中要注意事情发展的逻辑顺序。如果我们把这些问题串起来，它就形成了一条问题链。当然，有时为了表达的需要，我们安排材料的叙述顺序也可以做些调整。问题链也可以有不同的组合形式。

一级指标	观察点	评语
审题	1.请写出你对"晚归"这个题目的理解： 写晚上谁回来 2.根据题目，你会提出哪些问题？ 谁晚归？ 晚归后发生了什么？	"归"是回来的意思，"晚"强调了时间的晚 谁晚归？↓ 晚归前发生什么？ （为什么晚归？）↓ 晚归时的情形怎样？↓ 晚归后发生了什么？↓ 今天为什么还记得？

师：现在你可以结合评价表和板书告诉我应该怎么审题吗？

生6：你先要想的是题目基本意思是什么，然后可以围绕题目提出一些问题。

师（追问）：还应该思考什么？

生6：这些问题按照什么顺序来回答？

师：磨刀不误砍柴工。你看到一个题目，想明白了要写什么，你才能评判别人是怎么写的，这才有了比较的可能。

［设计意图］提供表格支架，明确评价指标。

在课的初始阶段，笔者通过提供表格支架的学习支持，反馈预习作业，引导学生通过互相评价的学习策略找出审题过程中容易犯的共性错误。学生在"答案比较""正误判断""错因分析"的互评过程中逐渐明晰了审题的基本步骤：第一步是思考题目的基本意思，第二步是围绕题目提出问题，第三步是将提出的问题梳理成问题链。教师在这个教学环节起到的是串连的作用。将学生的错误展示出来，抛出问题给学生，观察同伴之间的互评，引导他们独立思考，进而生成正确的审题步骤。

显而易见，这篇文章是一篇套题作文，题目是"晚归"，但是主要写的内容是父亲陪读。很多学生都存在着类似的问题。作文训练的关键是训练学生的逻辑思维，逻辑思维的起点就是概念，而作文的题目本身就是概念，每一个词语就表征为一个概念，若干个词语组合起来的这句话表示所隐含的意思，这是一个逻辑训练的起点，如果题目没有审清楚，是走不下去的。

[教学片断2]

师：刚才的学习过程，我们回应了哪几个评判作文的指标？

生（齐声）：中心、材料。

师：既然我们已经找出中心和材料，××同学刚才说过判断作文的指标是"材料与中心的关系"。那这篇文章的材料是否紧密联系中心呢？要回答这个问题，我们就要把前面的几个评价指标串起来。

师：问题链中的哪些问题材料已经交代了？

生1："谁晚归""晚归后发生的事""今天我为什么还记得这件事"。

师（追问）：问题链中哪些问题材料应该交代而没有交代？

生1："晚归前""为什么晚归""晚归时的情形"。

师：这些都属于应该交代的部分吗？

生（齐声）：不是。

师：为什么有些属于，有些不属于呢？

> 材料是否紧密联系中心呢？
>
> （1）问题链中哪些问题材料已经交代了？
>
> （2）问题链中哪些问题材料应该交代而没有交代？

师：要回答这个问题，让我们来看××同学对材料①的修改，请你说说这位同学补充交代了问题链中哪些问题，这样补充好在哪？请两位同学合作朗读一下。（PPT）

师：这段红字补充交代了爸爸"为什么晚归"和"晚归时的情形"，却没有补充"晚归前"，改写的同学认为"为什么晚归"和"晚归时的情形"属于应该交代的内容，你能说说原因吗？

> **材料①**
>
> （补充：为什么晚归、晚归时的情形）
>
> 那是一个寒冷的冬夜，窗外早已一片漆黑。这时门开了，爸爸满脸疲倦地对妈妈说："今天加班，回来晚了。""那你赶紧吃饭，晚上就别陪儿子做作业了"。妈妈接过爸爸的外套。"那怎么行"，爸爸说着一屁股坐在餐桌前吃起了晚饭。凛冽的寒风敲打着窗户，我开始了每个晚上的艰苦战斗。晚饭后爸爸又静静地坐在沙发上看着报纸。我瞥见他用右手轻轻地夹住报纸的下端，再用左手固定住报纸，轻轻地翻页，这是他独创的"不出声翻页法"。

生2：不清楚。

师（追问）：从补充内容中，你看到了一位怎样的父亲形象？

生2：补充"为什么晚归"和"晚归时的情形"后，我们仿佛可以看到一位平凡的父亲，在外辛苦奔波了一整天，拖着疲倦的身子回家。

师：补充父亲的形象后，对表现"体谅"的中心有什么作用？（老师圈一个字，请你体会一下——"又"）

生2："又"说明父亲平时也是如此，静悄悄地陪我做作业。

师：很好！还有补充吗？

生3："又"说明今天父亲在外辛苦奔波了一整天，拖着疲倦的身子回家，本该早些休息，却仍然坚持陪我做作业，很不容易。况且父亲还独创"不出声翻页法"，这轻轻的翻阅，就像是父亲无声的爱。这也为下文表现"我"对父亲的理解和体谅埋下伏笔。

师：你抓住了关键，补充的问题可以为下文表现"我"对父亲的理解和体谅埋下伏笔。因此，我们可以这样认为，判断问题链中哪些问题材料应该交代，就要看它是否能在文中为表现中心服务。这位同学在材料①中补充了父亲"为什么晚归"和"晚归时"，就是设置了一处伏笔，这处伏笔的作用使看似与中心无关的事为下文"我"的心理变化提供了暗示，从而使读者不至于产生突兀之感。

师：现在再对比修改前的材料，你觉得哪个材料与中心的联系更加紧密？

生（齐声）：修改后。

师：我们用了什么方法使材料与中心联系更紧密的？

生：补充交代。

[设计意图] 提供问题支架，梳理逻辑联系。

对于"材料与中心是否紧密联系"这个难点问题如何处理，笔者尝试通过提供问题支架的学习支持，让学生梳理材料与中心之间的内在逻辑关系，从而判断"材料与中心之间的联系是否紧密"。这可以通过以下几个问题寻求答案：①问题链中哪些问题材料已经交代了？②问题链中哪些问题材料应该交代而没有交代？③哪些材料之间缺少内在联系，没有紧密联系中心？这三个问题的设计意图是通过台阶式的思考一步步引导学生发现材料是吻合、部分吻合还是游离在问题链外，从而了解材料与题意以及中心之间的内在联系，这样对于判断材料是否紧密联系中心就更容易了。

对于第二个小问题，笔者给出修改示范，试图让学生从范例中发现问题链中哪些问题材料应该交代而没有交代。当学生难以回答时，适时结合阅读教学中咬文嚼字的方法，让学生体会补充交代的内容对烘托人物形象、表现文章主旨的作用。通过学生互评补充，及时引导，观察学生对材料与中心之间的逻辑关系的理解是否从感性上升为理性，是否能运用前面所学的作文评价指标判断材料与中心的紧密程度，为后续对材料进行修改打下基础。

四、教学反思

与以往的作文教学相比，利用"习作观察评价表"有两大显著优点：一是，能帮助学生直观地了解评价作文的指标,这几项指标就是平时学生在评价一篇作文时的基本角度。当这些角度通过表格形式呈现出来后,评价的方向就明确了。二是,能帮助学生建立起写作的基本思路。通过一个个的问题深入,学生知道要评价一篇作文,应该如何操作——先审清题意,再找到中心,明确材料,进而判断材料与中心之间的联系是否紧密(语言分析在这节课暂不做讨论)。借助观察评价表检查作业、自主评价的过程就是逐渐明确写作思考路径的过程。当学生知道如何评价作文,也就逐渐知道怎么去写好一篇作文。

这堂课在设计之初只有一个比较宽泛的表格,随着试讲的深入,笔者发现学生更适应回答表格中的具体问题,而这些具体问题就是我们需要学生了解的评价指标和评价过程。因此,笔者在以后的教学中将一级指标细化成具体的问题,以便学生更容易完成其中的任务。

核心素养的理念为作文教学改革指明了方向。这堂课基于核心素养,以"习作观察评价表"为载体,以学生为主体,将传统的作文评价方式打破,提升了作文评价策略的系统性、高效性、可操作性,是作文教学的新尝试。

附录 习作观察评价表

一级指标	观察点	评语
审题	1. 请写出你对题目的理解:	
	2. 根据题目,你会提出哪些问题?	
立意	3. 文中有点明中心的语句吗? (若有,请圈划) (若没有,请从材料中提炼本文的中心)	
材料与中心的关系	4. 请概括叙事部分的材料: 材料① 材料② 材料③	若不吻合,请提出修改建议:
	5. 材料是否吻合题意,紧密联系中心? (填"是""否") 材料①( ) 材料②( ) 材料③( )	
语言	6. 文章遣词造句是否合适?举例说明	
	7. 要表达的意思是否准确?举例说明	

经验策略

JINGYAN CELUE

浅谈创新型教师的发展

上海民办杨浦凯慧初级中学　俞卫佳

　　韩愈的《师说》曰："师者，所以传道授业解惑也。"要传道亦要精于道，要授业亦须精于业，要解惑亦需自知。教师的发展是整个教育发展的前提，而教师的发展需要跟上时代的步伐。21世纪是知识经济的时代，也是一个创新教育的时代。拥有创新型人才的国家可以增强综合实力，国家的发展离不开具有创新意识的人才，而人才的培养离不开教育。目前，全国各地掀起了一股以"创新"为核心素养的教育热潮，作为教师的我们必须要有创新意识，做有创新精神的教育者。那么，如何成为创新型教师？

一、培养创新型人才需要改变教育观念

　　思维决定意识，意识决定行为。教师作为学生成长过程中的引路人，其教育观念更是会对学生产生深远的影响。作为创新型教师，需要树立适应知识经济发展的教育观，始终坚持"以人为本"的教育观念。即：以"启发式"代"注入式"，变"要我学"为"我要学"，从"以教师为中心"转变为"以教师为主导，学生为主体"，学生的考察不再是"唯分数论"，而是多方面综合评估。

　　中国的传统教育观念强调在教学过程中教师的主导作用，而忽视学生在教学过程中的作用。这就导致了教师和学生在教学活动中的不平等，教师在教育活动中占有绝对的权威，学生只是跟着教师的思路走。这样的教学模式容易形成思维定式，只顾闭门造车，不加实践，无法满足现代发展所需。新形势下的教育要面向现代化、面向世界、面向未来，《中共中央、国务院关于深化教育改革和全面推进素质教育的决定》指出，素质教育"以培养学生的创新精神和实践能力为重点""激发学生独立思考和创新的意识""培养学生的科学精神和创新思维习惯"。这不仅指明了教育改革的方向，也反映了时代对人才的新要求。要想培养学生的思维能力和创新能力，就必须要改变传统教育中的师生关系。每个学生都是独立的个体，教师的教学过程不能成为"一言堂"，要去除应试教育的不良观念，学生的培养不是以会做题、考高分为目的，要更加注重自然生成，注重自主学习，注重学生参与的深度，注重方法的提炼，让学生在自主探究中学习。素质教育、创新意识要深入每个教师的心中，教师要充分发挥学生的主观能动性，使学生在轻松愉悦的氛围里展现自我、突破自我，做学生成长道路上的引路人。

二、培养创新型教师需要结合教学特点，加强校本研究

　　教师是教育实践的主要参与者，教师的发展离不开教育实践。建立与教育教学相适

应的以校为本的教学研究制度，是学校发展和教师成长的重要途径。校本研究以学校为基本场所，以促进教师、学生和学校的发展为基本要求，搭建教育教学活动交流平台。通过开展以教师为主体的交流活动，共同探讨、研究以及反思教学实际问题，有利于教师总结和汲取经验，不断提高自己，完善教学活动，提高教学质量。建立以校为本的教育教学活动，有利于形成教师之间的互帮互助、切磋交流的校园文化，使学校不仅仅是学生学习的场所，同样也是教师学习和发展的平台。

1. 校本研究基于学校发展

以校为本的教学研究是在学校中进行的，学校就好像是研究所，课堂是研究室，而教师则是其中的研究员。学校的发展要依据自身特点，不能简单地重复他人之路。校本研究通过贯穿教师的教学活动，总结交流经验，被所有教师认同，并逐步积淀为学校的文化特色。以校为本的研究活动旨在提高教学效率，促使学校、教师以及学生的发展。对广大教师而言，不能解决教学实际问题，不能提高教学质量，不能促进教师专业发展的研究，都不能算是有效的教学研究。

2. 校本研究要促进教师共同进步

以校为本的教学研究要促使教师不断发展，不断进步。而这一发展不仅仅是青年教师的专业发展，同时也要促使经验丰富的老教师发展。

青年教师年龄比学生大不了多少，有活力，更容易和学生们在一起；其思维方式也更加容易贴近学生，从学生的角度出发，知道他们各种各样的想法，也便于及时引导与指正；能够虚心求教，听取有经验教师的指导与建议。在信息多媒体时代，青年教师能够很快地适应新事物，利用多媒体资源丰富自己的课堂教学。但青年教师对于一些突发情况，如学生上课开小差等学生管理方面会因缺乏经验而不知如何解决。在课堂教学方面，如何提高教学效果，如何使教学效果最大化，对广大青年教师来说是一个不断摸索和学习的过程。

常年坚守在教学一线的老教师，也是从青年教师一步步走到今天的。通过不断学习和积累教学经验，能够准确把握教材，吃透教材，在教学方法上也是多变的。现阶段的教学要求不仅仅限于课本教学，不只是教会学生做题，而是要发展，用发展的眼光看世界。要培养学生的创新思维，对知识抱有好奇心，对事物要有自己的想法。教师作为教育者，更要与时俱进，具有创新精神。

通过以校为本的教学研究，促使新老教师在教学上互帮互助，采用集体备课，整合教材内容，在教学过程中倡导反思、交流和总结。在信息化时代，青年教师可以发挥自身优势，整合教学资源，利用信息化技术获得丰富的教学资源，拓宽学生知识面。每个学生都是不同的，都有自己的特长，在这一方面，青年教师可以很好地利用亲和力，充分调动学生的积极性，让他们主动参与学习活动。经验丰富的老教师可以发挥自身优势，从实际出发，对学习活动的可操作性进行甄别与整合。

3. 校本活动的多样化

开展多种形式的校本活动，可以最大程度地满足教师需求，充分挖掘潜力，调动教师的积极性、主动性和创造性，增加教师专业成长的广度与深度，促进教师自主发展与全面发展，以适应新时代的要求。

三、搭建创新型教育平台，引领教师发展

当今社会正在掀起一股"创新"热潮，国家的发展离不开创新，创新的培养离不开教育，教育的创新需要教师来引导和启发。究竟怎样才能更好、更快地培养创新型教师，目前还是一个探索的过程，这就需要我们整个教育体系的团结合作，不断在实践中去检验、总结和反思。

学科教研组作为教育体系的最小单元，在创新教育教学方面很容易被忽略。因为教研组大多进行的是常规的教育教学活动。其实，教研组在备课过程中经常会遇到这样的问题，诸如多样的组织教学，资料的查找，上课过程中的突发奇想、临场发挥……这些都是一种研究，一种发现的过程。如果能把这样的每一个想法认真对待、积极实践，对于学生的教学就能不拘于课本知识的死记硬背，而是依靠实践活动去研究、去探索前人发现知识的过程，去体会、去感知这一知识在生活中的运用，在过程中培养学生的思维以及科学素养。例如，在八年级物理第二章"凸透镜成像"一节中的知识点"透镜对光有会聚作用"的教学上，学生在使用凸透镜时可能会看到一个比较亮的光斑。这时候可以让学生自主探究：如何找到最亮的光斑？在动手实践中，学生可能通过移动凸透镜来寻找最亮的点，这是一种常规的方法。通过测量透镜到最亮点的距离可以发现，这一距离和凸透镜的焦距是相等的，进而巩固验证平行光经凸透镜作用会聚于一点，这一点称之为焦点。这一教学过程可以在户外进行，组织学生利用凸透镜来点火，增加实验的趣味性，调动学生的积极性。当然，这一活动形式开发，对学生的知识和技能水平有一定的要求。同样，对于教师来说也是一种挑战，不能仅限于课本知识，还要广泛学习知识体系在生活中的相关应用，以及相对应的其他学科知识。为此，教师要不断学习，可以向同学科的教师学习，还可以向其他学科的教师学习，甚至还可以向学生学习。学习他们对同一活动的认知以及不同思考方式，综合考虑，归纳总结，形成体系。

搭建学习平台，引导教师自我学习。在区级教研平台的基础上，建立联盟校，开展多种形式的教学活动，在教师培养方面起到了很大的作用。聘请专家型教师进行专题讲座，可以在较短时间内让新手学习如何教学，更快地上手；请有经验的教师结合各联盟校自身特点进行指导教学，加快联盟校成长的步伐；以交流会的形式向其他有特色的学校学习经验。

于漪老师曾经说过："一辈子做教师，一辈子学做教师。"作为教师，我们不仅需要一定的专业知识，还要有不断学习、不断进取的信念。一方面要巩固以前所学的专业知识，并将它们转化为活的知识，使之在传递过程中更加生动和形象；另一方面要不断更新已有的专业知识，不断学习，跟上时代的步伐。因为随着时代的高速发展，专业知识也在不断地更新，不停地发展。我们要学的知识是最新的知识，最先进的技术。在学习和掌握一定知识的基础上，学习新技术的思维模式。而对于教师本身来说也不会因为日复一日、年复一年地重复而感到疲惫和厌倦。改变陈旧的教学观念，学习一些先进的教学理念，在教学方面要多实践、多反思，立足当下，着眼未来，以发展的眼光看待学生。

开展微电影创作实践，培养中学生美育精神

上海市中原中学 龙雨秋

2018年8月30日，习近平总书记给中央美术学院8位老教授的回信中说："美术教育是美育的重要组成部分，对塑造美好心灵具有重要作用。""做好美育工作，要坚持立德树人，扎根时代生活，遵循美育特点，弘扬中华美育精神，让祖国青年一代身心都健康成长。"这告诉我们：推进学校立德树人教育，培养学生创新素养，离不开"做好美育工作"和"弘扬中华美育精神"。

如何落实习近平总书记关于做好美育工作的重要性？如何落实教育部和中共中央宣传部联合印发的《关于加强中小学影视教育的指导意见》？笔者认为，推进学校立德树人教育和培养学生创新素养，离不开"做好美育工作"和"弘扬中华美育精神"。而开展校园微电影创作实践，不仅是推进校园"影视教育"的重要渠道，也是"做好美育工作"、培养中学生"中华美育精神"的重要途径。本文试图从"中华美育精神基本内涵与培养途径""校园微电影的含义与美育功能"和"微电影创作实践对培养学生美育精神的意义"三个方面来论述"开展微电影创作实践和培养中学生美育精神"的内在关系。

一、中华美育精神的基本内涵与培养路径

（一）中华美育精神的基本内涵

1. 中华美育精神的定义

本文中所称的"美育精神"就是指"中华美育精神"。中华美育精神强调的是中华民族审美与艺术传统在育人及其应用层面的独特建树。从根本上说，中华审美与艺术传统的核心内涵就在于良好人格的培育和养成。一个人的全面成长，不仅要在德育、智育和体育等方面发展，也要在美育方面发展。

2. 坚持"立德树人"与"五育并重"

中华教育始祖孔子的育人之道可概括为"始于美育，终于美育"。中国近代教育先驱蔡元培说："纯粹之美育，所以陶养吾人之感情，使有高尚纯洁之习惯，而使人我之见、利己损人之思念，以渐消沮者也。"学校的根本任务是"立德树人"，如何将"立德树人"与创新素养培育结合起来？如何落实"德智体美劳"的"五育并重"？承担"五育并重"的有效载体是什么？一个重要途径是：顺应"互联网+教育"和数码时代的要求，积极运用影视、数码和融媒体技术，通过影视教育课程和微电影创作实践来培养学生美育精神，最终落实"立德树人"和"五育并重"。

（二）中华美育精神的培养路径

1. 校园影视教育的行动指南

2018年12月，教育部和中共中央宣传部联合印发《关于加强中小学影视教育的指导意见》，指出："把影视教育作为中小学德育、美育等工作的重要内容，纳入学校教育教学计划，与学科教学内容有机融合，与校内外活动统筹考虑。""将电影理论、电影鉴赏、微电影创作等专业知识纳入中小学德育和校外教育教师培训内容，提高教师的艺术素养和审美能力，培养一批专兼职结合的影视教育教师队伍。"该指导意见是我们目前和今后做好校园影视教育的行动指南。

2. 通过影视教育课程来培养学生美育精神

中原中学的市级创新实验室"新闻与摄影"工作室的课程"校园影视创客"，是专门讲述和实践"剧本编写"和"影视拍摄"等的校本课程。"打铁还需自身硬"。开展影视教育课程教学，教师首先要自我更新、自我教育、自我提高。如笔者每周四坚持到市科艺中心影像教育中心教研组学习培训，积极参加全国、市区相关影视教育理论研讨或优秀作品交流评选，订阅多种影视教育书籍和期刊等，以提高自身专业素养。在此基础上，我们编写了适合中原学子需要的课程教材《校园影视创客》。该课程在培育学生美育精神上有以下三个特点。

（1）在教学目标上，注重对学生审美观的培育。通过"剧本编写""影视拍摄"和"编辑技术"等教学，培养学生科学的审美观和价值观，辩证看待互联网、智能手机等新兴媒体广泛传播着日益兴起的影视（含微电影）作品为代表的视觉文化。在微电影创作教学中，亲身体验和遵行编剧、表演、拍摄中的艺术规律和美学思想。科学发现微电影《银项圈的情愫》的主演徐璟晖（学生）说："人物的思想、情绪变化以及动作特征，用什么表情、眼神和对话来表现，是值得讲究和推敲的！怎样的表演才能张扬青年学子健康、活泼、向上的精神风貌，更是值得反复体验和不断总结提高的！"

（2）在教学方法上，注重理论和实践相统一。通过数字影像等传媒技术的学习，懂得影像媒体在学习、工作和生活中的重要作用；通过剧本编写的学习，学会收集校园故事素材，尝试微剧本编写；通过脚本知识的学习，学会用导演的眼光来安排演员表演和摄像拍摄；通过镜头语言的学习，能根据故事情节的变化来运用不同景别的拍摄方法；通过剪辑技巧的学习，从音影艺术角度去对作品重新构建和再创作等。如科学发现微电影《老油，新生》的摄影师吴雨阳（学生）说："不同的场景，选择什么景别？不同的情节要拍多少时长（秒）？怎样使场景转化更有蒙太奇效果？推、拉、摇、移转化中，怎样避免镜头晃动？只有在拍摄实践中，反复琢磨、前后比较、细心体会，拍摄技巧和水平才会提高。"

（3）在课程资源上，注重跨学科的整合。"校园影视创客"课程涉及美学艺术、文学编剧、电影简史、摄影摄像、编辑制作和网络传媒等学科，是一门跨人文、自然、艺术等学科和信息、数码、传媒等技术紧密相连的综合型课程。学生们经过较为系统地学习后，努力追求和实现"创意出人意料、拍摄不落俗套"的境界。如公益微电影《让城市暗一点》的导演黄文欣（学生）说："公益微电影不仅要有主题鲜明、情节动人的故事性，也要有拍摄画面美感的艺术性；不同的镜头语言表现不同的场景，故事情节的变化运用的景别也随之变化；要使你的作品有故事性、艺术性和观赏性，首先你得有艺术的眼光、美学的头脑。"

3. 通过微电影创作实践来培养学生美育精神

《关于加强中小学影视教育的指导意见》还指出:"通过电影表演、电影配音、微电影创作、影视节(周)活动等,营造浓厚校园影视文化氛围,让中小学生在看电影、评电影、拍电影、演电影中收获体会和成长。"上海市教委以及市艺术教育委员会定期举行中小学校园影视节目评选,目的是推动作为美育课程重要部分的影视教育进一步发展,让影视教育在深化"立德树人"教育、培养影视艺术人才和传承优秀文化和等发挥积极作用。美育课程体系毫无疑问包含着微电影的创作实践。开展校园微电影创作实践有以下作用。

(1)把立德树人教育具体化、生动化。开展美育课程实践,把勤奋学习、爱国爱党以及实现"中国梦"的感人事例,融入微电影的创作中。如科学发现微电影《银项圈的情愫》讲述的是苗族小朋友莫烁为感谢上海璟晖姐姐的相助之恩,送苗族饰品——银项圈给璟晖姐。后来银项圈出现黑斑,璟晖着急向莫烁小朋友电话求助。当了解到可以用草木灰溶液来去除黑斑时,便约上同学帮她一起来让银项圈重新银光闪闪。全片围绕"银项圈的由来"以及"如何去除银项圈上的黑斑"等线索,生动再现了"民族平等、民族团结"和"科学探索发现"的感人故事。影片所传达的汉族璟晖姐姐和苗族莫烁小朋友的友谊,契合了当下所倡导的社会主义核心价值观。

(2)引导学生们追求"真善美",抵制"假丑恶"。"用小镜头看大世界、用小故事讲大道理"是微电影创作初衷。校园微电影从身边生活中汲取创作素材,赋予青年学子的理解与感受,通过正能量的影像故事来引起学生们的情感共鸣,启发大家树立正确的"三观",追求"真善美",抵制"假丑恶"。如公益微电影《共享单车有话要说》讲述的是"共享单车"作为一种全新的出行方式,满足了市民的短途交通需求,给大家出行带来了方便,推动了城市绿色低碳交通事业。但是少数个别人的乱停乱放、不遵守交规、人为损坏甚至占为己有等不道德的行为日益凸显。为此,创作小组以某高中学生使用共享单车前后思想行为的转变为线索,设计了故事情节和戏剧冲突,用微电影的形式唤醒社会公众善待、爱护使用好"共享单车",让它成为城市中的一道亮丽风景线。

(3)引导学生们树立科学创新精神。微电影的确定主题、编写剧本、选择演员、组织拍摄和剪辑毛片等环节,就是一个科学创新的过程。如科学发现微电影《神秘的弹珠声从何而来》讲述的是阳阳在夜深人静时多次听到屋顶有类似玻璃的弹珠声,起初他认为是神灵鬼怪在作祟,后来和同学到图书馆查找资料、与物理老师做实验、到建筑工地走访工人师傅等,阳阳逐渐打消了迷信思想,对"神秘的弹珠声"有了科学的认识。该片所传递的价值取向是在高科技时代,迷信、谎言和伪科学依然存在,破除它们的重要途径是依靠科学实验和投身社会实践。

二、校园微电影的含义与美育功能

(一)校园微电影的含义

1. 微电影的定义

微电影(Short film),顾名思义即微型电影,指在电影和电视剧艺术的基础上衍生出来的小型影片，具有完整的故事情节，可通过互联网及电脑、智能手机等终端设备观赏的微型电影。具有三个特点：

① 微时长，其放映时长在 3 分钟到 30 分钟之间；
② 微制作，几天到数十天就可以完成一部校园微电影的拍摄、剪辑和上传工作；
③ 微投资，校园微电影投资不过几百元到数千元。

2. 校园微电影的便捷创作

正因为微电影篇幅短小、制作成本和加入创作队伍的"门槛"都很低，只要你对观赏和创作微电影感兴趣，就可以写剧本、做演员、当导演、搭"班子"去创作了；只要你有一架 DV 机或一台单反相机，甚至一部手机就可以去拍摄了；通过个人电脑或智能手机就可编辑反映青春励志、筑梦未来、家国情怀、道义担当和践行创新的校园微电影了。

（二）校园微电影的美育功能

1. 影视教育"是落实立德树人根本任务的有效途径"

《关于加强中小学影视教育的指导意见》指出："利用优秀影片开展中小学生影视教育，是加强中小学生社会主义核心价值观教育的时代需要，是落实立德树人根本任务的有效途径，是丰富中小学育人手段的重要举措。""让中小学生在影视教育中感受世界、开阔视野、体验情感，促进他们身心健康和全面发展。"

2. 微电影"传播真善美和发掘培养影视领域的人才"

正因为影视作品的特殊地位和功能，上海市教委、团市委和上海电影学院等单位每年夏天都要举办"'未来杯'上海市高中生微电影大赛"。大赛以"如'影'随心，青声入'微'"为主题，用微电影这一新媒体，引导学生发现和展示身边的青春正能量，汇集艺术创新的精神作品，传播格调健康的青春文化，将社会主义核心价值观的普及与艺术叙事相结合，纪录、刻画、传播真善美和发掘培养影视领域的人才。

3. 微电影创作是"践行中华美育精神的重要舞台"

顺应时代要求，学校要落实德智体美劳"五育并重"，把对学生"立德树人"教育和创新素养培育融入"五育"的各个方面，那么就要坚持"以文化人、以美育人"。美育不仅是学会认同美、欣赏美和感受美，更重要的是学会发现美、创造美和传播美！开展微电影创作，就是一个"发现美、创造美和传播美"的重要途径，也是践行中华美育精神的重要舞台。

三、微电影创作实践对培养学生美育精神的意义

（一）影视教育有利于形成正确的"三观"

《关于加强中小学影视教育的指导意见》还指出："通过加强中小学影视教育，对于激发学生对党、国家和人民的热爱，增强对'四个自信'的理解与认同，对于从小养成

良好思想道德、心理品质和行为习惯，形成正确的世界观、人生观、价值观，对于提高学生审美和人文素养，形成健康文明的生活方式等具有重要意义。"这段话也包含着开展微电影创作实践对培养学生美育精神的意义。

（二）微电影创作实践有利于培养学生美育精神

1. 培养艺术创造力

微电影创作的基础是剧本的编写。如何让主题和故事情节紧扣社会主义核心价值观，需要在教师指导下，激发学生们的文学想象力和艺术创造力，从校园生活中挖掘和提炼出有价值、有意义的故事元素，在确定好片子主题和故事情节后，写成微剧本和脚本（即分镜头）。主创学生像导演一样去思考和指挥演员的表演、摄影师的机位以及拍摄中镜头语言的运用等。这一过程是最具挑战性的"头脑风暴"和"脑洞大开"的创作过程，参与创作学生的美育精神和艺术创造力从中得到滋润和升华。

2. 传递文化正能量

一部校园微电影，要表达什么主题、弘扬什么精神、宣传什么人物，是创作者首要考虑的问题。中学生正处在科学"三观"形成的关键期，指导教师一定要参与创作和帮助把关：影片的主题思想和人物的言谈举止符合所践行的社会主义核心价值观吗？故事情节设计能照顾观众心理吗？戏剧冲突的逻辑性和艺术性怎样统一？概言之，要围绕新时代校园生活中的新人新事新风尚来编写、拍摄与制作，作品的主题思想才能符合社会主义核心价值观的要求，作品初衷也才能起到弘扬中华美育精神和传递中华文化正能量的作用。

3. 增强综合创新素养

在专业电影拍摄中，时间、场地、演员、餐饮、道具、化妆、器材和车辆等都有专人安排和调度。而微电影创作，则靠学生们自己去解决上述问题。创作团队为了共同的目标，大家齐心协力、想办法解决面临的困难和问题：时间场地安排、拍摄费用筹集、主要演员确定、设备器材落实等。经历这些创作过程，学生们的协调能力、统筹能力、应变能力和创新能力就会得到增强。正如参与微电影创作的学生所说："你拍出来的不一定是最好的，但你所经历的拍摄过程却是最美好的！"

素质教育理论认为：美育是青少年核心素养养成和全面发展的重要组成部分，而中学生的审美观和创造美的能力则可以通过微电影创作实践来得到提高。校园微电影创作"低门槛、低成本、高回报"，是学生们展现自我才华、增加艺术修养、锻炼综合能力和培育创新素养的成长舞台。当下不少中学建设有影视教育的创新实验室，具备开设校园微电影创作课程教学实践的硬件和软件。我们应充分用好这些影视教育资源，从而进一步提升中学生的中华美育精神。

十年磨一课 三课二十载

——机械能守恒定律一课的改进历程

同济大学第一附属中学 李沐东

机械能守恒定律是高中物理非常重要的一个定律，因此，这节课也常被物理教师拿来开设公开课。笔者亦对这节课有多次深入的思考与实践，每一次都有变化和新的收获。

一、初上此课，照本宣科，遗憾多多

笔者初次上机械能守恒定律这节课是在刚从教的第一年。作为新教师需要上考评课，当时选定的课题就是这节课。在带教老师的指导下，基本上是忠于教材，不明就里地上了这节课。教学的基本过程如下。

[实物演示]进行单摆摆动的演示，得出小球在摆动过程中，重力势能与动能进行相互转化（图1）。

[提出问题]重力势能与动能相互转化了多少？

[分析讨论]

（1）物体自由下落过程中，重力是否做功？做什么功？什么形式的能增加？什么形式的能减少？

（2）物体竖直上抛过程中，重力是否做功？做什么功？什么形式的能增加？什么形式的能减少？

[初步结论]重力做正功，物体的重力势能减小，动能增大；重力做负功，物体的重力势能增大，动能减小。只有重力做功时，物体的动能和重力势能相互转化了多少，可以用重力做功的多少来度量。

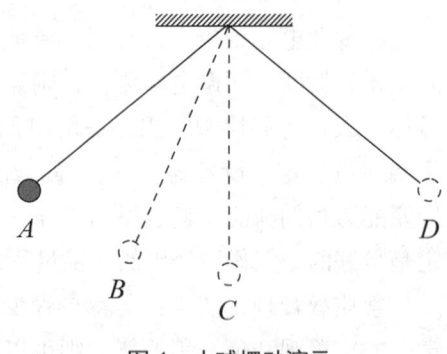

图1 小球摆动演示

[实例计算]

题1：质量为10 kg的物体，从20 m高处自由落下，运用已经学过的知识，把表1填好。

题2：质量为10 kg的物体，从倾角30°、长10 m的光滑斜面由静止滑下，运用已经学过的知识，把表1填好。

表1　实例计算

物体所在位置	动能（J）	重力势能（J）	机械能（J）
A			
B			
C			

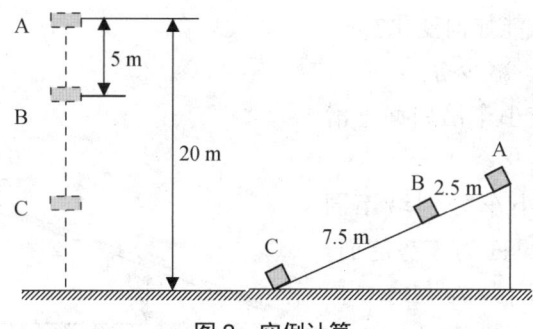

图2　实例计算

[**得出结论**]在只有重力做功的情况下，物体的动能和重力势能都发生了变化，但它们的总量保持不变，即

$$E_K+E_P=恒量$$

这一规律叫作机械能守恒定律。

[**概念辨析**]着重对"只有重力做功"这个条件进行了辨析。强调条件不可以记错，如果记成"只有重力"，则将定律适用的范围缩小了；记成"重力做功"，则将定律的范围扩大了。

[**应用解题**]物体的质量$m=4$ kg，以$v_0=3$ m/s的初速度沿倾角为30°的光滑斜面地点A向上滑动，$AB=0.5$ m，求物体在B点的速度大小。

[**总结解题步骤**]
（1）选取研究对象，并进行受力、力做功分析。
（2）确定初末状态，并选取零势能面。
（3）根据机械能守恒定律列方程。
（4）求解检验。

课后同组的教师夸赞了概念辨析这一环节的教学，笔者也认为较好地完成了这次上课的任务。

十年后，笔者又要上这节课的公开课。在教学准备时，把之前的教案拿出来看，发现存在不少问题：
（1）规律得出牵强，仅凭两个计算即归纳出结论。
（2）概念的辨析脱离学生实际，学生刚刚知晓规律，进行上述的概念辨析对他们来说毫无体会。
（3）规律得出后，忙着进行解题并提炼出解题的一般步骤，直接指向应试的目的。

二、再上此课，重视实验，强调探究

重新上此课时恰逢上海二期课改全面铺开，受到课改理念的影响以及同行对该节课设计的启发，笔者对本节课进行了重新设计，强调"实验探究"。教学的基本过程如下。

[**情境引入**] 播放国内垂直落差最大的过山车运行录像。

[**提出问题1**] 过山车在运动过程中，重力势能、动能相互转化，而每一状态它的动能与重力势能之和机械能如何变化？

[**学生猜想**] 不变、减少等。

[**演示实验**] 研究小车沿斜面下滑过程中机械能总量的变化。

如图3所示，让小车分别沿不同材质的斜面滑下，以桌面为零势能面，分别测出每种材质下，A、B、C三个位置小车的动能和重力势能，记入表2，考察其机械能总量的变化情况。

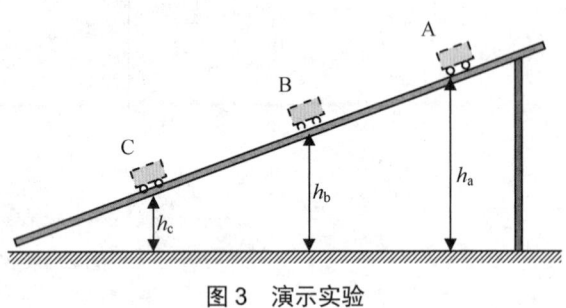

图3 演示实验

表2 演示实验

斜面材料	位置	动能	重力势能	机械能
纤维	A	0		
	B			
	C			
棉布	A	0		
	B			
	C			
木材	A	0		
	B			
	C			

[**提出问题2**] 每种情况下，小车的机械能如何变化？变化原因是什么？由三种情况下机械能变化量的改变趋势，你可以得到什么推测呢？

[**学生推测**] 物体如果不受摩擦力，其机械能将保持不变（守恒）。

[**引导过渡**] 推测是否正确，同样需要经过实验的检验。若通过实验验证，就必须将斜面做得更光滑，那怎样才能尽可能地光滑呢？引导学生思考如何使物体和斜面不接触，得出物体做自由落体或单摆运动。

[**学生实验**] 探究物体自由落体过程中机械能总量的变化，或摆锤在摆动过程中机械能总量的变化。

如图4所示，分别测出A、B、C三个位置物体的动能和重力势能，记入表3，考察其机械能总量的变化情况。

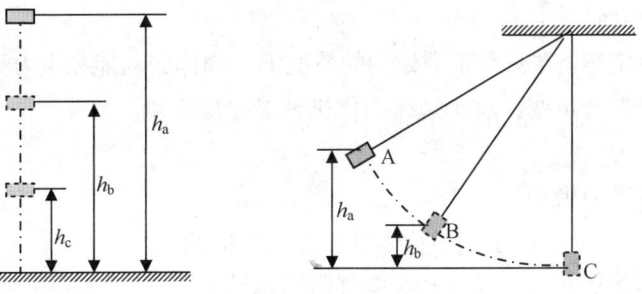

图 4 学生实验

表 3 学生实验

位置	A	B	C
高度 h（m）			
速度 v（m/s）	0.0		
势能 E_P（J）			
动能 E_K（J）			
机械能 E（J）			

[提出问题3] 在实验误差允许的范围内，物体的机械能守恒，那么通过这个实验是不是证实了上述的"推测"？

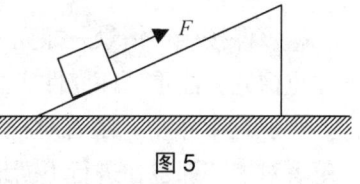

图 5

[引导过渡] 通过实验，验证了推测。但是不是物体不受摩擦力这个条件下，机械能就一定守恒呢？一个结论的确立不仅要能得到证实，还要能禁得起证伪。怎样证伪呢？方式之一就是能否举出反例。例如：物体在力 F 的作用下，沿光滑斜面匀速上滑，机械能守恒吗（图5）？

[提出问题4] 物体不受摩擦力，不是机械能守恒的条件，那么是什么呢？

[理论分析] 对以下几种运动情况（图6）进行分析（从物体受力及力做功的角度），归纳机械能守恒的条件——"只有重力做功"。

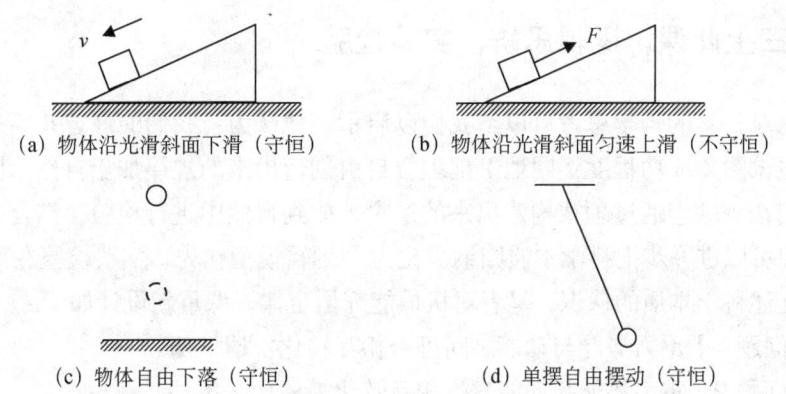

图 6 几种运动情况

[得出结论]

机械能守恒定律：在只有重力做功的情况下，物体的动能和重力势能发生相互转化，但机械能的总量保持不变，这个规律叫作机械能守恒定律。

表达式：$E_1=E_2$

条件：只有重力做功。

[守恒判定] 下列哪些实例中物体机械能是守恒的？

（1）抛出的篮球在空中的运动（空气阻力不计）。

（2）跳伞员在空中匀速下落。

（3）轮滑极限运动员沿光滑曲面下滑。

[现象解释] 现在能源危急问题严重，在能源有限的前提下，我们如何提高能源利用率和节能就变得尤为重要。图7所示为上海某地铁车站的设计方案，与站台连接的轨道有一个小的坡度。为什么在站台上要设置一个小坡度？

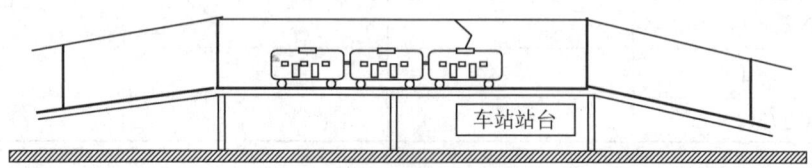

图7　上海某地铁车站设计方案

该课按照"情景—探究—应用"的模式展开，意图让学生经历概念规律的形成过程，注重探究，注重"探究性实验"的应用。

但近十年中，随着对科学本质的了解不断深入、对学科教学知识的理解不断深入，笔者对这节课也在进行不断地反思，觉得存在如下问题：

（1）教学的环节多而烦琐，学生如果一个环节跟不上节奏，将影响整节课的学习。

（2）课堂的思维逻辑牵强、冗余，并且这些思维过程、思维逻辑是教师强加给学生的。

（3）对科学本质的理解肤浅，认为经过实验得出结论才是探究，所以将实验分为"探究性实验"和"验证性实验"。

三、三上此课，逻辑思辨，实验检验

波普尔对科学的哲学思考可以给我们以启示。他认为：我们的理智并不从自然界引出规律，但试图（成功程度不同地）把理智自由创造出来的规律加于自然。因此，科学理论是人们在头脑中通过理智构建出来的逻辑，放到自然中进行检验。结合大量的科学史实，我们可以进一步把科学本质归纳简化为："逻辑模型在先，实践检验在后。"

本着上述科学本质的认识，笔者对机械能守恒定律一课重新设计如下。

[提出问题1] 重力势能与动能之间可否相互转化？请举例。

[提出问题2] 重力势能与动能发生相互转化需要什么条件？

[**理论分析**] 外力做功引起动能变化，重力做功引起重力势能变化。因此，重力势能与动能发生相互转化的条件是"重力做功"。

[**提出问题 3**] 重力势能与动能统称为机械能。重力势能和动能相互转化时，系统机械能不变，需要什么条件？

[**理论分析**] 若要系统机械能总量不变，则必须能量尽在重力势能与动能间转化。因此，重力势能与动能发生相互转化时，系统机械能总量不变的条件是"只有重力做功"。

[**演示实验**]（参见上文"研究小车沿斜面下滑过程中，机械能总量的变化"的演示实验）

[**学生实验**]（参见上文"检验摆锤在摆动过程中机械能守恒"的学生实验）

[**得出结论**] 在只有重力做功的情况下，物体的动能和重力势能发生相互转化，但机械能的总量保持不变，叫作机械能守恒定律。

[**守恒判定**]（参见上文）

[**思考回答**] 随着人类能源消耗的迅速增加，如何有效地提高能的利用率是人类所面临的一项重要任务。图 8 所示为三位设计师为上海某地铁车站设计的方案图。如果你是决策者，从节能的角度考虑，你会选择哪种方案呢？请给出你的理由。

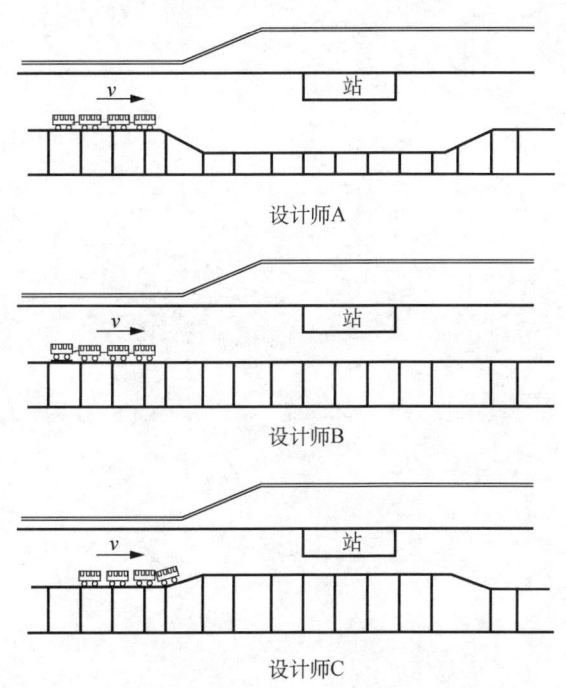

图 8　三位设计师地铁车站设计图

本课的教学设计先通过生活实例说明重力势能和动能可以相互转化，再通过之前所学的功与能关系的知识得出二者相互转化的条件是"重力做功"。若要系统机械能守恒，则条件必须是"只有重力做功"，然后通过实验进行验证。即体现了"逻辑模型在先，实践检验在后"的科学本质的理念。将科学知识看成一个逻辑结构，有利于证实和证伪。

波普尔说:"科学理论和人类所掌握到的一切知识,都不过是推测和假想,人在解决问题的过程中不可避免地掺入了想象力和创造性,即充满了非理性因素,是可错的,科学知识的增长过程就是不断纠错的过程。"因此,"一切结论都是非确定性的假说,一切知识都是有待重塑的对象",我们把这种永远让自己处在无知状态和怀疑状态的基本精神叫作科学精神。如果我们的学生在上科学课的时候,能给他们建立"所学的不是最终结论,而只是一个临时可以使用的具有解释价值的假说",学生将具有怎样的动力?面对这个世界将具有怎样的创新能力?

用技、融技、提技

——信息技术融合背景下的英语课堂教学评一致性模式初探

同济大学第一附属中学　柴楠平

一、英语课堂教学现状

笔者在长期的教学实践中发现，绝大多数教师往往凭借个人经验，通过个人对教材或文本的理解作为素材开展备课、授课和评价。对于高三毕业班的英语教师更是如此，他们一般选择通过语篇的语法结构讲解或是逐字逐句翻译文章开展教学，抑或是对照答案找出证据去评述正确答案分析试卷，将语言习得理论或相关规律抛之脑后，只关注学生卷面上呈现的分数，而非学习过程。

作为新时代的高中英语教师，如此简单的教学信念不仅异化了《课程标准》对于四大核心素养的要求，简化了学生的语言学习过程，更浪费了本可用于指导课堂有效性提升的实时数据，降低了课堂增效可能性。

为更好地服务学生，构建高效科学的课堂生态，推进"双新"要求的教学评一致性，在校园信息化平台的支持下，"课堂讨论""网络教学""网游学霸""网上练习"等教学辅助模块融合应用于教育教学，着力探索以技术运用教学改变"一言堂"的课堂生态，以技术融合拓宽学习者的学习时空，以技术反拨回归语言教学本质，从而提升教学评一致性的目标达成。

二、教、学、评一致性实践初探

在技术时兴的当下，一线教师从"用"到"融"再到"反拨"，三部曲缺一不可。为用而用看似无奈，实则是接触新鲜事物的前提和基础，用了一段时间后的融是水到渠成的功力，若稍加反思研究，便能够从根本上改变传统的"一讲到底、一抄到底"的课堂生态，从而打造基于技术融合的英语课堂教学评一致性模式。

1. 用技，改变一讲到底的课堂

信息技术的参与为课堂提供了更多的可能性，无论是教师发自内心的尝试，还是学校主题式的推进，只要是牵涉到用技术，都容易引起教师的本能抵触。因为一支粉笔、一块黑板或是一张演示文稿就能"高效"解决的问题，为何非要重起炉灶？

其实，教师都清楚，传统的以经验为主导的课堂中，教师的关注主要集中在如何传授知识，通过个人的讲授把知识尽可能快地告诉学生，让学生高效地获取教师需要其掌握的知识。殊不知，这样的做法不仅牺牲了学生的思考过程，以教师的讲代替了学生的学，更是彻底将学习者为中心的思想抛在了九霄云外，贻误学生的学习。

在笔者的尝试中，校园信息化平台的"课堂讨论"模块中内嵌的活动设计在一定程度上能扭转上述窘境。首先，教师通过分层任务布置，将纯粹的教转向学生的学，以学情开展针对性设计。通过任务驱动检测学生对于已学知识的掌握情况，避免教师一讲到底。其次，在单元设计的思想下，教师将上节课或本单元的已学内容设计成填空题给学生进行测试，不同的学生也可以设计不同的试题，确保每个学生都能得到足量的训练。最后，学生可以通过手机直接在课堂上进行作答，教师通过课中实时数据收集，根据学生的学习反馈进行更有针对性的教学，实现教、学、评一致（图1、图2）。

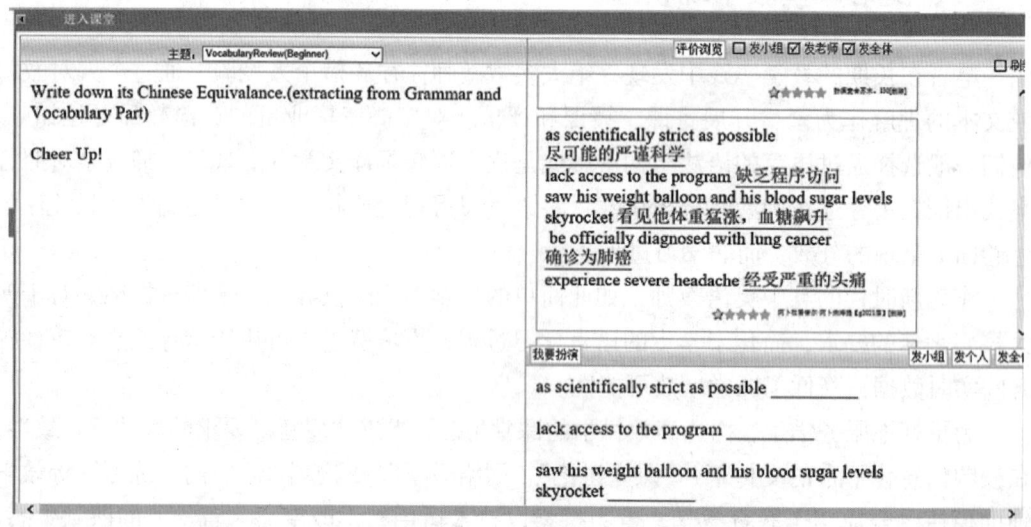

图1 教师通过"课堂讨论"模块设计的语言复习初级任务

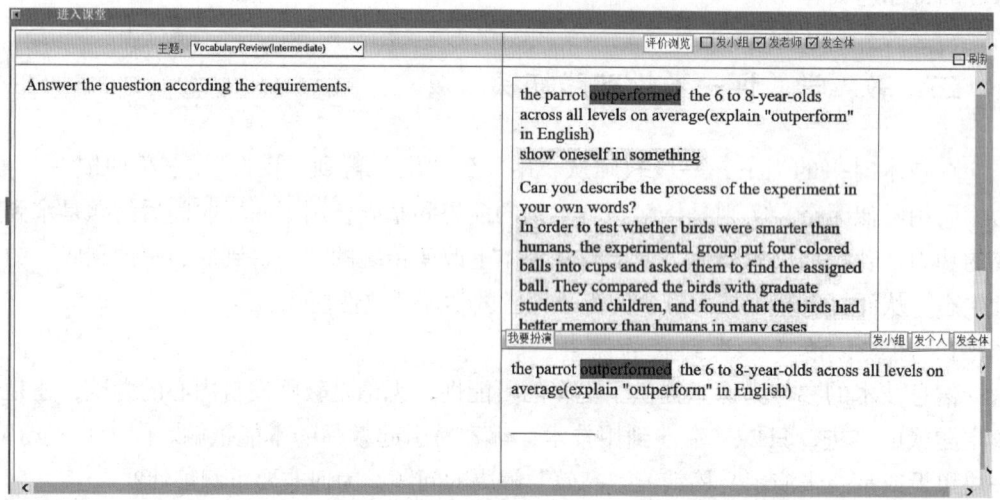

图2 教师通过"课堂讨论"模块设计的语言复习中级任务

在教学任务完成后，教师可以通过内嵌模块对学生开展当堂检测，精确定位学生对于语言知识的掌握程度（图3、图4）。学生也可以根据自己的实际掌握情况进行深度学习，平台本身也会根据学点为学生智能推送相似题目，进行操练。

图3 学生课堂练习的反馈细节

图4 学生的答题情况与正确率展示

2. 融技，拓宽学习本身的时空

初步使用了技术之后，教师和学生都能够感受到课堂的话语权转变，即教师不再是课堂的中心，学习者的身份渐渐浮出水面。而真正的学习一旦开始，就很难再停止，此时将技术更好地融会贯通于学生的学习时空中便成了迫不及待的事情。真正的学习应该开始于自主学习。信息技术支持下的课堂针对创设多维学习时空、导向学生的自主学习有着独特的优势。

对英语语言学习本身而言，网上可供学习的材料浩如烟海，学生单凭一己之力甄选会耗费大量时间，因此教师作为一名有经验的实践者，将网络上的各类学习资源或是日常的备课素材统整到统一的学习模块中，将大大有益于学生的自主学习。学习的时间、记录、成效等信息通过后台数据进行记录，更能够帮助教师了解学生的学习情况。对学习者而言，有组织的自主学习相较于完全散养式的学习更有针对性，而且可以根据教师提供的课堂数据反馈，反思个人学习情况，在课后根据薄弱知识点继续加强练习，确保掌握（图5）。

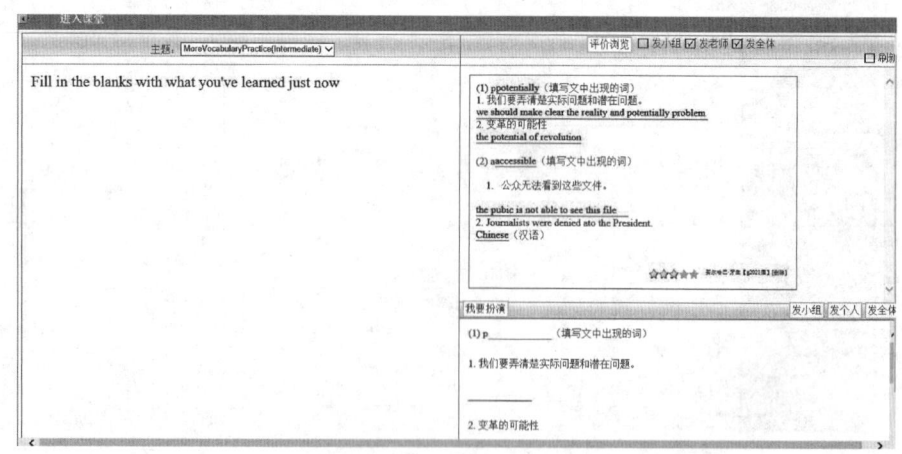

图5　教师设计对已学内容的拓展练习，供学生巩固提升使用

统整学习内容在导向学习者自我学习的路途上扮演着不可或缺的作用。因此，教师在初步融合了技术使用的课堂之后，将海量信息经过二次加工变成学习资源，并提供给学习者，让其产生高效学习的意义变得不可或缺。

3. 提技，回归语言教学的本质

语言教师在课堂中的任务是聚焦语言学习本身，对学生的语言学习的关注应始终在于学生的语言学习是否已经发生，这点应当成为所有语言教师的共识。技术融入课堂对实现这一目标起着积极的推动作用。

教师利用信息技术的辅助对学习者的语言学习进行指导，与传统的教学相比，使语言教学不仅可听且可视。传统的课堂以师生的对话导向语言的产生，不同的学生造就了不可预测的答案，教师操作学生的生成并帮助学生从其本身的水平往上提升层级主要通过对话，而对话由于其本身属性，是稍纵即逝的。信息技术融于课堂后，教师可以通过各类软件将学生的生成内容记录下来。

以教师个人常用的 Notability 为例，其自带的诸如触摸笔书写、键盘输入、高亮文本、图片导入、PDF 导入、放大缩小等相较于传统的黑板优势更为明显，通过投屏直接在教室的屏幕上显示，教师在课堂中将学生生成的语言学习内容进行操作，并用软件直接进行永久记录，而不是昙花一现地出现在黑板上。这样，对于班级后进生的帮助是显而易见的（图6）。

```
1119
Tracker-track-follow
Polar bear doesn't want to put the tracker on.
Device that contains gps
Locate their position
Purposefully loose
Loose-not tight
Deliberately loose/on purpose
Severe headache
To some extent
Remove-take sth off
Move it away
Reject-decline-refuse
Had intended follow the polar bears
Dropped collars-discarded devices-abandoned gps trackers
Useless-garbage-trash data/info
Connected-related-relevantly
Deliberately-purposefully
Potentially-possibly
May be considered as garbage data
Measurements-data that had been measured
```

图6 教师通过记录学生生成与互动内容，帮助学生固化学习内容

课后，不仅学生可以拿到属于自己的语言学习内容，提升个人的语言能力，教师也可根据文本进行反思研究，将教学语言根据学生的实际水平精细打磨，提升教育教学能力。

教师必须认识到，信息技术应是无形地融入课堂中，为课堂教学提供服务，而不是教师耗费大量精力为信息技术本身服务的。作为技术，它本身的可持续性、不可替代性都应当成为教师在设计并将其运用于课堂前应当慎重思考、反复琢磨的事情，一旦决定使用，就应对学习者进行刻意训练，让学习者适应自己对于技术本身的排斥、恐惧、怀疑，同时在掌握了适当的利用信息技术开展学习的技能之后，再进行适应性调整，让信息技术真正转化为打造数据课堂的工具。

三、技术融合英语课堂的问题与策略

为达成教学评一致性的目标，将技术融入传统课堂，优化传统的教育教学模式，使之可操作、可记录、可推广具有重要意义。技术操作的三个层面——"用、融、拨"若按部就班，实践探索，会大有裨益，但"为用而用，缺失体系，单次尝试"，也不可避免地会落入另一种"虚假繁荣"。教师应时刻提醒自己尽可能避免此类问题，并学会巧妙应对。

问题1：为用而用，不聚焦语言学习本身

作为英语教师，要教会学生的除了单词、语法、应试技巧之外，更多的是一种学习语言的状态，教师把个人的语言学习经验迁移到学生的语言学习过程中，从一定程度而言，是一个心理过程，而单纯为了技术的使用会打断学生的语言学习过程。这就对教师提出了很高的要求，不仅要理解技术本身的优势与劣势，更重要的是要用技术辅助来聚焦语言学习过程，而不是为了展示炫酷的技术。

策略1：认知技术，融其于语言学习的过程

语言学习的环节很多，无论是听、说、读、看、写的任一环节都不可或缺，教师通过对技术本身的认知和语言环节的精细化拆分，根据学情与信息技术的熟练程度把控，挑选适合学习过程的技术开展针对性的操练，控制学生对于技术合理应用于语言学习中的可能性，提升其学习有效性。

问题2：缺失体系，拿在盘里皆是菜

教师随意地组织教学材料，或随意使用第三方的平台进行授课，非常容易会陷入教学低效的窠臼。由于开发者的不专业或功利性导向，容易让教师在授课的过程中注意力转向，从而错误地引导学生开展学习。青年教师，用技术容易，但也正因为经验缺乏而导致的随意取材，会大大降低学习的有效性，耽误学生。

策略2：系统布局，以数据引领思考

教师对于语言学习的认知水平高低决定了学生的语言学习水平强弱。通过经验的诱导难免陷入无边无际的搜寻，不如通过调研问卷、课堂反馈、课后评价等多层面多角度思考——如何就学生的所需所急开展富有针对性的引导，帮助学生在原先的水平上更进一步，理应成为教师的职业追求，也成为技术融入课堂的有效途径。

问题3：单次投入，逢场作戏大合唱

信息技术作为融入课堂的工具在探索后理应成为常态，慢慢地改变学习者的习惯和教师的习惯，帮助学习者和教师创造出异于或高于传统教学的模式是信息技术给予我们的馈赠，也是大势所趋。但当下，为了展示而探索，为了汇报而使用的信息技术并不能有效地提升学生的学习效能。"大合唱"只会搬起石头砸自己的脚，耽误学习者的前行。

策略3：深耕精作，课堂落实核心素养

教师不断地理解信息技术于课堂的作用，深耕精作部分对学生特别有指导或启发意义的课时，探索适合不同阶段的学习者的需求，将核心素养的培育放在首要位置，通过与技术的有机结合反复操作，才可真正地实现将技术融入传统课堂的目标。

从《变形记》等教材的解读看思辨性阅读的实践与培养

同济大学第一附属中学 王晓芳

什么是思辨性阅读？思辨性阅读是一种有独立思考、广泛联系、理性、深入的解读，这种阅读方式的目的是让学生不迷信，不盲从，有独立、合理的判断，有理性和良知。从2016年开始，笔者便将培养学生的思辨性思维融入课堂。中国基础教育已经迈入培养学生核心素养的新时代，作为语文教师，有必要对自己所尝试的思辨性阅读教学予以总结与思考。

一、思辨性阅读在语文教学中的意义

《普通高中语文课程标准（2017年版）》提出："思辨性阅读培养发展实证、推理、批判与发现的能力，增强思维的逻辑性和深刻性，认清事物的本质，辨别是非、善恶、美丑，提高理性思维水平。"课程标准将"思辨性阅读与表达"作为语文学习任务群之一，从而引发了思辨性阅读教学的新阶段。

在语文阅读教学中，整本书阅读、长文阅读、群文阅读、专题阅读等都追求阅读的深度思考，需要思辨性思维，需要学生有良好的思维品质。如果学生思维很简单、单线条，既不能悟透作品博大精深的思想，也无法适应纷繁芜杂的社会。思辨性阅读是学生树立"三观"及提高生存能力的重要途径。

二、通过《变形记》教学看思辨性阅读的实践与培养

教学分两个思辨交锋点：多角度解读和正反两方面解读。目标是体会作者卡夫卡的深刻性和真实性。

1. 引导学生多角度阅读，以达到深入解读的目的

第一个教学活动：从作者角度入手分析主题。

作者的性格：孤独忧郁，内向悲观。

↓

为什么作者的内心世界是这样的？（奥匈帝国末期是专制的、社会矛盾激化的时代；父亲性情暴躁，用拳头管教卡夫卡。）

↓

作者把握不了外部的世界，便隐匿在有限的自我之中。而这一切，都毫无保留地反

映在他的作品中。

↓

主题：人情淡漠、人性扭曲；人对自己命运的无能为力；人失去自我就处于绝境；弱者自行消亡，适者走向新生。

分析作者，读者不仅发现作者与作品中人物有相似性，而且现实生活中很多人都像格里高尔。对主题的揭示由浅层走向深入。作品表现了人性异化，人成为"物"的奴隶，变为非人。还表现了当代社会里人的生存恐惧。人变甲虫，象征巨大灾难降临。"人不能掌握命运"代表了当代人的生存状态，人们对未来的命运处于一种不可知的恐惧状态之中。

第二个教学活动：笔者设计了问题"格里高尔能否不变形"。学生们的主意：

生1：格里高尔应在工作之余，做一点自己喜欢的事情；应告诉家人自己已经不堪重负，以缓解压力；要努力与同事快乐相处，多站在对方角度考虑问题，老板、经理等工作压力也很大；应努力让自己的工作成果被他人看见。

生2：格里高尔的家人应出去工作，以减轻格里高尔的负担。

生3：政府要多创造就业机会，完善社保体系。

学生结合自己的人生经历走进文本，生发出独特的个性解读。外因和内因、生存环境与个人的性格互为作用，是格里高尔变形的原因。从政府、他人、个人角度，全方位地分析出格里高尔悲剧有社会、家人、自身三方面的原因，从不同角度提出了行之有效的解决问题的办法，能够比较全面地看待问题。学生发现《变形记》是人文教育的经典文本，卡夫卡是一位有社会责任感的作家，对社会有深邃的洞察力。

2. 引导学生从正反两方面思考，培养学生广阔的阅读视野

对格里高尔的家人，笔者请学生假想：如果你是格里高尔的家人，你会怎样对待这只大甲虫呢？

学生正方：我会省吃俭用，努力赚钱，给格里高尔治病。每天给他打扫房间，做好吃的，陪他聊天。

学生反方：你这样做，太不现实。在现实生活中，"久病床前无孝子"的场面天天上演，家人各忙各事，根本无暇顾及"变形后的格里高尔"。

学生正方否定格里高尔的家人，认为他们有劳动能力却把所有的家庭重担放在格里高尔一个人身上，以致他不堪重负而变了形，格里高尔变形后，这一家人也很自私。这表现出了学生们的善良与真诚。他们恰恰是过于追求美好，而忽略了生活实际。

学生反方用现代的眼光审视社会，用辩证的思维，达成对世界和人生的真实的认知与理解，认为家人这样做符合真实的人性。当家庭的顶梁柱格里高尔丧失劳动能力后，父亲的爱有限，母亲没有爱的能力，妹妹提出放弃他。这三个形象是平凡家庭中常见的形象。卡夫卡的意图在于从一个荒诞的故事中非常客观地展现人性，不美好但却是真实的人性。

课堂首先追求的是"真"，在"真"的基础上才可以继续追求"善"与"美"。学生如果跳过"真"，体现出"善"，那么这种"善"，就是"伪善"。在教学中，教师如果鼓

励学生说真话，学生就会慢慢具备独立思考问题的意识、理性反思的能力，有足够的深刻与真实，能够辨别自由与虚无、真实与谎言。

多数文学作品是表现美的，引领学生感受美、体验美，并在这种感受和体验中塑造他们的美好心灵。但《变形记》反其道而行之，它引领学生感受丑、体验丑，把我们引入具体的社会环境，体验血淋淋的人生。我们读《变形记》，感受格里高尔的痛苦，为格里高尔的悲剧捧一掬同情的眼泪。但流泪不是目的，泪流完后，要痛定思痛，以避免当代"格里高尔"的悲剧发生。

三、使学生打开思路从多方面思辨阅读的具体方法

1. 事件构成方思路

对待同一件事，从不同的角度看待和思考问题，可以获得不一样的理解，可以使我们摆脱框架思维，做出与常规思维截然不同的创新决策。比如莫泊桑的《项链》，从构成方个人、家庭、社会等方面分析马蒂尔德悲剧的原因，就是这种方法。再如《战国策》中赵人卖马的故事，从构成方选取三个角度：赵人（商家厂家）、伯乐（专家推销者）、买者（消费者）。

2. 逆反（矛盾对立面）思路

鼓励学生大胆质疑，寻求对立材料。培养思辨能力必须把接收式的思维方式更新、完善为批判式的思维方式。虽然接收式的思维方式有助于知识的学习和传播，但也带来了不少问题，例如"填鸭式"教育、没有创新等。

如《生命本来没有名字》，针对作者观点"众生平等"，学生会反驳说"众生本不平等"。

《战国策》赵人卖马的故事，可以依据阅读侧重持肯定或否定的态度。肯定赵人（商家厂家）：赵人很聪明，但有无人问津的苦恼，不甘心埋没于市井之间，懂得利用专家名人效应，请贵人推荐自己，以觅得适合自身的财富通途。肯定伯乐（专家推销者）：伯乐有品牌效应，把智慧才华运用到商品领域，推动了商品流通，解决了难卖的问题。肯定买者（消费者）：虽然花了大价钱但买到了真货。

否定赵人（商家厂家）：不择手段获取利益，是奸商。否定伯乐（专家推销者）：伯乐见钱眼开，为伪劣产品打广告；利用自身"名人效应"，将未加鉴别的"好马"推向消费者，不但伤害大众，自己也必然会名誉扫地、公信力再无。否定买者（消费者）：是冤大头，盲目相信专家名人。

如《黄州快哉亭记》作者在文中畅言"快哉"二字，不仅因为快哉亭所处地理位置的景象使人心旷神怡，而且因为宦途失意之人如果"不以物伤性"，则无论处于什么环境，都能"自放山水之间"而独得其快。作者慰藉不得意的士人，希望他们能胸中坦然，有平常心，则生于世而无往不自得。有学生反驳说："要不得的平常心。当我们垂垂老矣时，揣一颗平常心方保延年益寿。对于年轻人而言，人生的价值应该是在平凡中的觉醒，应是伟岸灵魂对卓越目标的追求。试问一个心中毫无波澜只追求平常的人如何有所大作

为？如何不泯于大众，碌碌终生？"

3．广泛联系，深度理解

要求学生不仅能够理解文本的意义，还能够建立新知识和已有知识的关联。比如《病梅馆记》，龚自珍是以梅喻人，托物言志，浅层含义是批判扭曲的品评人才的标准。读者结合自我的人生经历和生命体验，走进文本，与作品中人物对话，与作者对话，会衍生出深层含义：批判我们个人或民族扭曲的审美标准——不以美为美，不以丑为丑。

4．融会贯通，知行合一

即确定立场，形成判断。知识的目标是应用，学生要把知识与生活实际相结合，以增加经验和阅历。这个结合过程是锻炼思维能力的过程。比如《游褒禅山记》，王安石说：因为非常之观，常在于险远，所以我们要有志、力、物；学者不可以不深思而慎取。这体现了王安石锐意改革、积极进取的精神，这些思想对我们今天仍有借鉴意义，社会需要"正能量"，青少年时代的学生也应该有一种不畏艰险、积极进取的精神，敢于直面生活中的挫折，奋发向上。

四、结论

阅读不同的作品就是品味不同的人生。因此，在教学设计中，要帮助学生深入文本，走进作品所呈现的情境和精神世界，感受人物的喜怒哀乐，体会作者的情感态度，同时引导学生将文本阅读与现实生活关照和自我反思联系起来，以提升思想境界和审美情趣；在课文与学生之间建立联系，以利于学生人格成长。

学生阅读的文本相对于整个浩瀚的宇宙来说可能只是一家之言，一孔之见。"学校教育的最终目的，不是培养鹦鹉学舌的模仿者，而是培养能够自己独立思考的创新者。"因而，依托文本，引发学生的某些思考，让他们用现代的眼光审视社会，用辩证的思维，达成对世界和人生的深刻而真实的认知和理解，慢慢具备独立思考问题的意识、理性反思的能力，辨别自由与虚无、真实与谎言的能力，这才是语文教学的真正目的。

身体的律动　意识的觉醒

——浅谈即兴舞蹈训练

同济大学第一附属中学　刘卓君

近年来，教育部门对素质教育越来越重视，全国许多学校都增设了包括舞蹈在内的艺术教育课。面对这一新举措，遵照教育要适应学生整体发展需要的指导思想，有必要根据普通学校舞蹈教育的定位对教学方法进行新的研究和探索。

笔者认为，普通学校的舞蹈教育应当把基础训练以外的即兴舞蹈教学列入其中，这样才能突破传统舞蹈训练的局限，取得更全面的效果，并使舞蹈真正成为学生表达和抒发内心感受的媒介。

长期以来，传统的舞蹈教学已经形成了基本固定的模式——在教师的"规范"下一招一式地学习，这如同学生刚上学时在田字格里练字一样，横竖都不能出方框。这种严格的规范训练在学生的艺术学习过程中是非常必要的，但这同时也抑制了学生活泼好动、不拘一格的天性。这样的教学方法，会造成学生只知被动学习规范而不敢越雷池一步，学生不敢打开天生的表现欲，缩手缩脚，有时甚至造成动作机械。也就是说，学生如果长期被框在田字格中，一旦脱离束缚，反而写不好字了。因此，教师要及时总结教学经验，采用更加适应学生特点的舞蹈教学方法，才能更好地实现教学目标。

结合这几年的教学经验，笔者总结了即兴舞蹈对课堂教学和舞蹈创作的重要性。"即兴"的东西大多因感性而起，"即兴舞蹈"是在音乐的旋律、节奏和速度的刺激下无节制、无限制、不由自主、超出自我意识之外的舞蹈表演。笔者认为"即兴舞蹈"是检验学生综合能力和"动觉辨认"能力的有效手段，也是对学生心理素质、舞蹈内涵、智力情商、音乐理解的考验。在没有任何准备的情况下，通过"即兴舞蹈"瞬间释放身体的动作储量，可以训练学生身体的敏感性、流动性、准确性、贯穿性、技巧性和艺术性并培养其对音乐节奏感、段落感、速度感和美感的把握。"即兴舞蹈"不仅是每个学习舞蹈的学生应具备的基本素质，也是舞蹈教师和舞蹈编导必备的创作手段。

在笔者设计的"即兴舞蹈"教学训练中，每个环节都向学生提供了大量用以观察和分析直观感知的影像和动作。学生在课前根据自己的舞蹈知识、经历和个人理解进行预习，将遇到的问题带到课堂上寻找解答方案，在学生解决问题时教师给予必要的指导。学生通过主动的观察、分析、体会、归纳等学习活动，知识得到全面拓展，缩短了技能形成所需的时间，同时也易于学生深入、系统地掌握理论知识，并提高观察、分析和判断的能力，有利于学生能力的发展。这一教学新方法的应用是十分必要和有效的。

一、身体意识的觉醒

在传统舞蹈教学中，教师是施教者，学生是被动者。教师教动作、推组合，学生学习与模仿。这种规规矩矩的被动式学习，限制了学生的能动性。而即兴舞动正是打破以往的规矩，让学生在一定的方法下开发肢体动作的空间，在不同的心态下根据不同的音乐节奏产生不同的灵感，创作即兴舞蹈。这完全是由学生自己去完成的，是在他们的主动参与下产生的没有重复的作品。即兴舞蹈训练能锻炼学生支配和运用自己肢体的能力，同时也能培养他们随情境的变化而不断变化的肢体动觉。

在即兴舞蹈教学中，首先要解决的就是学生不自信、羞于表现的心理问题。教师除了投入地示范动作，还应对一些直观的肢体语汇进行剖析和讲解。对于没有舞蹈基础的学生来说，在初始时很难如舞蹈专业学生那样地挥洒自如，但在专业教师的带动和影响下，经过分层次递进练习之后，学生会慢慢克服随性表达肢体语言的心理负担，逐渐融入音乐情绪中，慢慢会体验到即兴舞蹈因多变性和自如性所带来的美妙感觉。让学生从怕舞蹈到爱舞蹈，再到能舞蹈和会舞蹈，才能充分享受到舞蹈艺术的魅力。

即兴舞蹈训练并非单纯的训练肢体，而是引导学生对身体的开发与利用。即兴舞蹈训练的教学重点在于解放身体、开发学生的艺术创造力和想象力，引导学生主动发现美的肢体动态，是一个主动体会、主动思考的训练过程。基于即兴的无准备、不可重复、仅就当时的创作特点，在即兴舞蹈训练中需要改变一些以往的教学方式以适应即兴舞蹈训练的特点。面对一种新课题的出现，转变的不单单是学生的学习方式，同时也需要转变教师教学的方式。

在笔者的即兴舞蹈课堂中，一般都是从"单人即兴训练"开始。遵循循序渐进的教学原则，按"引导即兴状态→单一部位引带→空间即兴"的顺序训练。初次接触即兴舞蹈训练的学生，往往想要急迫地舞动，认为即兴便是"自由而舞"，这种想法是不全面的。笔者通常是通过静止、冥想等方式引导学生安静下来，再通过放慢肢体动作引导学生体会肢体运动中的身体感受，由"表现"变为"内省"，放松自己的思想与肢体，从而引导学生进入即兴的情绪和状态中。记得有一堂课，我们从地面放松开始，慢慢让学生的肢体真正地进入松弛的状态中，接着再让他们跟随乐曲《春之交响》，感受音乐带给他们的肢体冲动，紧接着要求"用单一部位引带"的方式做出植物破土而出和生长的过程，这样既限制了肢体动作的随意性，也充分开发了肢体的某些盲区。在即兴的过程中，要求学生做到极慢速，以获得对身体细微变化的深度感受。学生在即兴舞动的过程中，似乎每个细胞都在努力生长，身体的意识被唤醒了……

二、身体律动的提升

即兴舞蹈这一表现形式在训练过程中大多采用音乐即兴的方式——舞蹈者在未经事先酝酿、排练、预习的情况下，在音乐的旋律或节奏触动下，用身体律动直接现场反映所感受到的音乐，迅速捕捉到音乐的形象和意境。不难看出，舞蹈即兴训练与音乐的紧密联系。舞蹈者比较容易投入音乐中，用心感受音乐的抑扬顿挫，时而激越欢唱，时而低沉流淌，能够使人暂时忘却害羞，大胆地即兴舞蹈。

在课堂上，笔者常选择不同的音乐用于即兴舞蹈训练，并提示学生要注意把握音乐的节奏和情绪来创作即兴舞蹈。学生在不断变化的音乐中进行训练，对音乐的理解逐渐加深，音乐在学生的肢体律动中变成了一个流动的形象。随着即兴能力的增强，通过身体来表现的音乐形象就越来越清晰，"有形"之中提升了学生的身体律动的能力，自然而然地表现出情不自禁的舞动状态，这就是经过训练后的不禁之态。为了强化动作语言的作用，在训练中，笔者还会给学生设定特定的环境和情绪，配以表达相应情感氛围的乐曲，引导学生即兴舞蹈。

大多数学生通过即兴舞蹈训练后，对自己的表现产生了自信，不再因为顾虑动作是否规范而缩手缩脚。在音乐的作用下，学生如同打开了动作的闸门，倾泄出由情而发、用心而舞的情感符号。学生经过训练，在身体律动的表现力方面有很大的提高。

三、身体即兴的创作

身体即兴的舞蹈创作练习是以学生的舞蹈知识积累和艺术实践为前提，体现其运用舞蹈知识技能的思维能力。现代科学已证明，思维能力既是遗传天赋的产物，又是后天培养训练的结果。思维能力需要发掘和提炼，要反复锻炼才会熟能生巧。舞蹈的创造思维亦是如此，它需要通过各种循序渐进、有效的练习才能形成。因为即兴舞蹈的创造与表演是合二为一的，所以它不再是对已设定好的动作的复制模仿，而是根据灵感将自身所学全部知识技能融合、解构、重组所创造出来的，没有刻意的记忆动作与音乐的搭配，也就使即兴舞蹈在表演者不同的表演状态下展现出不同的风格，它比普通舞蹈编创更具创造性。

笔者曾为学校高二年级舞蹈团的学生设计过一堂以"大自然"为主题的即兴舞蹈创编课。学生有一定的舞蹈基础，也对即兴舞蹈创作有着探索的热情。课程是以四季为主题的，笔者结合多媒体教学，先让学生观看自然四季美景的无穷变化，再调动学生的听觉感官，让学生聆听来自大自然的各种天籁之音，引导学生发挥想象力和创造力去即兴创编属于"大自然"的舞蹈语汇。当音乐响起，学生的肢体表现力超出了笔者的预期，有模仿春天含苞欲放的花朵，也有模仿夏天婀娜多姿的柳条，还有模仿秋风扫落叶的场景和漫天的雪花飞舞。课堂中，学生都非常有热情，纷纷主动参与讨论和创编。那次课程真正让笔者感受到了学生无穷的创造力和想象力，他们的肢体表现力也给了笔者强烈的视觉震撼，到现在都记忆犹新。

学生艺术的潜能是可以被开发的，他们的想象力也是变化无穷的。让我们用舞蹈的形式唤醒身体的意识，培养发散性思维的能力，以即兴的模式打开想象力的闸门，挖掘学生舞蹈创编的能力，完善有艺术潜能学生的智能结构，培养全面的艺术人才。

跨媒介阅读与交流视域下
时事评论教学例谈

同济大学第一附属中学 刘 芳

在一线日常语文教学中，教师会为学生拓展教材之外的时事评论，这类文章时效性和针对性强，能够激发学生的阅读兴趣与表达欲望。在此驱动下，学生开展主动阅读、独立思考、合理论证、互动交流等一系列积极的语言实践活动，进而提升作为公民的社会责任感以及语文素养。相关的教学实践依次为：教师筛选文章，设计作业；学生完成作业，教师批改；采用教师讲授、小组讨论等方式反馈。三个环节目标清晰、任务明确、联系严密。理想状态下，这是一个教学相长的共赢实践。但近年来，此项教学活动也出现了一些问题，亟待调整。

将"初衷"与"实践"对照，笔者认为，上述的时事评论教学方法有意或无意地忽视了互联网背景下信息传播的新特点与信息接受主体"数字原住民"的新特征。具体来说，一方面教师的"筛选"与"设计"是带有个体局限性的，而当下信息呈现爆炸式增长，且呈现一定的无序性、去中心化，因此，教师的"有限"与信息的"无限"之间构成了一组矛盾；另一方面则是"00后高中生"作为"数字原住民"浸润在数字海洋中，鲜活而刺激的浪潮不仅快速袭来，而且是一种集文字、音频、图片、动画、视频等的超文本方式呈现，因而学生有待在真实的环境中养成筛选、统整、辨析信息等素养，而不是教师"越俎代庖"。由此可见，时事评论教学需要的不仅是教师教学设计与方法的调整，更深层次上是教学理念与策略的更迭。

2018年初，教育部颁布了《普通高中语文课程标准（2017年版）》。在新课标中，学习任务群"跨媒介阅读与交流"属于语文课程崭新的内容。无论是一线教师，还是学者专家，都对该问题的概念内涵、实施策略、评价机制等问题进行了思考与探究。笔者在所在年级就"时事评论"教学活动进行一些调整，利用新闻事件、社会现象创设真实的活动情景，尝试采用多媒介阅读，走出封闭的师生对话系统，将语文学习与时代、生活联系起来。

现将高一学年时事评论教学主题汇总如下：

（1）"娘炮"之我见
（2）一生努力一场秀
（3）IG夺冠的狂欢之夜
（4）2018年十大流行语，你说了吗？
（5）致敬逝去的纸媒辉煌
（6）潘多拉魔盒：基因编辑

（7）武大：樱花节？樱花劫！

（8）柳叶尖上尖：张云雷？

上述时事评论教学，尝试以围绕着学习任务群中"跨媒介阅读与交流"的目标和内容，下功夫、巧设计，在实施中，突出媒介素养与语文核心素养的融合，追求课程资源的深度整合，强调教学情境的应用性，促进学习共同体主体多元性，引导学生去应对语言文字传播与交际所呈现出的新现象、新问题。教学活动既兼顾主题的时效性和趣味性，同时又注重各活动之间的关联性与交互性。

一、就同一热点，比对多种媒介的相关评论，了解时评的要求及常见媒介的特点

以2018年9月的热词"娘炮"为话题，选取了《新华社·新闻视点》《人民日报》《新京报评论》等不同媒介的六篇评论文章，角度各异，观点明确，让学生阅读后选出一篇"佳作"并给出理由。"00后高中生"表现出了极大的兴趣，在课堂上进行了充分的讨论。看似这又是传统教学方式的重复，但是，对于高一新生来说，通过具体文字明晰时评类文章的写作要求，这是必要的。与此同时，这次教学提供了其中一篇时文《从"娘炮"之争看社会公共议题的舆论多元化》，该文先从"娘炮"引发的舆情梳理、舆论观点归纳两个内容入手，进一步梳理了"舆情特征分析"，引导学生对当下媒体舆情的"多元化""极端化""标题化"等问题进行思考。随后，推进的时事评论教学，基于所学课文《跨越百年的美丽》，笔者选取了一篇"自媒体10万+爆文"——《屠呦呦一生努力不敌黄晓明一场秀！值得每一个中国人反思！》，请学生自选角度（观点、论据、逻辑、语言等）对该文进行评价，并分析其成为"爆文"的原因，引导学生从"自媒体"信息传播这一角度思考。"时事在网络媒体的催化下，备受关注，热议不断。一些相关的时评类文章，视角独特、观点新颖、层次严谨、言论犀利；但公共舆论在多元表达的同时，由于作者水平的参差不齐，时评类文章难免良莠不齐、泥沙俱下。这需要我们这些读者在阅读中既要秉持包容、开放的态度，又要保持独立、批判的眼光。"这是时事评论教学引言中的一段话，希望学生能够通过这两次教学活动形成更加深刻的印象。

二、就同一热点，引导学生在数字阅读中主动搜索、书写、分享等阅读与交流行为

2018年11月3日IG夺冠的狂欢之夜，00后刷屏，70后蒙圈。这背后看似是对电竞网游的立场对立，其实也是各代人生价值观的对峙，对此类话题无需说服，只需表达。就此，教学活动设计为"选择一篇'甚合我意'的评论文章，于班级微信群里分享并附上50字以内的推荐理由"。11月26日，"基因编辑婴儿"引起轩然大波，该话题热议不断，我们设计了一份作业："事件概述""我想提问""我来整理""我要推荐"四个板块，以小组为单位，进行合作式探究与交流。从学生作业反馈来看，有如下几类问题：

针对此事件真假与否；

针对贺建奎实验及公布的目的；

针对露露娜娜是否拥有"人权"；

针对该技术本身 HIV 病毒免疫，初步试验 OR 业已成熟；

针对科学伦理：科技"创新"与人的法律、道德、伦理冲突。

学生们提出的这些问题，其分析与解决不仅超过了学生目前的认知与能力，也超过了教师所能够教授的范围，甚至有些问题本身都是一个存在争议的动态性、开放性话题。这样的时事教学活动不旨求于解决问题，更在于引导学生主动进行知识构建，即关注学习者如何获取知识，获取怎样的知识，如何对所获取的知识与信息进行整合，使之深入思考该问题，并作出自己的价值判断。

三、就同一热点，创设真实讨论情景，进行多维度思考，培育公共说理等媒介素养

以 2019 年 3 月新闻事件《武大樱花节？樱花劫》为例，教学活动安排如下：

活动一：呈现 3 月 24 日网络转载"武大保安打人"视频，3 月 25 日重庆晨报·上游新闻对此作了相关报道，若干网友跟帖评论。要求学生模拟网络写一段 30 字短评。

活动二：提供 3 月 25 日武大校方新闻中心调查报告，要求学生对"活动一"中自己的 30 字短评进行修正。

活动三：就 2009 年 3 月"和服母女事件"，提出辩题："在武大校园樱花树下穿和服拍照拍照，你认为是否得体？"要求学生表明立场并给出理由。

活动四：提供三篇参考文章：《武大"和服赏樱"风波，何必上纲上线》《武大樱花的前世今生》《穿和服武大赏樱挨打，冤不？》，要求学生认真阅读后，就"活动三"中的观点进行补充修正。

在武大樱花事件的四个活动中，学生会发现图文互证、直觉判断等看似客观、真实的事情都有一个"与一望而知不同的真相"，而自身的价值判断会受到事实混淆、信息屏蔽等因素而出现偏差。互联网时代中人人都有"金话筒"，每个人可以成为生活事件的发现者、撰写者、评价者、发布者、接受者，在讲究效率的当下，必要的沉潜与琢磨，学会收集信息才会使自己的声音更有力量、更具说服力。作为高中生，具备一定的媒介素养才能在自己的身上克服这个时代的弊病。

在这一学年的时事评论教学中，抓住时事热点与学生的兴趣点，创设综合学习环境，帮助学生认识信息时代跨媒体学习的特点，提升语文核心素养，笔者所在备课组进行了一些尝试，激发了学生阅读兴趣与表达欲望。但也遇到了不少困惑与挑战，如相关教学内容的整合与把控、课时安排与统筹、教师媒介素养与技术能力、评价标准的确定与实施等诸多问题，而这些对于一线教师来说，都因缺少理论指导与实践参照，无法进行有针对性的教学反思与调整，也就很难在接下去的教学实践中得以有效改进。因此，笔者希望能得到专家指导与同行指正，引导学生在"跨媒介阅读与交流"学习任务群中，遇见"跨界"之美。

基于地理综合思维培养的教学实践与思考

——以"水循环"一课为例(中图版)

上海交通大学附属中学闵行分校 刘 慧

综合思维是地理学的基本思维方法，也是地理学的主导思维方式，指人们运用综合的观点和方法认识地理环境的思维品质和能力。具体包括要素综合、时空综合和地方综合三个基本维度。综合思维素养有助于人们从整体的角度，全面、系统、动态地分析和认识地理环境，以及它与人类的关系。在地理教学实践中，地理综合思维表现在当学生面对生活中复杂的、真实的地理问题或者现象时，或者是面对虚拟的生活情境时，能够做到因地制宜、因时制宜地进行系统分析。平时的课堂教学中关注综合思维的培育，从而帮助学生养成素养，提升思维品质。

"水循环"一课是高一地理"专题13 水循环"中的内容。本节课主要内容为水循环概念、类型及意义。从本节课的教学内容来看，一方面，水循环的过程涉及时间与空间的综合，其地理意义与大气圈、岩石圈、生物圈密切联系，涉及大气、生物、水体、土壤、岩石等地理环境各要素，对这些知识的认知有利于帮助学生树立地理环境各要素相互影响、相互联系的整体性思想；另一方面，通过分析不同区域下人类活动对水资源时空分布的影响，有利于落实地方综合。与传统讲授式的教学方式不同，本节课尝试以学生活动作为课堂教学的主要环节，以活动单为载体，学生通过独立思考、合作探究亲历学习过程。

一、教学过程分析

在课标分析、学情分析的基础上，明确教学目标和重难点，形成"水循环"教学流程图（图1）。在此基础上，引导和陪伴学生开展学习活动。

[活动一] 认识水循环——阅读材料，绘制水循环的环节

在认识水循环的活动中，首先以李白的诗句"君不见黄河之水天上来，奔流到海不复回"作为切入点，带着"黄河水真的是来自天上吗"的疑问，判断李白诗句中"奔流到海不复回"是否正确，从而引出水循环的内涵，即自然界的水通过蒸发、植物蒸腾、水汽输送、降水等环节，在水圈、大气圈、岩石圈、生物圈中进行连续运动的过程。接着以黄河水运动的过程为时间轴，从发源地到海洋再到陆地，学生通过绘图的方式绘制出水循环，并概括出水循环的类型（表1）。

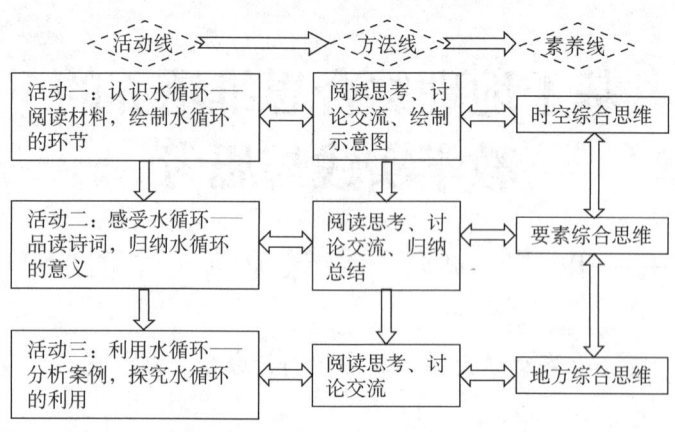

图 1 "水循环"教学流程图

表 1 "认识水循环"活动单展示

活动内容	成果展示
[活动一] 认识水循环 1.通过阅读黄河相关材料，设计示意图说明黄河水的来源。 材料1：黄河发源于青海省巴颜喀拉山北麓，滚滚东流，呈"几"字形，自西向东分别流经青海、四川、甘肃、宁夏、内蒙古、陕西、山西、河南及山东9个省（自治区），最后流入渤海。黄河支流众多，从河源的玛曲曲果至入海口，沿途直接流入黄河，流域面积大于100平方公里的支流共220条，组成黄河水系。黄河是由许多个湖盆水系演变而成的，到目前为止残留下来的湖泊较大的只有3个，它们是河源区的扎陵湖、鄂陵湖和下游的东平湖。 2.在小组绘制的黄河水来源图中找到或者绘制出"水循环"	1. 黄河水的来源。 2. 绘制水循环示意图。 3. 水循环的类型

时空综合是指用动态的观点研究地理事物和现象，发现其发生、发展及演变规律。在一定的时代背景和空间范围内，地理事象的发展、演变会保持在一个相对稳定的状态，这依赖于各要素的相互制约作用。因此，通过请学生以小组为单位设计示意图说明黄河水的来源，即如何由其他水体变为黄河水的教学活动，引导学生比较地理事象的前后发展变化，突出自然地理要素的变化过程，在绘制出水循环的同时归纳出水循环的三种类型。这一主动探究、合作学习的过程使得"水循环"的教学更加流畅，也符合学生的认知规律，有利于培养学生的时空综合思维，引导学生理解水循环的环节、内涵和类型，进而理解水循环的形成发展过程。同时以学生为中心的开放式讨论，能够充分调动学生思考的积极性并满足高中生表达的欲望，在相互讨论与启发中产生灵感，激发创造力，展现智慧，形成"教"与"学"的良性互动。

[活动二] 感受水循环——品读诗词，归纳水循环的意义

在课堂上，教师给学生展示一位地理学家的诗：
假如我可以变成一滴水，
参与水循环那将是非常美妙的历程，
我可以是太平洋的波浪，

可以是阿尔卑斯山上的彩虹，
可以是西伯利亚冬季的飞雪，
渗透到地下，被那老松树的根吸收。

通过诗句带领学生感受美妙的水循环，并引导学生找出诗句中的关键词所代表的地理要素，如"水"和"波浪"代表水圈，"彩虹"和"飞雪"代表大气圈，"地下"代表岩石圈，"根"代表生物圈，所以可以总结出结论：通过水循环，将大气圈、生物圈、岩石圈联系起来，即水循环为各个圈层的纽带。接着请学生认真阅读活动单中的材料，以小组为单位讨论分析水循环的地理意义并展示交流（表2）。这一活动的设计以阅读分析为主，通过教师简单的启发后，学生通过自主分析阅读材料，读出材料中的与水循环相关的地理要素，并以小组为单位探究出水循环的其他地理意义。

表2 "感受水循环"活动单展示

活动内容	成果展示
[活动二]感受水循环 通过阅读相关材料以及对水循环内容的学习，探究水循环的意义。 材料2：内蒙古自治区包头市位于半干旱地区，属于温带大陆性气候，黄河流经内其境内214公里。黄河的流经对该市境内的气候调节作用较为显著，具有得天独厚的宜居优势。尤其是沿河区域成为包头市民首选的宜居区域。 材料3：内蒙古托克托县河口镇以上的黄河河段为黄河上游，该段流经我国高原山地地区，地势起伏大，河流落差大，水流湍急，在上游河水的强大冲击力下形成了山高谷深的地貌特征；自河口镇至河南郑州市的桃花峪为中游，多曲流；黄河桃花峪至入海口为下游，以平原、丘陵为主。 材料4：黄河平均每年将10.5亿吨泥沙输送到河口地区，其中约有73%的泥沙淤积在河口三角洲，形成冲积平原，有利于种植；约27%被海流携带到深海。	水循环的意义

要素综合是指能够从地理要素综合的角度认识地理事物的整体性。地理学是以地球表层空间系统为研究对象的，它所涉及的各个组成部分或组成要素之间的相互联系决定了地理学的"整体观念"。因此，需对地球表层系统的"整体性"特征进行分析，并对组成地球表层系统各要素及其相互关系进行分析。在面对水循环的地理意义这一复杂的综合性问题时，要先化繁为简，将水与其他地理事象的关系化为水与学生们熟悉的具体地理事象的关系，在对各要素有了清晰、准确的认识后，再进行各要素的综合以理解各要素间相互联系、相互作用的关系，进而获得对地理事象科学完整的认识，同时也为后续开展地方综合的分析奠定基础。要素的综合还具有人地交互性的特征，所以为学生提供三个真实的地理材料，感受与概括出水循环作为"调节器""传送带"对人类的意义。

[活动三] 利用水循环——分析案例，探究水循环的利用

地方综合是指从地方或区域综合的角度分析其自然和人文要素对区域特征形成的影响，以及区域人地关系问题。在活动三中（表3），请学生思考根据活动中对黄河水的探寻以及水循环的学习，人类最容易利用的水循环环节是什么？并请学生认真阅读活动单中关于小浪底水库和南水北调工程的材料，讨论并思考如何改造和利用地表径流。这部分活动内容与实际情境相关联，贴近学生现有的知识水平、生活实际和社会现实，激发

学生的探究兴趣，运用所学地理知识解决区域中有关人地关系的实际问题，并落实地方综合思维。与此同时，"利用水循环"的活动成果也从时间和空间要素出发，为水循环的利用提出合理的建议。

表3 "利用水循环"活动单展示

活动内容	成果展示
[活动三] 利用水循环 依托材料以及课堂讨论探究，说明人类通过改变水循环的某些环节，对水资源时空分布的影响。 材料5：水库是指在山沟或河流的狭口处建造拦河坝形成的人工湖泊，水库建成后，可起防洪、蓄水灌溉、供水、发电、养鱼等作用。小浪底水库是治理黄河的关键水利工程。主要功能为治沙防洪，辅助功能为发电。 材料6：南水北调西线工程（项目处于前期论证阶段，为未建项目）是指从四川长江上游支流雅砻江、大渡河等长江水系调水，至黄河上游青、甘、宁、蒙、陕、晋等地的长距离调水工程，是补充黄河上游水资源不足，解决我国西北地区干旱缺水，促进黄河治理开发的重大战略工程	在目前的科技条件下，人类活动可以对水循环的环节施加影响： 1. 通过调节水资源的空间分布不均； 2. 通过调节水资源的时间分布不均

二、教学反思

在本节课中，以学习活动贯穿教学，课堂设计三个难度逐层递进的学习活动，引导学生深度思考、合作探究，提升了学生课堂的主体地位，促进了学生综合思维的养成。

通过由教师质疑诗句激发学生的学习兴趣，进而引发学生对"水来自哪里"思考，顺着这一思考自然而然地引出"认识水循环—感受水循环—利用水循环"这一连串符合学生认知规律与思维方式的活动环节。活动一的活动类型通过图文材料绘制水循环示意图，并通过绘制的水循环找到水循环的类型，活动二通过三则相关材料归纳总结水循环的意义，活动三结合材料请学生讨论分析人类可以通过改变水循环的哪些环节对水资源时空分布产生影响，三个活动层层递进，由简单到复杂，由单一归纳到综合分析，由理论到实践，并以小组为单位完成每一活动对应的成果展示。每个学生一份学习活动单的同时，以小组为单位每组一张"绘制黄河水来源"的活动单。整个课堂学习充分发挥了学生学习的主动性与积极性，并在课下可以根据学习活动单及上课时的思考情境及时有效地复习。

在整个课堂教学中帮助学生从整体的角度全面、动态地认识水循环以及水循环与人类活动的关系，并能够在面对真实的关于水循环的问题时，可以从整体的角度提出建议与措施，进而提高学生的综合思维能力。通过培养和训练学生的综合思维，可以有效引导学生全面地观察和分析地理环境及其背后的人地关系，并辩证、科学地看待地理问题，主动、科学地开展活动，充分挖掘学生学习的主动性，提高学习的兴趣与效率，培养与落实地理核心素养，最终提升各项能力。教师可以根据教学内容的不同设计合适的围绕综合思维的教学活动，提高教学效率，转变教学方式。

基于双新课程改革的情境教学探索

——以课文"Around the World on the Number 7 train"为例

同济大学第一附属中学　魏毓莹

在中学英语教学中，贯彻除语言知识外的其他重要目标，落实文化意识于日常课堂，体现英语作为工具学科的语用功能和文化功能，正成为中学教师改进课堂的方向。上海高中英语教学于2020年9月起正式启用上教版教材，新教材一改牛津、新世纪教材的体例，更符合当下的英语教学潮流趋势以及跨文化交际人才的培养需求，同时也对英语教学提出了更高的要求。新教材的使用对培养具有国际视野和担当的复合型人才具有重大意义。

由于教材本身的局限，当今以落实语法、词汇为核心的课堂通常将文化素养的落实放在非常次要的位置，往往停留在教师的一言带过，深刻地影响了学生的语言学习效果，让学生沦为考试的机器。

上教版教材（实验版）的出现，配合着新课标的要求，为语言教学中的文化素养的培育提供了有力的武器。以高一年级第一单元为例，其主题为 Our World（我们的世界），涉及五部分内容，分别为 Reading and Interaction (Music Video: Life in a Day); Grammar Activity(Interview: My Work at UNICEF China); Listening and Speaking (Narrative: Two students' volunteering experiences); Writing(Personal letter: A letter about new school life); Cultural Focus(Feature article: Around the World on the Number 7 train)，主题语境为人与社会，每部分都蕴含着非常显性的文化元素，为教师授课提供了非常明确的指南。

不仅如此，教材非常注重文化融合的设计，以第一单元为例，语法部涉及了作者在联合国儿童基金会的工作，听说部分为作者作为志愿者的经历，阅读教学的重心更是专门讲述了世界各国人民的一天。此外，教材专门辟出了相当的篇幅，引入了文化聚焦（Cultural Focus）的环节，讲述了国际大都市纽约的一条地铁线上的故事。这样的转变，不仅将文化意识放在了重要位置，更是向英语学习者传递了语言学习的最终追求，即提升综合英语语用能力。

在新课标的要求下，传统课堂对于文本的处理模式往往会对学习者造成"绑架"，剥夺学生对文化的体验过程，妨碍学生的独立思考。只有让学习者在情境中感知，在比较中发现，才能真正有助于落实课标要求。因此，在实际的教学设计中，笔者除了落实核心素养的语言知识及各项素养能力之外，还将重心落实在文化素养的提升上，让学生在情境中感知，感知中西文化的异同，感知文本背后的意境；让学生在比较中发现，发现语言学习的价值，发现文本本身的张力。

本文以"Around the World on the Number 7 train"一课为例，通过探究文本，带领学

生进入"文化情境"并"游历其间",从而帮助学生在文本中感受并理解其蕴含的文化意识。

一、单元语境切入课文,助力打造文化情境

本单元主题语境为人与社会,讲述的是一个个人与社会互动、互联、互通的故事,期间不仅有主课文涉及的有关世界各地不同文化不同个体一天的故事,也有素材涉及联合国儿童基金会的志愿服务经历。学生在基本完成了对单元的总体学习后,开始了对于Cultural Focus 部分的学习:Around the World on the Number 7 train。文本内容涉及跨文化沟通、包容与合作、不同民族文化习俗等,教师以此为出发点,竭力打造文化情境。

文章共有四个段落:第一段以主人公 Manuela Garcia 在地铁上感受到的来自不同文化的和谐共处的氛围为引子。第二段介绍七号列车所停靠的站台周边不同地域街区,为其背后不同民族文化习俗共处做好了铺陈。第三段作者通过七号列车所连接的曼哈顿区和皇后区的历史描绘,侧重展示七号列车作为交通工具的功能与其人文价值。第四段则回到了主人公乘坐的那班列车上,对其乘坐国际快车的愉悦心情和窗外的风景进行描述。全文凸显了作者对于纽约国际化程度高、文化融合度高的体会之深,也借由文章传达出对于国际理解、国际视野培育的必要性。

该文内容精炼,但颇具深意。作者通过引入纽约地铁中享有"国际快车"盛誉的七号列车作为写作对象,以主人公 Manuela Garcia 的眼睛所见为描述材料,描写了主人公在乘坐七号列车的过程中所感受到的来自不同文化、地域、时空所交织而成的一幅"国际化"图景,从而体现纽约作为国际化大都市所具备的包容、和谐的面貌。

教师抓住文本中出现的大量西方社会的文化元素,如 taco(墨西哥卷饼)、sari(印度传统服饰)、Hindi(印度语)、Cantonese(粤语)等词打造文化情境,帮助学生认识到这类看似是食物、服饰、语言等的单词实则是对于一整块地域文化形态的立体呈现。这些在传统课堂中原本极有可能被一笔带过的非考纲词汇成为文化意识的传递介质,成为教师落实文化意识培养的一个突破口,让学生在教师打造的文化情境中感知文化,体验文化。

除上述文化概念的呈现之外,许多对于学生来说陌生的地名也是一大特色。比如 Flushing(法拉盛)即为纽约最大的中国城,Corona(科罗娜)为纽约最大的墨西哥裔聚集区,这些看似生僻的地名为教师创建文化情境提供了素材,也成为帮助教师最终在课堂中落实文化意识传递的重要途径。

二、借力地道视频应用,带领学生游历其间

教师在挖掘了文本词汇、语言、大意等基本特征后,找寻符合高中生接受习惯的授课模式,通过网络资源配以图片、视频、地图等形象生动的输入,帮助学生游历于文化之间。教师通过纽约地图 App,找出了七号列车的路线图,使得学生们能在课堂中身临

其境地随着作者的脚步逐站体验文化、欣赏文化，从而把握文化。教师在课堂内要求学生根据课文内容在地图上定位出文本中提到的站台，并结合地图与课文聚焦站台后的具体文化群体，从而点出国际融合、国际化视野的主旨。

此外，教师通过引入文中颇具特色的 Jackson Heights（杰克逊高地）站的视频资料，直观地对文化熔炉的内涵进行展示，并设计要求学生通过观后问题点出印度裔及其他肤色文化在纽约这个大熔炉中和而不同地存在着的原因。视频资料与时俱进、恰到好处地展示了多元文化，刺激学生更进一步地对于多元文化的认同认知，并通过对视频的分析自然而然地完成了课文核心词"immigrant"及文章背后所体现的精髓——"diverse"一词的教学，让学生游历于文化之间，超脱于文本之外。

三、将学生"带回"现实课堂，鼓励学生中西文化比较

带领学生进入"文化情境"并"游历其间"后，教师逐渐将学生的注意力转向他们所生活熟知的上海，要求学生分析上海地铁中的语言或其他文化特征，从而将上海与纽约的多元文化相类比。学生在接到任务后，不难发现自己也融于一座海纳百川、兼容并包的国际化大都市，将其在课堂中感受的、游历的、体验的、悟到的自然地通过语言展示出来，对文章需要传递的关于多元、平等等国际公民必备的文化内涵进行了完美的诠释。

为进一步加深学生对于文本内容的理解与共情，教师引入了时下热搜事件视频，视频内容为纽约地铁七号列车中由于种族、身份认同的原因引发的冲突，并要求学生根据所学内容与个人价值判断点评此事件，并通过课堂口语及课后写作予以落实。

纵观整节课设计，教师着力打造各类教学情境，让学生在情境中感知，帮助学生渐渐理顺逻辑，通过任务，落实新课标的各项要求。同时让学生在比较中逐渐发现中西文化差异，不仅完成了语言知识能力的教学，更重要的是帮助学生通过课文文本的学习了解到了其背后的文化背景知识以及价值根基，并与学生的日常生活相融合，帮助学生更好地把握文章主旨内容，为高中生种下了"人类命运共同体"观念的种子，在今后的学习生活中生根发芽。作为面向未来的学习者与问题解决者，学生在学习完此文后理应对文中蕴含的"diversity"（多元）和"tolerance"（宽容）两大核心概念有了全面而深刻的认识，这对于日益开放的中国培育兼具爱国情怀与世界公民意识的未来栋梁至关重要。

教师牢牢把握英语教学核心素养要求，将语言知识、思维品质、学习能力巧妙地与文化意识相结合，让语言教学真正地体现出文化价值，培育学生的国际视野，从而完成立德树人的最终目标。

慕课让"死记忆"变成"趣行动"

——教育信息化2.0时代下慕课在英语词汇教学中的实践探讨

同济大学第一附属中学　张　露

随着教育信息化2.0行动计划的启动,教育信息化逐步升级,"互联网+"的概念也逐渐渗透教育的方方面面。教育信息化2.0时代,不仅学生的信息素养将逐步提高,作为新时代的教师,也需顺应时代需求,利用各类信息技术推动教育专用资源向教育大资源的转变。而在这样的时代背景下,慕课这一信息教育的产物,因其具有便捷、互动、开放、共享等特点,势必将在"互联网+"的教育模式中拥有一席之地。它打破了时间与空间的限制,将传统授课模式下的教师和学生等个体的角色彻底进行了翻转。

因此,笔者与团队中的另一位教师合作,利用慕课这一新时代的产物,将传统观念中需要"死记忆"的单词进行了"翻转",希望能将"死记忆"变成"趣行动"。

一、课程设计背景

针对上海高中英语词汇量要求逐年增长的现状,加之在目前高中的英语学习中,学生往往对于背单词最为头痛,因此笔者进行了"翻转英语词汇"学习的慕课制作。希望通过这一系列课程,利用生动的情境、科学的词汇记忆方式和慕课背后的大数据支持,帮助初入高中的学生们更快、更有质量地进行单词的记忆与理解。

《普通高中英语课程标准(2017年版)》中对于词汇的要求是"在新旧语言知识之间建立有机联系",以及"通过分类手段加深对词汇的理解和记忆"。因此,本门课程的设计旨在通过介绍记忆英语词汇的多种视角,用不同的单词记忆方法,使英语单词不再枯燥。同时也希望通过这一系列课程让学生感受到英语单词的趣味性,并提高背单词的效率,从而激发起对于英语学科的学习热情。

本门课程共有六讲,分为五个专题:音义联想记忆法、形义联想记忆法、多媒体联想记忆法、语境联想记忆法和词根词缀联想记忆法。

二、将"死记忆"变成"趣行动"

1. 情境是词汇学习的"理想家园"

语言的学习离不开语境的支持。没有语境的单词记忆枯燥乏味、效率低下,且往往记住的都是被动词汇，很难真正运用到日常的生活中。因此，本次"翻转英语词汇"系列慕课，通过对语境的创设，让单词不再脱离环境。

同时，笔者利用慕课的特点，提供了生动有趣的画面，全方位多角度为学生提供词汇的学习环境，让学生的词汇记忆更加有趣，起到事半功倍的作用。

2．方法是记忆的有利"杠杆"

当然，单词的记忆光有语境还不够。在提供语境支持的同时，教师也需要为学生提供一些能够迅速帮助记忆的有效方法，如音义联想记忆法、形义联想记忆法、词根词缀联想记忆法等。作为印欧语系中的一员，英语的语言文字依靠字母，26个字母通过各种排列组合的形式，构成了千变万化的单词。但并非每个单词都是割裂与独立的，它们之间有着千丝万缕的关系。因此，如何用恰当的方法让学生们"以一当十"便显得尤为重要。

如果能记住一个词根，记住几个前缀和后缀，就能认识十几二十几个新单词，岂不妙哉？

【教学实例】
如何迅速记住 construct（*vt.*组成，构成，建筑），construction（*n.*建筑〈物〉，构造），reconstruction（*n.*建筑物，改造物；重建，翻修）三个单词？
<u>词根词缀联想记忆法：</u>
词根 struct 本身含有"建筑，建造"的意思，加上前缀 con（共同；加强语气）就变为了 construct。而共同 (con) 建造 (struct) 在一起的意思就是 construct（vt.组成，构成，建筑）。
如果在此基础上再加上后缀 ion（表示抽象名词词尾），我们就能得到 construction 一词：*n.*建筑〈物〉，构造。
此时，再加上前缀 re，表"再，又；反对；回"，就有了 reconstruction（*n.*建筑物，改造物；重建，翻修）。
通过记忆词根以及常见前缀与后缀的含义，学生可以在短时间内掌握大量词汇。

再比如，如果在教授单词记忆法时，能让学生自己观察到单词的不同读音、结构之间有趣的联系，那么学生便可"记中乐，乐中记"。

【教学实例】
如何记忆 schedule（*n.*日程安排，行程）
<u>形义联想记忆法：</u>
引导学生将单词拆分成：字母 s 加上 chedule，后者为汉语拼音"车堵了"的拼写。教师通过引导学生联想：路上很着急，车堵了，是不是就赶不上日程安排的计划了？如此记忆，学生不光记住了单词，同时也熟练掌握了单词的拼写。

3．数据是自我优化的有利参考

慕课平台的优势不仅限于视频的模式、"打点问题"的设置等，更重要的是，平台拥有大数据的支持。

在慕课开课期间，教师可以获得各种即时数据，如多少学生参加了此课程，每个学生观看课程的进度，"打点问题"的回答情况，并可以根据问题的正确率了解到学生的学习情况，也便于后期进行集体答疑，或是对课程后续完善。

同时，慕课平台也支持学生的提问与评价。掌握了这些文字数据，教师也能更好地与学生进行有效互动，起到促进词汇学习的效果。甚至，教师在观察到部分学生未能学习完成某一讲后，可以与学生进行交流，缩短了学生与教师之间沟通的距离，以此促进学生对于词汇的学习更有动力，更有兴趣。

三、局限性

借助慕课平台进行词汇学习固然有许多优势，但也有一些局限性。

首先，由于慕课平台这一概念刚刚深入各大中小学，真正利用暑期参加慕课平台学习的学生数量还没有达到预期。因此，在师生互动这一板块，教师获取的数据来源有限。例如，本次暑期只有 38 名学生参与了"翻转英语词汇"的慕课课程，因此当有 2 名学生在留言平台指出不理解某一概念时，单从数据判断，约有 5.3% 的学生没有掌握这一概念，可教师很难判断这是普适性的问题，还是刚好只有这 2 名学生不明白。在大数据概念支持下，教师需要足够"大"的数据才能判断出学生的普遍问题，因此慕课的推广与宣传亟须进一步深化。

其次，虽然现阶段的慕课平台课程主要输出方为市实验性示范高中，教学质量总体得以保证，但具体到每一所学校的不同课程，没有统一的管理模式，视频的审核与监督没有统一的标准要求，因此难免出现良莠不齐的情况。面对这一现象，仍需政府、学校、教师各方的不断努力与实践。

四、结语

在教育信息化 2.0 时代背景下，利用慕课平台对传统英语课堂的词汇教学资源进行梳理和整合，设计一系列的"翻转英语词汇"课程，具有一定的意义，它能帮助学生逐渐摆脱枯燥的记忆单词模式，转而对记忆单词产生兴趣。这一富有大胆创新精神的举措，搭上了时代的快车，为教育信息化 2.0 时代的英语词汇教学提供了些许思路，具有一定的参考价值。虽然前路仍荆棘坎坷，但只有不断实践才能出真知。希望笔者的这一具体操作能为后来者提供些许经验和参考，为教育信息化 2.0 的继续深入创新尽到绵薄之力。

学科核心素养观照下以学生为主体的高中英语阅读课初探

——以"The Stories Behind the Names"为例

同济大学第一附属中学 田欣如

《普通高中英语课程标准（2017年版）》（以下称为《课程标准》）强调教师在教学中要培养学生的英语学科核心素养；英语学科核心素养涵盖了语言能力、学习能力、思维品质和文化意识四个部分，是学科育人价值的集中体现。语言能力是指在社会情境中，以听、说、读、看、写等方式理解和表达意义的能力，以及在学习和使用语言的过程中形成的语言意识和语感。学习能力包括学生对英语学习抱有浓厚的兴趣和强烈的愿望，善于自主学习和合作学习等。思维品质是指思维在逻辑性、批判性、创新性等方面所表现的能力和水平。文化意识的培养有助于学生增强国家认同和家国情怀，坚定文化自信，学会做人做事，成长为有文明素养和社会责任感的人。

在这一课程标准和"高中阶段应适当侧重阅读能力的培养"的要求下，以学生为主体来组织教学活动势在必行。苏联教育家苏霍姆林斯基曾指出，"教学应使学生产生发现惊奇、满足求知欲的愉快和创造的欢乐等各种情感体验，从而使学习者带着高涨的、激动的情绪进行学习和思考，使教学成为一个充满活力的活动"。

笔者开设了一节高中英语教材（上教社版）的阅读课，探索如何在阅读课中转变教学模式，充分调动学生的积极性，让学生成为课堂的主体，从而提升学生的英语学科核心素养。

一、依托"以学生为主体"提升学生英语学科核心素养的教学设计

1. 语篇分析和授课对象分析

为了实施"以学生为主体"的英语教学策略，笔者以单元教学设计的视角分析了所授课文和本节课的授课对象。

本单元的主题是"Creativity"，输入和输出都围绕艺术创造展开。作为单元的主阅读板块，它是一篇说明文，介绍了毕加索和莫扎特的生平以及主要作品。文中阐述了毕加索的艺术之路，也描述了莫扎特音乐作品的高产和高质。本文篇幅长，故事的框架结构不明显，文本的信息内容分散在文章各处，句型结构不太难，但包含美术和音乐领域的专业表达和作品名称，影响学生表达。

本次授课对象为高二平行班的学生，就"文学、艺术与体育"这一主题群来看，高

二学生并不陌生。但是他们对于毕加索和莫扎特及其作品接触甚少，大部分学生对毕加索和莫扎特的了解仅仅停留在名字本身。虽然学生已经基本掌握 skimming、scanning 等阅读策略，有获取信息的基本能力。但他们对人物故事类语篇的框架结构不是特别熟悉，如果要进行分析与判断等应用实践类活动和批评与评价等迁移创新类活动，还是存在一定的困难。在语言表达方面，绝大多数学生缺乏自信，不够大胆，声音不够响亮。

2. 教学思路

课堂教学中，通过提问、归纳和对比等方式激活学生的语言能力，并通过学生的阅读、讨论和分享来感受两位艺术家的人生经历，提高学生对记叙文的梳理能力和英语语言的表达能力。

3. 教学目标

基于以上的语篇分析和授课对象分析以及教学思路，可将教学目标按照语言能力、文化意识、思维品质和学习能力进行划分。

（1）基于文本本身，通过提问、展示作品等方式激活学生的语言能力，让学生了解目标词汇，从而培养学生的语言能力。

（2）结合毕加索和莫扎特的经历，学生通过归纳、比较、分析和思考，概括两位伟大艺术家的性格特征，引导学生形成正确的价值观念，作出正确的价值判断。

（3）将抽象的思维能力的培养展现为具体的问题形式。引领学生分析人物，欣赏语言，能根据文本提供的基本信息进行思考，讨论人物行为背后的动机，进行深度挖掘，训练学生的思维品质。

（4）以学生为主体，充分发挥学生的主观能动性，培养学生的探索精神。教师通过点拨或者启发，让学生在自主阅读和小组讨论后，赏析毕加索和莫扎特的两句名言。

二、英语学科核心素养在教学实践中的体现

1. 启发教学，提升语言能力

笔者在教学活动中设计了丰富的教学活动，使学生感受到英语阅读的乐趣，激发语言学习的兴趣。在导入部分，笔者不是生硬地告诉学生今天的两位主人公是毕加索和莫扎特，而是先让学生帮助笔者做两个选择。

T: Boys and Girls! I want you to make a choice for me. I wanted to buy a sweatshirt so I used the app taobao. Now I narrow it down to two choices. The first one is with a Picasso's painting and the second one is with a Peppa picture. Which one do you think suit me better?（分别展示印有毕加索画作和小猪佩奇的衣服）

S: Peppa picture.

T: Really? Think about it carefully.

S: The first one.

第二个选择是挑选手机铃声。一个是莫扎特的钢琴曲，一个是《野狼 disco》。学生挑选莫扎特的钢琴曲。进而提问学生："其实我们对莫扎特和毕加索这两个名字都不陌

生,但是我们到底对这两个人了解多少呢?"从而引入这两位名人。

2. 自主兼合作,提高学习能力

学习能力主要指学生积极运用和主动调试英语学习策略,提升英语学习效率的意识和能力。在这节课中,笔者关注学生的自主学习和合作学习两方面。

在自主学习方面,首先笔者分享自己对毕加索出生经历的看法。先用动宾结构句式,"I think he had an unusual birth because he was saved by smoke(我认为他有一段不寻常的出生遭遇,因为他被烟给救了)";其次用系表结构,"I think he was lucky because he was saved by smoke(我认为他很幸运因为他被烟给救了)"。以此引导学生自主进行人物分析,用推断、总结等方法形成评价,并以多样化的句式结构表达。

在合作学习方面,笔者将班级分成5组,每组7名学生。要求学生通过阅读文本,运用刚才所学的人物分析的方法和句式结构,形成独立个体对毕加索、莫扎特以及伟大艺术家的认识,并进行小组讨论,分享观点。这种方式激发学生自主性,引导学生通过文本概括人物特征,在实践对话和讨论合作中学会独立思考和合作学习。

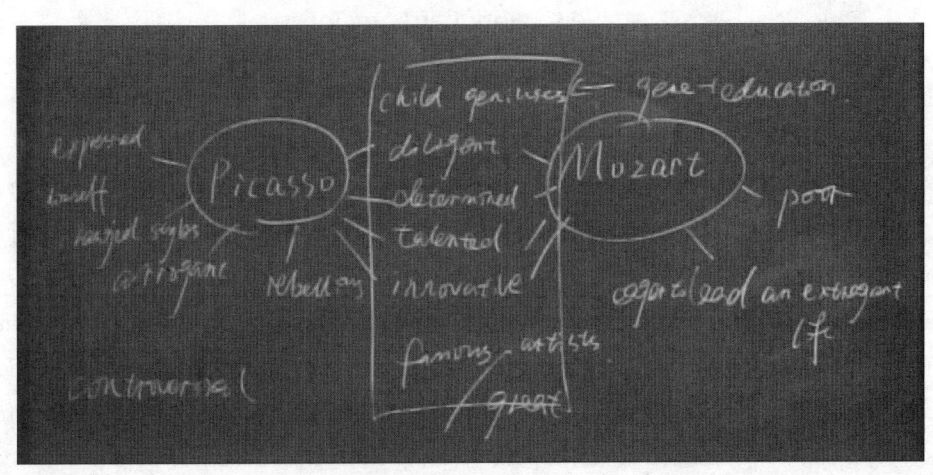

图1 板书

从学生的产出上,能够看到学生思考的痕迹。通过自主学习和合作学习,学生对毕加索和莫扎特的性格特征有着不同的理解。比如,有的学生觉得毕加索"勤奋""有韧性""很有才",也有学生觉得他"关注自我的表达,不在乎他人想法",还有学生觉得他"很叛逆"。

3. 有效提问,发展思维品质

思维品质表现为一个人的思维在学习过程中,以辨析、分类、概括、推断、分析等方式呈现,并体现为其逻辑性、批判性、创新性等方面的水平和特点。要深刻解读文本内涵,再到运用文本信息,都需要学生思维的参与。

本节课一直贯穿对学生批判性思维的培养。教育要培养能独立和有效思考的人。著名的《德尔菲报告》(美国哲学学会)中对批判性思维的定义:批判性思维是有目的的、自我校准的判断。这种判断引起解释、分析、评估、推论以及对判断赖以存在的证据、概念、方法、标准或语境的说明。

因此，为了锻炼学生的思辨能力，实现有效提问，本节课的问题多为参考型问题和评估型问题。在文章引入部分，笔者问道："为什么作者把毕加索和莫扎特放在一起？"在毕加索的阅读环节，教师的问题是："你觉得毕加索是个怎样的人？"在莫扎特的阅读环节，教师的问题变为："毕加索和莫扎特有什么异同？"在最后的大活动环节，问题又成了："你是怎样理解莫扎特和毕加索的名言的？"

Your interpretation

"It took me four years to paint like Raphael *, but a lifetime to paint like a child."
—— Picasso

*Raphael(拉斐尔) [rɑːfaɪˈel] ,a master painter

"I too had to work hard, so as not to have to work hard any longer."
—— Mozart

图2 大活动——走进两位艺术家内心世界

希腊哲人强调提问、检验、反驳以及对观念和价值的反思能力。在进行小组分享的时候，不同小组在讨论毕加索和莫扎特异同的时候，甚至有截然相反的想法，这种"反驳"恰恰是反思能力的表现。

S1: Picasso is luckier than Mozart. Picasso "could pick and choose what he painted" while Mozart had to compose music for others because he spent money faster than he made it.

S2: I want to talk about luck… Mozart is luckier than Picasso. Many people found Picasso' style shocking and controversial, but "During Mozart's life, many people admired the beauty and originality of his music."

第一个学生觉得"毕加索比莫扎特幸运"，第二个学生觉得"莫扎特比毕加索幸运"。同时，两个学生都从文本中找出依据。第一个学生给出的例证是"毕加索想画什么就画什么，而莫扎特受制于人，最后创作《安魂曲》也是迫于生计"；第二个学生却从文本中找到"毕加索的画当时饱受争议，而莫扎特的作品深受听众喜爱"。在反驳过程中，两个学生也展示了论证的关键性作用。

4. 给予评价，增强文化意识

《课程标准》对文化意识的界定包含五个维度，这节课主要是通过学习两位艺术家的生平，引导学生形成正确的价值观念，作出正确的价值判断。

在对毕加索和莫扎特一步步深入的了解中，艺术家之所以伟大逐渐浮出水面。

T: What makes a great artist?

S: Even if you are a genius, you need also be diligent, determined, talented and innovative.

三、总结与反思

在学科核心素养观照下以学生为主体的这次初步探索中，笔者引导自主学习，注重互动讨论，有如下收获。

1. 课程设计要指向明确，表达简洁

为了让学生通过阅读文本了解毕加索和莫扎特的生平，进而进行自主探究，自由表达对两位艺术家的理解和评价，笔者首先分享自己对毕加索生平经历的看法，并分别用动宾结构句式和系表结构引导学生多元化表达，促进他们对两位人物的阅读和思考。笔者明确要求学生通过阅读文本，用推断、总结等方法形成评价，并多元化表达。整个设计主线和表述有利于学生明确目标和任务，大大提升学生参与课堂的有效性。

2. 教育是为了培养学生自发学习的欲望

教师应该改变传统的"一言堂"模式，找准"主导者"的位置，设计丰富多样的活动，调动学生的积极性，通过有效提问，引发学生思维碰撞，尊重学生，刺激学生自发学习的欲望。

蒙特梭利说过："教育的目的，应该不是将一些经过选择的事实塞给小孩，而是培养其自发的学习欲望。"在高中英语课堂教学中，广大教师应深刻领会《课程标准》要求，转变教学观念，以学生为主体，落实英语学科核心素养所倡导的教学理念。

对STEAM课程性质与教学流程的思考

同济大学第一附属中学　仲娇娇

随着知识经济全球化发展，人们面临的问题越来越综合和复杂，为了在未来世界竞争中储备足够的专业人才，很多发达国家意识到培养青少年创新实践能力、综合解决问题能力的重要性。近年来，STEAM教育成为基础教育改革的重要发展趋势之一。STEAM教育以项目学习的方式连接抽象知识与学生的生活，通过整合学习的过程和内容引导学生跨学科地解决问题，培养学生利用多元学科知识、技能和思维解决问题的综合素养，为他们的终身学习和发展打好基础。

一、STEAM教育的内涵

STEM是科学、技术、工程和数学的简称。STEM教育的提出源于很多国家对科技创新人才的需求，先从科学、数学等学科开始，在各自独立的学科中引入以学生为中心的项目学习后，再推行要求更高的多元学科整合的STEM教育。在我国，基本以整合的视角来研究STEM教育。任友群教授认为，STEM教育是为了更好地帮助学生不被单一学科的知识体系所束缚，促进教师在教学过程中更好地进行跨学科融合，鼓励学生跨学科地解决问题。余胜泉教授强调多元学科的交叉融合，要将四门学科内容组合形成有机的整体，以更好地培养学生的创新精神和实践能力。清华大学附属中学开设的STEM类型课程是为学生创设真实情境的项目或问题，通过技术和工程设计过程，整合科学和数学的知识内容，由学生自行或合作设计解决问题的方案并付诸实施。

STEAM是从STEM衍生而来，在STEM基础上增加了A，其中A代表艺术、人文、形体和创新等含义，打破了倾向于理工科层面的STEM教育的局限性，激发学生的学习动力和创新动力。STEAM教育强调灵活应用以项目学习为主的多种新型学习方式，引导学生通过综合创新的方式来认识世界和改造世界，促进学生灵活迁移多学科知识来解决真实情境中的问题。随着人工智能时代的到来，越来越多的教育工作者认为STEAM教育的核心目标是培养面向未来所需的创新型人才。

二、STEAM课程的性质

从STEAM教育内涵的文献综述中可知，STEAM教育的本质是培养学生通过跨学科的方式来解决真实的、复杂多样的问题。STEAM课程以问题为导向，以项目为核心，融合跨学科的知识概念，基于高阶思维或研究方法，通过探究找到解决问题的方案，并不断实践、检验、改进确定最终的方案，结合学习过程和产出结果进行综合评价，具有情境性、整合性、实践性和创新性等特点。

1. 情境性

STEAM课程以真实问题的解决为导向，比如豆芽生长、声音产生等具体问题，或者社区人口流动、校园生态等中型问题，甚至疫苗配给、气候变化等全球视角的问题，把学习置于一个有意义的、复杂的、开放的问题情境中，使学生充分投身于多元学科学习之中，深化理解学习的知识与技能在日常生活中如何应用，还能主动建构隐藏于问题背后的新知识、新思维、新技能。

2. 整合性

STEAM教育注重多元学科的关联融合及其综合运用。多元化的学科元素（包括自然科学、社会科学、数学、工程和技术）需借助于项目形式建立学科间的共同话语。基于项目的学习指向学习全过程的内容与方法的融合，这是STEAM课程整合的关键。在STEAM课程设计过程中，绘制跨学科概念图的目的不是"本末倒置"强调学科界限，而是厘清某一复杂主题的多学科元素，确定其在项目问题解决中的作用，据此设计教学支架，促进学生综合应用多学科知识、技能和思维解决问题。

3. 实践性

基于项目的学习是STEAM教育的主要方式，STEAM课程活动一般以项目的形式围绕问题解决而展开，不仅关注"是什么"和"为什么"，还重视"做什么"和"怎么做"。工程和技术回答的是"做什么"和"怎么做"的问题，是实现项目任务的关键，因此STEAM课程活动中必须体现工程思想。"物化实现"是工程实践的核心特征表现，也是项目任务完成的突出标志，要求学生在体验、探究、实验、设计、创造、合作中有所产出。

4. 创新性

STEAM项目从"具体任务"出发，得到的是"模糊结果"。"具体任务"源于情境问题导向的性质，要解决确定的问题，而"模糊结果"是因为针对相同的问题，学生根据自身的能力和兴趣通过个体思考和团队合作探究问题，会得到不同的甚至创新性的解决方案。科学、技术、数学和工程是创新的重要基石，艺术和人文为创新插上了"翅膀"，是创新的不竭动力，学生在实践过程中习得知识、训练思维、创造知识，以综合创新的方式认识世界、创造世界。

三、STEAM课程的教学流程

STEAM课程教学可以从内容和过程两个方面实现多学科的整合。在内容上，以项目完成和问题解决为STEAM学习的显在目标，科学探究和工程设计是问题解决和项目完成的根本途径，科学探究不仅能加深对多学科概念理解，还是寻求问题解决方案的重要方法，是工程实践过程中的重要环节，工程实践则是STEAM多学科融合的最有效纽带，工程设计和实践需要基于科学原理、技术手段、数学方法和艺术人文感观来推进。在过程上，STEAM课程常用的教学模式之一是6E学习模式。基于设计的6E学习模式由Burke提出，将工程设计过程融入课堂教学，将STEAM教学环节拓展为吸引（Engage）、探究（Explore）、解释（Explain）、设计（Engineer）、拓展（Enrich）和评价（Evaluate）。

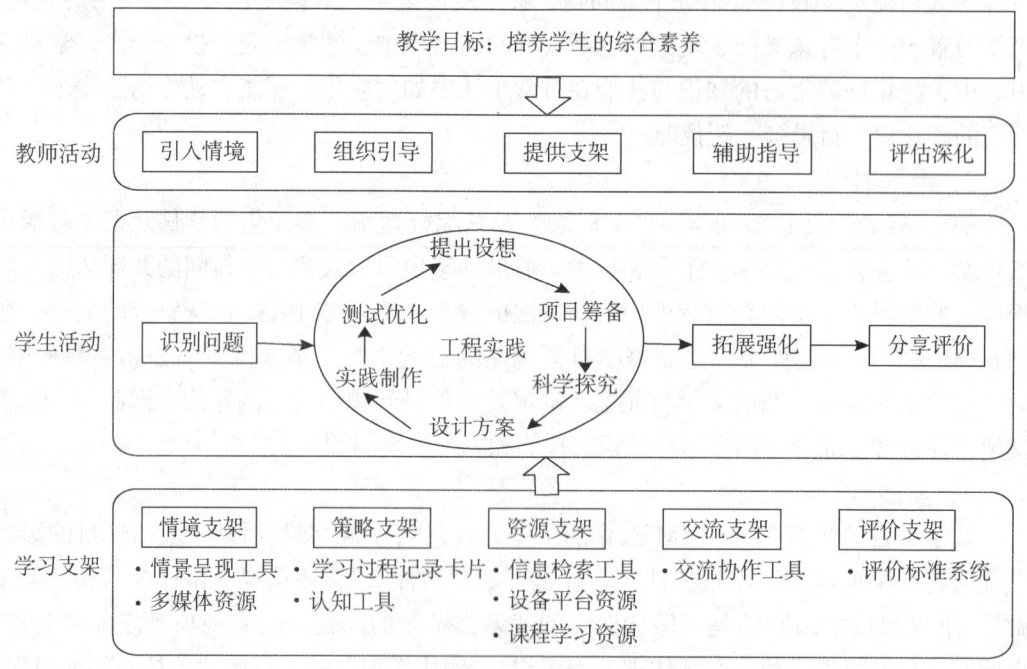

图1 STEAM课程教学过程设计

1. 教学流程设计

基于6E教学模式，本文对STEAM课程教学过程进行了如图1所示的整合设计，以核心教学目标为引领，包括教师活动、学生活动和学习支架三个方面。在STEAM课程教学中，学生是学习活动的主体，教师是学习活动的组织者、辅助者，为学习者的项目实践过程中提供学习引导和辅助。学生在教师的指导下，依托多学科知识经验和各种资源工具进行探究、设计和实践，分析问题、识别问题、设计方案、实践验证以解决问题。

在识别问题阶段，通过创设情境来激发学生的学习兴趣，引起认知冲突，激发学生主动探究和实践。教师依据学生已有背景知识和相关技能，提出关于现实事物的一些问题，例如"这种现象产生的原因是什么""主要问题是什么""关于该问题我已经知道什么、可以知道什么""我怎样解决这个问题"，初步明确解决问题还需要做什么、达到什么样的目标。

在工程实践阶段，一般包含提出设想、项目筹备、科学探究、设计方案、实践制作、测试优化。首先通过头脑风暴提出大量方案，通过可行性分析筛选出初步方案，形成初步的设想。然后着手项目筹备工作，包括知识技能的储备和工具技术的获得等，为设计方案的形成提供必要的支撑。接着针对初步方案中的关键子问题，通过运用数学、科学、技术和艺术的原则、方法和形式进行探究，逐渐形成具体明确的设计方案。之后在此基础上进行实践制作，通过迭代的测试、实验和优化方案与作品，得到最终的解决方案和结果产出。

在后续拓展强化阶段，教师要设计相似或更复杂的深化任务，增加问题复杂度或项目功能，学生找到深化任务与项目问题之间的联系，通过谈论、探究、设计、创造等形式，进一步优化和发展在工程实现中形成的观点和方法，巩固相关联的多学科和多领域知识、技能和思维等内容，有助于培养学生的迁移运用能力和问题解决能力。

此外，STEAM课堂教学由于其整合性、实践性的特点，对学习支架具有很高的需求。根据不同教学阶段的特点，每个教学阶段需要对应的工具和资源等学习支架来支持，主要可以划分为情境支架、策略支架、资源支架、交流支架和评价支架。情境支架用于创设教学情境，如情景呈现工具、多媒体资源等形式；策略支架是为了提供策略指导，比如提供方案范例、实验模板、程序样例等认识工具；资源支架提供软硬件资源支持，比如信息检索工具、设备平台资源、课程学习资源等；交流支架为教师和学生提供多种同步或异步的交流协作工具；评价支架具有反馈功能，主要是从师评、互评、自评多角度设计评价工具。

2．课程案例设计

基于以上教学流程设计，本文以"植物没人浇水怎么办"为例。该课例的总目标是学生综合运用多学科知识解决实际情境问题，学生经历从问题分析、项目探究与实践、成果展示和交流的过程，获得相应各种活动的体验和经验；会设计较具体的方案，会撰写工程日志，能根据设计方案和工程日志对课题实践的过程和结果进行反思和评价；能准确表达自己的观点，理解和评价别人的观点，并能运用多种方式进行小组内交流和沟通。

该课例以"假期里教室养的植物没人浇水怎么办"这一情境为导向，围绕"发现问题、界定问题（是什么）""明晰解决问题的基本步骤（做什么）"和"有效实现和展示创造性产品（怎么做）"展开。学生应用micro:bit等各种资源工具，通过识别问题、提出设想、科学探究、工程实践、拓展强化和分享评价等活动，展开跨学科的学习，最终解决问题。教师活动主要围绕情境引入、组织引导、提供支架、辅助指导和评估深化，并给予学生合作、交流和表达的锻炼机会，促进学生的创新实践能力以及解决问题的综合素养的提升。课例的具体安排见表1。

表1 "植物没人浇水怎么办"课例安排

阶段	课时	流程	主要内容（学生视角）
是什么	0.5课时	明确问题任务	（1）组建合作小组，便于学生之间分工协作。 （2）在教师的引导下进入情境，学生结合自己已有的背景知识和相关技能，回答情境中的关键问题，引起认知冲突。 （3）明确情境中主要的问题是植物生长对水有需求但没人给它浇水，还需要知道该植物对水分的需求量是多少，要解决的问题是如何自动给植物浇水（工程），浇水的频率怎样（科学）

（续表）

阶段	课时	流程	主要内容（学生视角）
做什么	0.5课时	形成初步方案	通过头脑风暴尽可能提出更多的设想，通过可行性分析、筛选、整合，选出初步方案。浇水频率的设想，如：每隔相同时间浇一次水；实时判断土壤的湿度（技术），根据湿度情况自动浇水。自动浇水装置设想，如：利用虹吸原理（科学）、利用抽水泵（技术）等
	2课时	项目筹备储备	确定初步方案需要的知识技能储备和工具技术准备等。比如，会用到的开源硬件工具 micro:bit，首先每小组确定本组方案需要哪些元器件，再结合论坛、社区等平台和技术教师提供的学习资源（包括使用教程、元器件说明）等资源支架，获得知识技能；会用到虹吸原理的小组，需要在科学教师指导下认识虹吸，并学会应用；对于产品外形设计，依托于艺术教师的熏陶，获得创意设计的能力
怎么做	2课时	开展科学探究	针对设计方案中的关键子问题，选择方法、技术和材料进行自主探究，例如土壤湿度对植物生长的影响、浇水频率与土壤湿度的关系等，做好探究记录表，从实验数据中抽象出探究结论
	2课时	设计制作作品	基于科学探究结果确定完整的设计方案，设计制作作品，做好工程日志记录，方便找到工程中出现问题的原因和解决办法
	2课时	测试优化作品	对作品进行评估、测试和优化，得到最终解决方案和结果产出。在此基础上，进行拓展设计和制作，比如外形优化、远程控制等
做得怎样	2课时	整理表达评价	用恰当的形式表现研究成果，表达并交流，综合每个环节的评价，对整个研究过程做综合评价，并将过程性资料归档

四、结语

　　STEAM 教育作为一种综合创新的教育范式，颠覆了传统的教与学方式。随着 STEAM 教育的发展，STEAM 课程的建设和设计成为教育实践者的研究重点。本文对 STEAM 教育的内涵进行了梳理，对 STEAM 课程的性质和教学流程进行了思考，为进一步设计、开发和落实 STEAM 课程做理论准备。STEAM 教育理念的实现对于培养学生综合素养、创新实践能力具有重要意义，需要我们在未来不断探索与实践。

课程方案

KECHENG FANGAN

"3D打印（城市沙盘设计）"课程方案

杨浦区控江二村小学　陆　彬

一、课程背景与目标

2015年，李克强总理主持国务院专题讲座，讨论加快发展先进制造与3D打印等问题。会上，他指出，"以信息技术与制造技术深度融合为特征的智能制造模式，正在引发整个制造业的深刻变革。3D打印是制造业有代表性的颠覆性技术，实现了制造从等材、减材到增材的重大转变，改变了传统制造的理念和模式，具有重大价值"。

为建立小学阶段科技创新教育项目体系，进一步提高学生创新思维水平，尝试开辟STEAM理念实施的新阵地，开设3D打印创新项目课程。

二、课程设计

3D打印（城市沙盘设计）项目，以城市沙盘设计为主题，以建筑三维建模与3D打印为内容，以团队合作开展主题作品设计与制作，鼓励学生利用学习资源和信息技术开展探究学习和创新实践。在活动中培养学生设计方案、制订计划、3D建模、打印操作的项目实施综合能力，循序渐进地影响学生的认知方式及思维模式，逐步培养学生创造性思维及创新意识。

（1）知道3D打印概念，发现并提高空间感知能力，学习使用3D建模软件建模；认识3D打印机，能运用软件配合3D打印机进行模型打印；知道建筑沙盘设计与制作过程，能制作简单的沙盘作品。

（2）以小组为单位（每组3~5人）开展项目活动，解决活动过程中的各种问题；开展阶段性任务活动（设计、打印、沙盘制作），培养学生综合性的科学素养。

（3）通过学习和使用建模软件，提高思维品质，激发创新意识，培养创造能力；通过团队合作，形成合作意识，提高项目活动的效率；通过科目活动，体会3D打印技术的风采，形成问题意识，在后续的生活和学习中有意识地开展学习和创新。

三、课程实施及成效

（一）课程内容

学期	单元名称	单元目标	内容主题	实施要求	课时
第一学期	认识3D打印	1. 认识3D打印概念，知道3D打印的原理，了解3D打印的作用。 2. 体验3DONE软件，知道3D打印需要使用建模软件进行建模。 3. 认识3D打印机，知道打印机工作原理。 4. 认识沙盘，了解沙盘制作的基本常识	3D打印与沙盘制作	1. 参观3D打印教室。 2. 观察3D打印机，观看打印过程。 3. 体验3DONE软件，认识软件界面、尝试新建打开和保存。 4. 在电脑上建立数字档案袋（专属文件夹）。 5. 参观沙盘，近距离观察打印模型和沙盘造景，听取教师介绍	1
	3DONE（1）基本编辑	1. 认识操作界面、主菜单、主要命令工具栏、XY平面网格、案例资源库、视图导航、DA工具条、坐标值和单位展示框。 2. 尝试基本操作：移动、缩放、阵列、镜像、对齐	认识3DONE软件的基本功能	1. 使用主菜单打开、保存文件。 2. 观察工具栏、资源库、工具条等界面要素。 3. 尝试使用鼠标和视图导航进行视角和缩放调整。 4. 尝试独立设计一幢建筑。 5. 示范作品打印（下一课时）	2
	3DONE（2）基础实体	1. 基础实体的添加六面体、球体、圆柱体、圆锥体、椭球体。 2. 实体的基本调整。 3. 运用基础实体设计主题建筑	运用基础实体拼搭建筑	1. 设计体育馆（球体、椭圆体、实体切割）。 2. 为体育馆增加细节（圆柱体、圆锥体、六面体、基本调整）。 3. 尝试运用基础实体设计主题建筑。 4. 示范作品打印（下一课时）	2
	3DONE（3）草图绘制	1. 使用草图绘制画出科幻的建筑轮廓。 2. 使用拉伸功能将草图变成实体。 3. 制作绿色环保的大楼	运用草图绘制与拉伸功能进行创意建筑设计	1. 设计绿色环保的大楼（使用草图绘制画出基座）。 2. 修正与改进（倒角、圆角、修剪、曲线）。 3. 合理运用拉伸，完善作品。 4. 运用草图绘制和拉伸功能设计主题建筑。 5. 示范作品打印（下一课时）	2
	3DONE（4）特征造型	1. 使用旋转、扫琼、放样、拔模设计建筑、增加细节。 2. 用倒角修饰建筑模型。 3. 设计制作太空空间站	太空空间站建模设计	1. 制作空间站（基础实体、拉伸、旋转）。 2. 为空间站添加圆环（扫琼）。 3. 修饰与增加细节（拔模、倒角）。 4. 尝试独立制作一个创意空间站。 5. 示范作品打印（下一课时）	2

（续表）

学期	单元名称	单元目标	内容主题	实施要求	课时
第一学期	3DONE（5）特殊功能	1. 使用扭曲、圆环（圆柱）折弯设计建筑。 2. 使用镶嵌曲线、浮雕添加细节。 3. 设计制作科幻外观的摩天大楼	科研中心（大楼）建模设计	1. 制作科幻外观的摩天大楼（扭曲）。 2. 为大楼添加细节。 3. 尝试独立设计一幢科幻造型的大楼。 4. 示范作品打印（下一课时）	2
第一学期	创意家园设计	1. 认识住宅小区或居民区的特点与建筑特色。 2. 了解住宅需要哪些功能。 3. 设计具有创意的建筑。 4. 切片软件Pango的使用。 5. 操作打印机打印作品。 6. 作品展示与介绍	绿色小区建筑设计与沙盘规划	1. 小组讨论，确定建筑设计的特色（按小组完成一组设计）。 2. 合理使用学习的技术操作建模。 3. 学习切片软件Pango的基本操作，配合打印进行模型切片。 4. 仔细阅读打印操作手册，观摩打印机操作过程，尝试使用打印机打印作品。 4. 作品展示	5
第二学期	沙盘设计制作学校	1. 认识学校校园的特点与建筑特色。 2. 了解学校需要哪些功能的建筑。 3. 设计具有创意的学校建筑。 4. 沙盘设计与制作	学校建筑设计与沙盘规划	1. 小组讨论，确定设计建筑的数量。 2. 使用3DONE软件建模。 3. 切片与打印（打印过程中进行后续项目或建筑的设计，定期查看打印情况和进度，进行调整）。 4. 作品展示与介绍。 5. 沙盘设计讨论（主题、方案、使用材料、声光电配合等）。 6. 沙盘制作。 7. 项目完成总结展示	4
第二学期	沙盘设计制作工厂（工业区）	1. 认识工厂或工业区的特点与建筑特色。 2. 了解工厂或工业区需要哪些功能的建筑。 3. 设计具有创意的建筑。 4. 沙盘设计与制作	工业区建筑设计与沙盘规划		4
第二学期	沙盘设计制作机场（枢纽）	1. 认识机场或交通枢纽的特点与建筑特色。 2. 了解机场或交通枢纽需要哪些功能的建筑。 3. 设计具有创意的建筑。 4. 沙盘设计与制作	交通枢纽建筑设计与沙盘规划		4
第二学期	沙盘设计制作创新建筑	1. 自主制定一个主题区。 2. 分析该主题区的特点与建筑特色。 3. 了解该主题区需要哪些功能的建筑。 4. 设计具有创意的特色建筑。 5. 沙盘设计与制作	自主命题的城市功能区设计与沙盘规划		4

（二）课程实施

1. 课程实施对象

以四、五年级学生为主，通过自主报名和老师推荐，一个团队录取 10~12 名学生。

2. 活动形式

3D 打印项目在打印阶段须依托打印机，沙盘制作工程量巨大，因此以小组为单位，讨论与制作相结合、虚拟与现实相结合，突出趣味性、合作性、创新性，并在实际活动中采用阶段性任务的活动形式。

同时，由于打印时间较长，且易出现打印问题以致设计返工的情况，每个项目活动中打印阶段小组成员除必要的监控打印进度外，还要开展下一项目的设计建模活动，提高课时效率。

（三）课程成效

1. 技术性与趣味性

3D 打印项目活动中的各阶段，无论是设计建模，还是打印模型，又或是沙盘制作，都是生活中很难体验到的新奇内容，而在活动中从无到有地制作出一幢亲手设计的建筑，更是充满了成就感。这些作品不同于商店里购买到的模型或玩具，打上了学生的原创标签，是独一无二的作者思维智慧的结晶。这种体验会让参与的学生深刻认识 3D 打印技术的作用，并渗透生活、学习的方方面面。

2. 合作性与创新性

作为一个特殊的创新实验项目，3D 打印活动的实施受到各方条件的限制较多，如模型设计和打印时间长、修改周期长且复杂、沙盘方案设计须缜密考量等。因此，对团队的合作能力提出了挑战，学生要在活动阶段快速适应并提高团队合作效率。

同时，如何利用有限的建模基础技术提出合理且有创意的设计则是学生创新能力的体现。鉴于小学阶段学生的技术限制，不追求精湛的技术，用合理、创意弥补技术的不足，创造出好的作品。

3. 实践性与拓展性

3D 打印项目最终的实体成果就是成功打印的模型（沙盘），其中无论是设计、打印，还是沙盘的设计与制作，都对学生实践能力的提高起着重大的作用。在活动中，我们尝试运用更多的技术参与沙盘制作——尝试声光电的运用，尝试电子积木或智能 AI 的加入，将项目活动的内容拓展到了更多的领域。

四、课程评价

（一）评价原则与评价方式

3D 打印项目依托小组合作，开展项目阶段性活动，集创意、技术、实践为一体，体现 STEAM 理念，培养学生的创新思维、合作意识和动手能力。因此，评价实施围绕项目特点展开：遵循多元化原则，评价主体多元化，重视学生的自我和学生之间的评价；评价内容多元化；对学生的情感与态度、科学的行为与习惯、创新意识等方面重点关注；评价方式多元化，从不同的角度、不同的层面对学生进行评价；遵循科学性与可行性统一原则，合理使用评价量表客观、科学地开展评价活动，权衡评价效率，确保评价数据质量，为项目目标的达成提供助力。

（二）评价标准

1. 小组组员项目活动自评量表

组名：_____ 小组成员：_____ 项目名称：_____

项目内容	评价准则	评价成绩
制订计划	积极主动参与小组讨论活动，能说出自己的想法，倾听组员的发言	
设计建模	运用建模技术设计出具有创意的建筑模型，并兼顾打印合理性	
切片打印	正确使用切片软件对模型文件进行切片，参数设置合理，严格按操作步骤进行打印机操作	
作品展示	根据分工参与作品展示，有完整的解说或作品演示过程，条理清晰，展示效果好	

2. 作品评价量表

组名：_____ 项目名称：_____

项目内容	评价准则	评价成绩
创意设计	符合主题要求，设计合理、有创意，兼顾创新性与打印合理性	
建模操作	建模操作规范，模型制作完整，全部实体均闭合，打印成功率高	
切片打印	切片设置合理，质量与打印效率平衡	
沙盘制作	体现主题，设计合理，合理运用辅材，有一定的扩展创意（灯光、互动等）	

"KOOV机器人总动员"课程方案

杨浦区控江二村小学 陈永军

一、课程背景与目标

21世纪,随着科学技术的不断发展,计算机科学和人工智能异军突起,机器人教育逐渐走入校园。我校一贯重视科技课程建设与科技创新,注重学习与现实之间的联系,希望在学科的相互碰撞中,培养学生各方面的技能与认知。在此基础上,我校开设了"索尼机器人"校本课程。本课程主要通过Scratch与机器人完美结合,并学习简单机械、软件编程等相关知识,引导学生动手制作简单机械部件,进行机器人创意设计,提升学生动脑动手能力。

机器人教育是德、智、体、美、劳并重的综合性教育,强调手脑并用,是开展创新教育的基础。本课程开设于三、四年级。三、四年级处于小学中高年级段,学生的思维能力、理解能力和创造力等都进入一个质的发展阶段。此外,小学中高年级的学生经过三年科学与技术课程及一年信息科技课程的学习,具备了相应的信息技能和动手操作能力。

二、课程设计

本课程利用索尼机器人硬件套件,让学生学会用Scratch与机器人结合制作作品,利用套件中的核心主板、各种传感器和马达将想象和真实世界联系起来,使学生经历"想象—设计—分享—评价—反思—再设计"的循环过程,培养学生的创新意识和思维能力,为小学的创客教育开辟一条新途径。

在科目内容上,本课程分为基础模块和高级模块,共32课时。各模块具体内容如下:

基础模块	掌握Scratch程序的界面、角色、场景、变量、命令等知识;能模拟生活、学习中的常见问题,采用程序设计的方法用Scratch虚拟机器人解决问题
高级模块	使用索尼机器人硬件套件,利用Scratch与机器人进行虚实结合;能够在教师指导下开展机器人的组装,应用基于Scratch软件编制程序使机器人"动"起来;能够通过自己的思考创新地实现系统编程,超越传统模式,创造性地解决问题或完成项目

三、课程实施及成效

(一)开设地点

"索尼机器人"校本课程是充分结合学校实际情况进行开发的,选择性地在小学三、四年级开设社团教学。在学习基础课程时,学生只需在机房上课即可;而开设高级课程时,需要添置必要的机器人套件,在创新实验室上课。

(二)课程内容

学期	主题	单元目标	实施要求	课时
第一学期	1. 踩到狗尾巴; 2. 接苹果; 3. 猫咪机器人收集钱袋; 4. 走迷宫; 5. 掷骰子	1. 识别机器人编程软件Scratch界面的组成; 2. 掌握Scratch软件各积木模块的使用; 3. 能根据项目要求进行程序设计; 4. 尝试使用Scratch软件编制程序,实现自己的想法	1. 认识Scratch软件的界面组成; 2. 掌握动作、外观、事件、控制、数据、侦测等积木模块的使用; 3. 制作项目主题作品,并能加入自己的想法	10
	1. 认识机器人; 2. 核心主板机器人控制器	1. 参照图纸完成机器人搭建; 2. 能描述机器人的组成和各个部分的作用; 3. 能识别机器人控制器的作用和各个按钮的作用	1. 搭建带有控制器的机器人; 2. 观看不同的机器人,知道机器人的三大结构及功能; 3. 掌握电脑与控制器的连接方法; 4. 知道电脑和控制器的关系	2
	1. 会眨眼睛的机器人; 2. 聪明的眨眼睛机器人	1. 尝试使用LED彩灯模块让机器人发光、闪烁; 2. 掌握机器人触碰传感器的使用; 3. 尝试利用触碰传感器控制彩灯的闪烁	1. 设置左右彩灯参数和等行模块参数; 2. 在套件中找到触碰传感器并安装在机器人上; 3. 用程序控制触碰传感器并设置参数	3
第二学期	1. 会走路的汽车机器人; 2. 能避障的汽车机器人; 3. 智能汽车机器人	1. 掌握马达积木参数设置的方法和作用; 2. 通过改变马达的参数实现汽车机器人的不同运动和方向; 3. 掌握红外测距传感器的使用; 4. 能描述红外测距传感器的原理; 5. 通过设置红外测距传感器,设计避障机器人	1. 能在套件中找到马达、红外传感器并安装在汽车机器人上; 2. 改变马达积木参数,使汽车机器人能直行、拐弯、停止、后退; 3. 学习利用红外测距传感器测量距离; 4. 利用四个方位连接四个红外测距传感器,实现智能汽车机器人的制作	6
	1. 聪明的运动员; 2. 忠实的巡逻员	1. 能描述光电传感器的工作原理; 2. 能举例说明光电传感器的使用场合; 3. 尝试制作巡逻员,掌握光电传感器控制机器人巡逻运动、停止	1. 能在套件中找到光电传感器并安装在机器人上; 2. 学会测量物体表面的光值的方法; 3. 利用程序设计制作项目活动	5
	1. 噪声监控机器人; 2. 智能楼梯灯	1. 能描述声音传感器的工作原理; 2. 尝试使用声音传感器监测噪声,掌握声音传感器的使用方法; 3. 掌握蜂鸣器的设置; 4. 通过智能楼梯灯的制作,掌握声音传感器控制蜂鸣器的鸣响和彩灯颜色的变化	1. 复习彩灯参数和等行模块参数; 2. 测量环境的响度; 3. 用程序控制延迟,以避免短时声响引起的灯泡损坏	4
	智能风扇	1. 能描述人体感应传感器的工作原理; 2. 通过制作智能风扇,掌握人体感应传感器控制机器人	1. 能在套件中找到人体感应传感器并安装在机器人上; 2. 学会测量机器人与人距离的方法; 3. 利用程序设计制作智能风扇	2

（三）机器人教学模式

机器人教学不同于一般的信息科技，也不同于单纯的程序教学。它与现实的物品相结合，有真实的作品出来。基本特点是"有创意，能设计，敢动手，乐分享"。

（1）情境创设、明确主题。
（2）机器人搭建。
（3）程序分析、制作流程图、编写程序。
（4）程序运行、评价反思。
（5）修改调试程序、完善作品。
（6）分享交流、拓展提升。

（四）课程成效

1. 趣味性与生活化

将学生生活中喜闻乐见的素材和感兴趣的小游戏整合到机器人教学中，如"踩到狗尾巴""接苹果""红绿灯""走迷宫"等游戏，体现了项目的趣味性与生活化。贴近生活实际的教学内容，能有效地激发学生的学习兴趣，更好地参与课堂教学，提高教学效率。

2. 层次性与梯度性

在设计项目时，从学生"学"的角度来设计教学活动。所设计的任务由简到繁、由易到难、前后相连、层层深入，构成一个有梯度的、螺旋上升的链条。学生通过具有层次性与梯度性的探究活动，真正掌握技能。同时能够使不同基础的学生都参与其中，真正实现了以学生为中心的课堂教学。

3. 拓展性与迁移性

一个好的项目，一定要有其拓展性与迁移性，"索尼机器人"教学不是只有范例，在范例之后还有思考题，让学生自由发挥想象，能够做到举一反三，关注生活中的类似问题并有效解决。

四、课程评价

（一）评价原则

"索尼机器人"根据课程的基本目标展开具体评价。充分发挥评价对学生学习行为的激励和诊断功能，及时、全面地了解学生的学习状况，指导学生的学习行为，记录学生学习过程和学习结果，全面反映每个学生的学业水平。

（二）评价主体

实施者即评价者，即课程实施中的教师和学生是主要的评价主体，具有学习评价的自主权。最终使学生通过评价引导，正确认识自我、完善自我、发展自我；教师通过评价诊断及时调控修正自己的教学，提高教学的有效性。

（三）评价方式

1. 过程性评价与总结性评价

过程性评价贯穿在每一个项目活动中，主要包括学生作品的收集与评价、学生活动过程的现场观察与记录等形式。班级建立学生档案袋，记录学生学习过程。过程性评价结果一方面可以作为教师个别指导的依据，另一方面也可以作为学生反思回顾学习过程、促进自身发展的依据。

总结性评价主要通过学生演示、宣讲和接受答辩等形式，引导学生知识与技能、过程与方法、情感态度与价值观、创新能力等方面的提升。

2. 自我评价与相互评价

自我评价是由学生自行对自己的学习对照评价标准进行评价。相互评价是指学生之间通过体验、交流对同伴的项目进行评价，以及教师、家长对作品的评价。

（四）评价量表指标

1. 自评量规

（1）作品的主题和搭建的完成情况。

　　○完成　　　　○完成大部分　　　○完成小部分　　　○基本未完成

（2）基本技术掌握情况，如模块搭建技巧、传感器的使用、核心主板的设置。

　　○完全掌握　　○基本掌握　　　　○没怎么掌握　　　○不会

（3）流程图制作。

　　○结构清晰，逻辑性强　　　　　　○结构比较清晰，逻辑性较强

　　○结构基本清晰，逻辑基本合理　　○结构混乱，逻辑性较差

（4）程序设计。

○程序编写熟练，发现问题能对程序进行调试

○程序编写较熟练，发现问题能在教师或同学的帮助下对程序进行调试

○在教师或同学的帮助下编写程序，发现错误并进行调试

○不会编写程序

（5）对自己的作品的满意度。

　　○非常满意　　○比较满意　　　　○不是很满意　　　○失望

（6）对自己的作品最喜欢的地方。

　　○创意　　　　　　　　　　　　　○机器人色彩模块选择合理

　　○实用性　　　　　　　　　　　　○技术的运用

2. 小组合作评价量规

评价准则	A	B	C	自评	师评
组内同学表现情况	每个组员都积极主动参与活动	多数组员能参与活动	只有个别组员能参与活动		
作品	3个小组给出A档次	3个小组给出B档次	少于2个小组给出B档次		
求助	能独立完成任务，不需要求助教师或同学	向教师或同学求助少于2次	多次向教师或同学求助		
任务完成情况	每个组员都能完成任务	3人小组有2人完成	完成人数少于1人		

3. 作品评价量表

评价项目	评价标准描述			评价		
	A	B	C	自评	互评	师评
作品内容	有创意，主题明确，积极向上	较能发挥想象，主题较明确，有一定的意义	主题不明确，内容无意义			
技术运用	能恰当选择传感器，程序编写简洁、清晰、明了，运行流畅	能运用传感器，程序能实现作品的功能，运行较流畅	无法完成程序的编写			
拼搭与色彩	拼搭作品形象，色彩模块选择合理	拼搭作品较形象，色彩模块选择较合理	拼搭作品牵强，色彩模块选择不合理			
教师寄语						

注：A—优秀；B—良好；C—继续努力。

"湿地家园"课程方案

上海市杨浦区复旦科技园小学　陆态骏

一、课程背景

复旦科技园小学地处新江湾城湿地,这里被誉为上海的"绿宝石"。从废弃机场到生物乐园,江湾湿地的自然恢复力令人惊叹,而丰富的生态环境资源为学生的探究性活动提供了广阔的场地与丰富的资源。

在"为每个学生成长提供更适合的生态教育"的办学理念下,为提升学生的生态素养,培养学生热爱自然、亲近自然的情感,增强环境保护意识和社会责任意识,我校在多年利用独有自然资源开展环境教育的基础上,开发建设了"湿地家园"校本课程。

我校多数学生生活在新江湾城社区,虽然对生活的家园很喜欢,但是对于"湿地"这一概念很模糊。"湿地家园"从学生的生活实际、兴趣爱好出发编写教材,进行浅显易懂的教学。

该课程是我校利用地理优势、聚焦学生兴趣特点挖掘的课程资源,以家门口的湿地为"实验场",以创新实验室为"研究所",以复旦大学、少科站等为"智囊团",通过"实地探访—合作探究—知识拓展"三部曲开展探究学习。同时,立足校本资源优势,结合杨浦区创新发展引领区三年行动计划和区创新实验室课程建设,创造性地构筑了一个厚实的、富有个性的文化平台。在这一平台上,开发"湿地家园"校本课程,开展社会实践活动,安排学生有目的、有计划地接触社会、接触生活、接触前沿科技成果,培养学生创新意识和社会实践能力。

二、课程目标

(1)初步了解湿地的概念,知道动物、植物生长以及湿地对生物的影响,明白湿地对人类所起的重要作用。

(2)学习运用实验、调查等方法,养成独立思考、合作探究的能力。

(3)通过与自然的多样化互动,感受人类与自然的关系,初步形成保护湿地、热爱自然的意识。

(4)在对湿地的探访过程中,能运用各种感官体验感知湿地环境的美,并能通过语言、文字、图画等形式予以记录和交流。

三、课程设计

"湿地家园"课程内容主要来源学生的生活，涵盖了植物、动物、生态、环境、人文等多个领域。在教学实施过程中，强调人文因素，旨在培养学生学习自然科学知识的同时，也能够提升对大自然爱护与关怀的生态素养。与此同时，课程内容不再强调固定的先后顺序，而是采用"活页式课程"的学习模式，根据学生的兴趣点、季节气候变化、自然条件等因素，分13个主题内容开展学习，如图1所示。

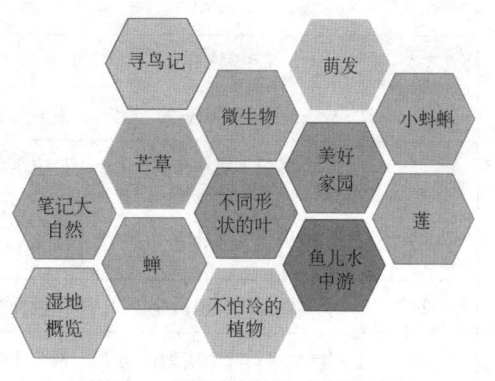

图1 "湿地家园"主题内容

四、课程实施

[第一学期]

周次	教学内容	实施要求
1	新学期拓展型课程工作筹备	
2	湿地概览	在课前，有意识地引导学生上网搜集湿地功能的相关资料。课堂上，让学生通过小组合作学习和交流，知道湿地为人类的生产、生活提供多种资源，具有巨大的环境功能和效益，充分认识湿地具有其他系统不可替代的作用
3	笔记大自然	通过导入生活中的日记，观察各种不同的特殊"日记"，认识不同的日记的功能和作用。通过介绍"自然笔记"这种日记形式，初步引导学生学习自然观察和记录的方法。在教师的带领下，在湿地生态走廊或校园中有序地开展观察活动，引导学生利用手中的画笔将观察到的各种生物用"自然笔记"的形式记录下来
4	（国庆）	
5	蝉（实地探访）	设定主题，外出探访
6	蝉（互动学习）	在先期探访的活动中，有意识地引导学生发现蝉蜕，尽可能找到一两个蝉蜕，便于上课时观察。课堂上，利用放大镜等工具认真观察蝉蜕，通过比较和讨论发现蝉蜕和蝉的不同点。经过学习和交流，知道蝉蜕皮是蝉一生中比较重要的一个发育过程，蝉的一生可以分为卵、幼虫、成虫三个阶段
7	蝉（知识讲座）	由教师及学生志愿者一起帮助进一步深入学习相关内容
8	芒草（实地探访）	设定主题，外出探访
9	期中	
10	芒草（互动学习）	学生收集芒草并进行认识，教师介绍常见的湿地植物芦苇。观察后，通过二者的比较，使学生知道芒草与芦苇的区别，并进行"侦查小柯南"——区分芦苇和芒草的游戏活动，激发学生的学习兴趣

(续表)

周次	教学内容	实施要求
11	芒草（知识讲座）	由教师及学生志愿者一起帮助进一步深入学习相关内容
12	寻鸟记（实地探访）	设定主题，外出探访
13	寻鸟记（互动学习）	在先期探访的活动中，有意识地引导学生发现鸟，尽可能找到各种鸟。课堂上，利用图片，通过比较和讨论，发现鸟的共同特征及不同点
14	寻鸟记（知识讲座）	由教师及学生志愿者一起帮助进一步深入学习相关内容
15	不同形状的叶（实地探访）	设定主题，外出探访
16	不同形状的叶（互动学习）	学生收集树叶（落叶）并进行讨论辨别，教师介绍几种常见的湿地植物的叶形。学生观察并描述叶的形状，比较叶形的相同点和不同点，知道叶由叶片、叶柄和托叶三部分组成，叶片上有叶脉。教师也可以展示叶脉书签，激发学生的学习兴趣
17	不同形状的叶（知识讲座）	由教师及学生志愿者一起帮助进一步深入学习相关内容
18	微生物（实地探访）	设定主题，外出探访
19	微生物（互动学习）	从周边的湿地中采集水样本，通过显微镜观察湿地微生物，了解湿地微生物的外形特征，并结合收集到的资料了解湿地微生物的科学分类，思考自己观察到的微生物属于哪一个种类
20	微生物（知识讲座）	由教师及学生志愿者一起帮助进一步深入学习相关内容

[第二学期]

周次	教学内容	实施要求
1	—	
2	新学期拓展型课程工作筹备	
3	不怕冷的植物（实地探访）	设定主题，外出探访
4	不怕冷的植物（互动学习）	在先期的户外寻访活动中，学生已经找到了新江湾城里的冬日绿色植物，学生分小组进行组内交流，并由组长反馈。之后，教师适时引出需要探究的问题，鼓励学生利用iPad解决
5	不怕冷的植物（知识讲座）	由教师及学生志愿者一起帮助进一步深入学习相关内容
6	萌发（实地探访）	设定主题，外出探访
7	萌发（互动学习）	在研究种子外部结构时，教师要适时进行讲解，使学生准确了解种皮、种脐和种孔的同时，也了解它们的作用。通过实验，探究种子的内部构造。实验操作的过程要循序渐进，可以让学生示范剥去种皮的过程，适时加入镊子的使用方法。要留出一定的时间让学生观察剥去种皮的种子。建议教师示范如何小心地将种子里的豆瓣分开，使用放大镜观察两片豆瓣的连接处。随后，指导学生画图记录种子的内部构造。在各组操作观察的过程中，教师要巡视指导。在观察三种不同种子的内部构造后，让学生归纳它们的共同点

(续表)

周次	教学内容	实施要求
8	萌发（知识讲座）	由教师及学生志愿者一起帮助进一步深入学习相关内容
9	美好家园（实地探访）	设定主题，外出探访
10	期中	
11	美好家园（互动学习）	在实地探测的活动中，指导学生学会使用温度计、湿度计、分贝仪等测量工具。引导学生收集、整理并比较分析实地测量的温湿度和噪声数据，结合湿地环境介绍的视频或图文资料进一步了解湿地与普通环境的温湿度及噪声的差异。经过学习和交流，分析并掌握湿地对于环境保护所起到的重要作用，唤起学生自觉保护湿地环境的意识
12	美好家园（知识讲座）	由教师及学生志愿者一起帮助进一步深入学习相关内容
13	鱼儿水中游（实地探访）	设定主题，外出探访
14	鱼儿水中游（互动学习）	交流对草鱼等鱼类的了解
15	鱼儿水中游（知识讲座）	由教师及学生志愿者一起帮助进一步深入学习相关内容
16	小蝌蚪（实地探访）	设定主题，外出探访
17	小蝌蚪（互动学习）	经过学习和交流，了解蟾蜍的用途
18	小蝌蚪（知识讲座）	由教师及学生志愿者一起帮助进一步深入学习相关内容
19	莲	在活动中，先让学生欣赏有关莲的图片，激发学生爱莲的情感。接着，让学生认识荷花、荷叶、莲蓬、莲子，并通过"自然笔记"的形式予以体现，学生在趣味活动中学到知识。探究部分为莲的药用价值，活动前让学生做好调查，课堂上充分交流，教师适时补充

五、评价办法

（一）学生层面

评价标准描述			评定	
优良 ★★★	达标 ★★	须努力 ★	生评	师评
1.能说出湿地的概念、特征、功能，知道几种典型的湿地生物及其特点，以及我国几大湿地名称。 2.通过自然笔记、小实验，做好记录、得出结论，完成实验小报告。 3.能正确地按照步骤和要求开展观察和实验，并能准确地记录。 4.在小组活动中主动参与，积极思考，能很好地与同伴合作	1.能说出湿地的概念、特征，能说出几种湿地的动植物。 2.能够运用"自然笔记"的形式对大自然进行记录。 3.能做各种实验，并观察和记录。 4.在小组活动中参与小组交流，能与同伴合作	1.不清楚湿地的概念。 2.不知道"自然笔记"等观察记录的方法。 3.不能正确地按照步骤和要求做各种实验，不能把实验过程记录下来。 4.在小组活动中参与不热情不高，发言不积极，不能与同伴合作		

（二）教师层面

序号	规范要求	分值	得分
1	能够按照安排和计划，完成课程教学任务	10	
2	教学活动设计合理，形式丰富，有吸引力，教学氛围和谐	10	
3	能充分关注学生创新素养的培育，尊重学生个性化发展需求	10	
4	能积极主动地开展对学生的指导，帮助学生掌握必要的观察技能、实验方法等	10	
5	能有效组织学生讨论，引导学生学会团队协作，注重学生小组合作学习	10	
6	注重平时资料的积累和收集，能够对学生的学习情况做出一定的分析和评判	10	
7	能结合本课程，组织开展校内外科技类活动或竞赛，并取得一定的成绩	20	
8	能以本课程为平台，在教学研究工作方面积极探索，形成一定的教科研成果	20	
9	其他加分项（填写加分理由）	1～5	
合 计			

六、备注

课程适用年级：小学三～五年级

总课时数：约35课时/学年

学科类型：拓展型课程

"电子积木（第一阶段）"课程方案

杨浦区控江二村小学　陆　彬

一、课程背景与目标

随着社会的进步和科技的发展，创新正逐渐成为引领中国发展的第一动力。党的十八大以来，习近平总书记数次强调"创新"对中国全面深化改革和发展的重要作用，用"创新智慧"领航中国行稳致远。

为建立小学阶段科技创新教育项目体系，进一步提高学生创新思维水平，尝试开辟STEAM理念实施的新阵地，着手建设智能电子积木创新实验室。

二、课程设计

电子积木创新实验室项目，以智能电子积木为硬件基础，以生活中常见的物品、现象、问题为内容，以团队合作解决实际问题的学习模式，激励学生开展探究学习和创新实践。在活动中培养学生主动发现问题、分析问题、解决问题的能力，循序渐进地影响学生的认知方式及思维模式，逐步培养学生创造性思维及创新意识。

（1）培养学生对传感器的感性认识，锻炼学生的动手能力和简单图形化编程能力。锻炼学生多学科知识运用能力、沟通表达能力、团队合作能力，进一步加强学生的编程能力，锻炼学生的产品造型设计能力。

（2）经过任务式教学，增强学生逻辑编程、动手实践、外观设计、数学运用的能力。通过项目活动，锻炼学生的团队协作精神及自我表达能力。

（3）在任务式教学及项目制教学的基础上，通过启发式教学培养学生运用多学科知识解决生活中实际问题的创新意识和社会责任感。

三、课程实施及成效

（一）课程内容

选用简单易学且智能的电子积木模块还原生活中常见的物品、现象，帮助学生理解其中的工作原理并能举一反三；运用图形化编程软件进行作业，赋予设计作品实际使用的功能；开拓视野、创新思维，尝试改进现有设计，逐步形成各自的设计风格。

学期	单元名称	单元目标	内容主题	实施要求	课时
第一学期	无处不在的灯光1	1. 认识核心模块、扩展模块、单色LED灯； 2. 学会使用Mixly编程软件； 3. 掌握点亮一盏LED灯的方法； 4. 举一反三，同时点亮两盏灯	制作路灯	1. 认识电子积木的各模块，知道其工作原理； 2. 学习Mixly编程界面； 3. 使用电子积木点亮小灯； 4. 探讨灯光在生活中的实际应用	2
	火警疏散演习	1. 了解紧急疏散知识； 2. 掌握"延时模块"的调整方法； 3. 认识"模拟输出"程序块； 4. 掌握调整一盏LED灯亮度的方法	火警报警灯的设计	1. 掌握"延时模块"的使用方法； 2. 认识"模拟输出"程序，学习使用方法； 3. 使用"模拟输出"点亮小灯，并根据需要调整亮度； 4. 搭建火警报警灯； 5. 探究"模拟输出"（亮度变化）在生活中的应用	3
	倒数计时器	1. 了解倒计时的用途； 2. 通过组合前两个模块中学过的内容，实现不同时间亮灯的倒数计时功能	厨房计时器制作	1. 认识倒计时在生活中的应用； 2. 探究实现倒计时的方法； 3. 搭建倒计时设计装置	3
	DIY小台灯	1. 了解开关对于用电安全的意义； 2. 认识"等待"程序块、"数字输入"程序块； 3. 掌握利用"等待"程序块和"碰撞开关"程序块结合，控制电灯开关的方法	不同开关方式的台灯设计	1. 认识开关传感器，了解通过传感器控制开关的方法； 2. 学习"等待"程序，编辑控制电灯开关的程序； 3. 搭建创意台灯； 4. 尝试运用不同的传感器控制电灯的开关	4
	交通信号灯	1. 了解红光穿透能力强的原理； 2. 了解红绿灯的程序顺序； 3. 在游戏中增强交通安全意识	红绿灯的制作	1. 观测红绿灯运作视频，记录交通信号灯的运作模式； 2. 搭建交通信号灯装置； 3. 信号灯在生活中的其他应用（复杂路口、铁道口等）的方案设计	3
	多功能手电筒	1. 了解手电筒的各种新功能； 2. 熟练掌握"重复执行"程序的方法	照明与求生——多功能手电筒的设计与制作	1. 认识"重复执行"功能； 2. 了解手电筒的各种新功能； 3. 使用"重复执行"功能设计手电装置； 4. 搭建多功能手电筒	3

(续表)

学期	单元名称	单元目标	内容主题	实施要求	课时
第二学期	门铃	1. 了解器物发出声音的原理：振动； 2. 了解音调的本质：振动速度； 3. 认识蜂鸣器； 4. 掌握通过调节频率改变蜂鸣器的音调	音调运用与门铃的设计	1. 认识蜂鸣器，了解其发声与音调变化原理； 2. 学习改变蜂鸣器音调的方法； 3. 设计与搭建门铃装置； 4. 探究使用蜂鸣器设计更多创意发声装置	3
	音乐画	1. 了解阅读简谱的方法； 2. 了解蜂鸣器模块的按音阶编程的方法； 3. 利用蜂鸣器模块和延时模块写一首歌	装点教室——为装饰画加上音乐	1. 认识简谱； 2. 掌握音阶编程的方法； 3. 设计、搭建音乐画装置； 4. 利用音阶编程，为音乐画写入一首乐曲	4
	点歌台	1. 了解点唱机的工作原理； 2. 了解"如果"模块的使用方法	校园广播站点歌机设计与制作	1. 设计、搭建点歌台； 2. 了解"如果"模块的使用方法； 3. 为点歌台装置输入乐曲、设置点歌程序	3
	无处不在的灯光2	1. 了解汽车转向灯的工作原理和作用； 2. 增强学生交通安全意识	设计汽车转向灯	1. 制作一个汽车模型，并安装上汽车转向灯； 2. 增加一个碰撞开关，修改程序，实现"双跳灯"功能	4

（二）课程实施

1．课程实施对象

以三、四、五年级学生为主，通过自主报名和教师推荐，一个团队录取15名左右学生。

2．活动形式

"电子积木"课程由于其特性，不同于其他课程的教学，需要做到技术与现实的结合，突出功能性、实用性、趣味性、创新性，因此采用主题阶段性学习的活动形式。

（1）创设情景，了解现实需求。

（2）完善理念，设计作品。

（3）搭建设施，编程调试。

（4）头脑风暴，完善改进。

（5）修改调试，测试作品。

（6）展示交流，博采众长。

（三）课程成效

1．功能性与趣味性

"电子积木"课程的活动内容以学生生活中常见的物品或现象为原型，如DIY小台灯、门铃、倒数计时器等，都具有实际的使用价值，而运用小颗粒乐高积木和智能电子积木模块设计搭建作品场景，更能激发学生开发程序的兴趣，提升审美情趣，逐步形成自己的设计风格。

2．科技介入生活

"电子积木"课程中的作品，只需要稍加改动，就能在生活中替代其原型发挥作用，而这样的例子在近几年层出不穷，如3D打印桥、模块化建造的大厦、智能家居，这些科技介入生活的实例过去大多以"工程样品"的形式出现在设计师的实验室里，之后逐步惠及普通大众。而今发达的信息社会，技术的快速发展使得人人都可以是创客，作为小创客的学员们，自然会将所学经验带入学习和生活，潜移默化地渗透到各个方面。

3．用发展的眼光看问题

"电子积木"课程要求学生在活动中对作品提出改进的设想和意见，在条件许可的范围内对作品进行调整，使其更完善。这样的过程，对于学生思维发展，特别是创造性思维起到了推动作用。在审视一个物品或现象时，学生更多思考的是"它还能做些什么""如何做得更好"，而不是仅仅停留在寻找缺点的层面上。用发展的眼光看问题，让学生看得更远。

四、课程评价

（一）评价原则与评价方式

电子积木创新实验室项目旨在教授学生新技术的同时，尝试运用电子积木技术与生活实践相结合，引导学生充分发挥创新意识，提高创新思维水平，培养创造能力。因此，项目评价也应遵循项目目标，助力项目目标的达成。

1．多元化原则

评价主体多元化。除了教师评价外，还应重视学生的自我评价、学生之间的相互评价，以及家长、社区居民等其他人士的评价。

评价内容多元化。创新探究活动评价的内容不仅包括作品成果，还应包括学生的情感与态度、科学的行为与习惯、创新意识等方面。

评价方式多元化。综合运用多种评价方式，从不同的角度、不同的层面对学生进行评价，做到过程性评价与终结性评价相结合、定性评价与定量评价相结合、自我评价与他人评价相结合、评价方式的继承与创新相结合。

2．过程性原则

电子积木创新实验室项目要求学生初步掌握技术与生活实际相结合的探究方法，提高学生学习技能、创新设计、制订计划、动手操作、演示答辩的科学探究能力，在设计制作的过程中增进对科学探究的认识，发展和培养学生的合作能力、实践能力和创新能力。这就要求评价不再仅仅关注结果，而更关注学生成长的过程。

(二)评价标准

1. 小组组员项目活动自评量表

组名：_____　　小组成员：_____　　项目名称：_____

项目内容	评价准则	评价成绩
制订计划	积极主动参与小组讨论活动，能说出自己的想法，倾听组员的发言	
程序编辑	程序编写熟练，发现问题时能对程序进行调试	
制作搭建	布线熟练，搭建快速、正确，作品完成度高，测试功能无误	
作品展示	根据分工参与作品展示，有完整的解说或作品演示过程，条理清晰，展示效果好	

2. 小组合作项目评价量表

组名：_____　　项目名称：_____

项目内容	评价准则	评价成绩
小组合作	积极开展小组讨论，有明确的分工，组内成员能主动承担相应的任务，组员间互帮互助，活动情况良好	

3. 作品评价量表

组名：_____　　项目名称：_____

项目内容	评价准则	评价成绩
创意设计	作品设计主题明确，有创意且与生活或学习实际相结合，有较好的实用价值	
程序设计	能合理使用各模块命令进行编程，程序设计简洁合理，能较好地达成设计意图	
搭建效果	布线合理，结构完整、紧凑有效，色彩明快，整体美观度好且能体现设计的功能	
功能演示	有完整的演示流程，能充分展示出作品的功能与特点	

"自制赤道式日晷"课程方案

上海市中原中学　姜志超

一、课程开发背景

时间是一个较为抽象的概念,是物质的运动、变化的持续性、顺序性的表现。时间是人类用以描述物质运动过程或事件发生过程的一个参数,确定时间,是靠不受外界影响的物质周期变化的规律,例如月球绕地球周期、地球绕太阳周期、地球自转周期、原子震荡周期等。

随着时代和科技进步与发展,人类对于时间的掌握变得越来越精确,有一种装置逐渐被人们所遗忘,然而却承载着我国古代劳动人民的智慧结晶,这就是中国古代伟大发明——日晷[①]。作为祖先们留下的文化遗产,其中也蕴含了相当多的科学现象,当代中学生有必要了解及传承下去。因此,笔者结合自己的研究经历将其开发成适合高中生的研究型课程。

二、课程基本框架

(一)课程目标

1. 学习方法

旨在培养学生独立探究及小组合作探究的能力,掌握科学探究的一般过程。

2. 知识掌握

- 知道日晷的分类。
- 掌握赤道式日晷的原理。
- 学会赤道式日晷的制作方法,能独立完成日晷的制作。

(二)课程内容

为了编写教材,开设研究型课程,笔者在中国知网上查阅了相关文献,输入关键词"日晷"进行搜索,总共只有116篇文献,而搜索"赤道式日晷",仅有4篇文献。笔者参考为数不多的文献并结合动手制作的经历,课程内容设计如下。

[环节一] 收集资料,交流展示

---

① 此处的日晷指的是赤道式日晷,是古代中国人发明的。

由于学生在此之前未接触过相关知识，课前让学生分组分工围绕什么是日晷、日晷的分类、日晷的发展、日晷的用法、日晷的原理等相关内容查找资料，利用第一课时的时间小组展示交流，最后由教师总结归纳提纲。

[环节二] 制订方案，准备材料

主要集中研究赤道式日晷的原理及制订制作方案，通过观察网上下载的图片，利用生活中的废旧纸箱及简单的工具，小组讨论设计方案，并上台展示交流，之后完善方案。

[环节三] 动手制作，操场校时

根据设计方案分小组完成日晷的制作，完成后学生到操场试用自制日晷，并根据实际情况调整精确度。

[环节四] 评价打分，完成报告

根据课程评价，小组之间完成自评互评以及教师评分后，小组合力完成研究性报告的撰写。

（三）实施形式

传统的课堂教学往往是教师授课，学生听课，学生被动地接受新知识。在研究型课堂中，笔者旨在打破常规，培养学生自己查阅资料，通过小组讨论的形式研究问题。教师在过程中稍加引导，将学生塑造成课堂的主体。

在探究过程中，学生由于生活经验的不足，在原理探究的过程中会遇到一定的障碍，笔者通过"用台灯模拟太阳"实验，帮助学生更直观地了解问题，有助于原理探究。

三、课程实施案例

（一）案例——研究型课程实录

周二下午，笔者如期开设了日晷专题的研究型课程，对于这样一项神秘而有趣的专题，学生们也是准备充分，分好组蓄势待发，准备上台分享展示自己所查阅的资料。

学生分组分享交流日晷的种类，日晷大致可分为以下几种：地平式日晷、赤道式日晷、垂直式日晷（立晷）、极地晷、投影日晷、折叠式日晷、等高仪日晷等，其中前三种是最常见的日晷。

（1）地平式日晷（图1）的晷面必须严格水平，晷面和晷针之间的夹角就是当地的地理纬度。晷面刻度需要利用三角函数计算才能确定。适合低纬度地区使用。

（2）赤道式日晷（图2），依照使用地的纬度，使赤道式日晷的晷面平行于赤道面。晷盘上的刻度是等分的，夏季和冬季轴投影在晷盘上的影子会分在晷盘的北面和南面。适合中低纬度地区使用。

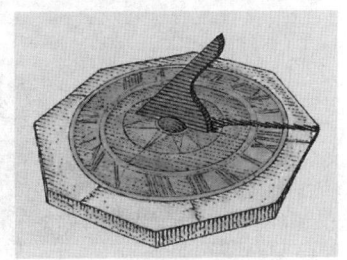

图1 地平式日晷

（3）垂直式日晷（图3）也称为立晷，它是晷盘面垂直于地平面刻度盘面采用垂直方向的日晷。欧洲的英国、法国、德国、意大利、奥地利等国，在一些古代和现代华丽的中层建筑的向南和向北(东西方向)以及向东和向西(南北方向)的墙上，附建有各种不同色调、大小和风格相异的日晷雕塑。

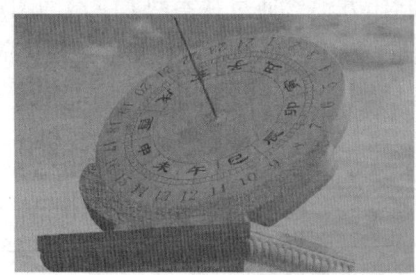

图2　赤道式日晷　　　　　　　　图3　垂直式日晷

我国是最早发明赤道式日晷的国家，大约发明于汉代以前。日晷是观测阳光投影方向的计时器，人们利用日晷判断一天的时辰，在机械钟表传入中国之前，人们一直采用日晷计时。

学生通过探究发现（图4），日晷的倾斜角度与当地纬度有关，晷面与竖直面的夹角要等于当地纬度，目的是平行于赤道面。之后，学生联想到：若要在赤道上做一个赤道式日晷，只需将晷面垂直于地面即可；若要在北极做一个赤道式日晷，只需将晷面平放于地面上即可。

日晷的摆放方向也有讲究，要求坐南朝北，需要配备一个指南针，将晷针的方向指向北面。之前也有听说过一则报道，陕西西安城楼上的石质日晷坐北朝南，明明是正午12点，晷针的影子却指在晷盘下面的"子"时，一年后通过媒体报道才调整过来。

如何设计晷盘和晷针是本节课的难点，因此笔者设计了课堂模拟环节（图5），用台灯模拟太阳，用竹筷模拟晷针。课堂模拟由最简单的太阳在赤道处的东升西落开始，首先模拟早晨6点的太阳，位于晷针的东侧，观察此时的投影，在投影处标上数字6；之后模拟正午12点的太阳，此时赤道处的太阳应位于晷针的正上方，观察此时的投影，在投影

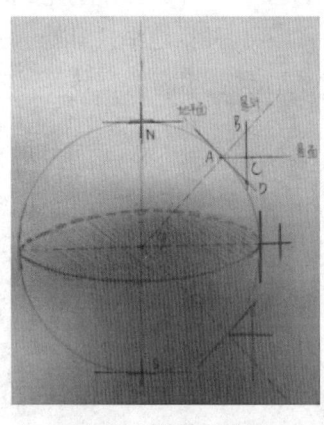
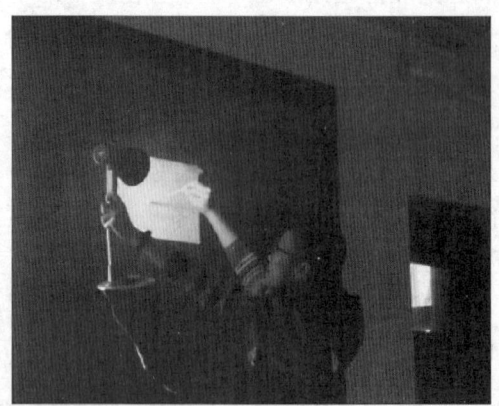

图4　学生手稿　　　　　　　　图5　课堂模拟

处标上数字12；最后模拟傍晚6点的太阳，此时的太阳应位于晷针的西侧，观察此时的投影，在投影处标上数字18。通过这样一个模拟环节，学生能真实地感受到太阳光投射到晷针上产生的投影在白天12小时内的变化，有助于他们对晷盘盘面做进一步的设计。

对于晷面的划分（图6），学生认为由于太阳东升西落，影子一定是在对应的另一面，因此6点应在晷面朝北那一面的右侧，18点在左侧。

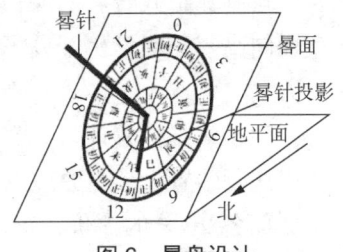

图6 晷盘设计

结合其他小组的分享，每组都制订了制作计划。为了提倡环保和废物利用，学生提议可以利用废旧的纸箱和快递盒来制作日晷。

具体的制作方法如下：

（1）在A4纸上画两个圆，半径差距不要过大。

（2）过圆心画一个十字，标出12点、3点、6点和9点的位置，再将每一大格平均分为3个小格，将其他时间的位置标注好。

（3）将A4纸上的圆剪下并贴在和圆大小相等的硬纸板上，作为晷面。

（4）在晷面的中心钻一个小孔（可以让小木棒穿过去即可）。剩余的纸板用来做底座；将晷盘用胶水和底座的一边相连接，连接时注意12点和6点的线垂直于底座平面，12点的线在正下方。晷盘和底座间有60°的倾斜角（约等于本地的纬度角度值的余角），且小木棒上端朝南、下端朝北。

（二）困难与解决方案

1. 困难

学生将制作完成的日晷带到操场进行试验，但却一直无法在晷面找到晷针的影子，对此学生纷纷产生了困惑。

2. 解决方案

通过查阅资料，收集了大量的图片，学生发现，有些赤道式日晷其实是双面的，在晷面的背面也有刻度，正反两面是镜面对称的。

于是针对该问题，各小组对自己的日晷进行了修改，增加了一个晷面，将晷针插入晷面后，贯穿晷面，使得前后面都有晷针。

3. 原理解释

实际上我们生活在北半球，每年3月至9月，太阳直射点在北半球，因此我们常说每天太阳的位置比较高。而9月至次年3月的时候，太阳直射点在南半球，因此北半球看太阳的位置比较低。而这节课的开设时间恰好在12月，太阳的位置很低，无法照到晷盘的正面，需要用到背面的晷盘。

改进后的日晷可以正常使用，不过由于是手工制品，包括对于维度的测算及角度的选取无法做到很精确，因此会产生一刻钟到半小时左右的误差。

四、课程评价方式

自制赤道式日晷的课程开发依托于上海市中原中学物理创新实验室。物理创新实验室面向高一年级学生开设了探究科学的研究型课程，对于该课程我们也制定了初步的评价方案。

为了实施课程评价，实验室为学生设计了探究活动卡，主要由学生自己填写活动过程简述、装置设计与原理以及活动反思。对于活动评价，设计了表格（表1），通过对五个方面各20分的评价，得出总分（满分100分）并再接受小组互评，最后将两个总分相加取平均值，就是本次课程该小组的最终得分。

表1　活动评价

评价方式	过程描述	原理解释	装置制作	自我评价	总分
自我评价					
小组互评					

此外，为指导学生填写综合素质评价平台的内容，要求学生在研究型课程学习后完成相应的研究报告的撰写，由指导教师提出修改意见并做出评价，用于高三的自主招生。

这样一节生动有趣的研究型课程，不仅让学生了解了日晷的原理，也在潜移默化中加深了学生的民族意识，将中国传统文化与新课标中的培养学生科学素养的理念相结合，借助物理创新实验室的资源，通过研究型课程加以实施。同时本节课也体现物理来源于生活的事实，利用身边的废弃材料就能完成小制作，低成本，玩中学，在不知不觉中提升了学生的科学素养，掌握了探究实验的一般过程。

五、课程实施成效

（一）创意与改进

学生在制作过程中不乏一些创意和改进，比如针对将日晷角度定死后只能测量某一纬度的时间这一问题的改进，学生在日晷的底座上分别制作了30°、45°、60°的卡口，以便用于不同纬度。又比如在制作中尽量不用胶水，利用我国古代建筑常用的榫卯结构去设计和安装日晷，方便拆卸及携带。

学生也提及目前市面上看到的日晷无非是圆形或方形的，他们打算利用课后时间，在原有的基础上对日晷的外观进行改造，在不影响使用的情况下，美化外观。

（二）学生感想

学生认为，自制日晷的研究型课程让他们有机会了解和掌握我国古代科技的制作方法，在培养动手能力的同时，也培养了自身的爱国主义情怀。原以为一谈到科学技术，联想到的一定是其他国家的科学家，没想到中国古代的劳动人民也有如此精妙的发明。此外，在研究的过程中，不仅要用到物理学知识，还涉及了地理、历史等多学科，真正做到了学有所用。利用废旧的纸板作为制作材料，也体现了现在所提倡的环保理念。希望在课堂上有更多的机会可以学有所用，了解更多身边的科学现象。

（三）部分作品展示（图7）

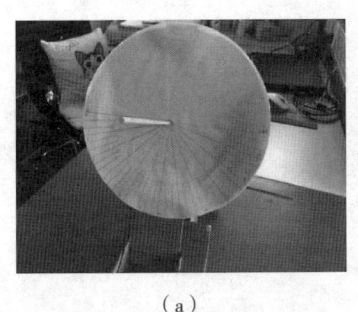  

（a） （b） （c）

图7 学生作品

（四）改进和反思

关于日晷的研究不仅限于此，除赤道式日晷外，还有其他形式的日晷，而赤道式日晷只是其中较为简单和常见的一种，适合中学生探究。通过对日晷教材的编写及研究型课程的实施，笔者对于日晷也产生了浓厚的兴趣，目前也正在带着学生研究地平式日晷和垂直式日晷。物理创新实验室也在着力开发新的类似"日晷"的课程案例，部分案例也将被用于学校一年一度的科技节的比赛活动中。对于此类研究，实验室尚处于起步阶段，相信在师生的共同努力下，越来越多的优秀案例会涌现出来。